U0958789

普通高等教育"十一五"国家级规划教材
普通高等教育精品教材

货币金融学基础

Huobi Jinrongxue Jichu

周建松　主　编
郭福春　副主编

高等教育出版社·北京
HIGHER EDUCATION PRESS　BEIJING

内容提要

本书是普通高等教育“十一五”国家级规划教材，也是普通高等教育精品教材。

本书共分13章，系统地介绍了货币与货币制度、信用与利率、金融市场与金融工具、金融机构与体系、各金融机构及监管主体业务与功能、货币供求与均衡、通货膨胀与通货紧缩、货币政策及其调节、国际金融活动等内容。教材编写从高职教育教学规律出发，每章内容包含本章要点、学习目标、基本概念、本章小结、思考与练习等内容。同时为了提高读者对相关内容的了解,教材在各个章节中穿插了“延伸阅读”等材料，进一步丰富了教材内容与知识体系。

本教材紧扣高职教育这一主题，体现了任务驱动、案例教学的基本指导思想。

本书适用于普通高等院校（高职高专，应用型本科）、成人高校、民办高校及本科院校举办的二级职业技术学院财政金融专业及其他相关专业的教学，也可供五年制高职学生使用，并可作为社会从业人士的参考读物。

图书在版编目（CIP）数据

货币金融学基础 / 周建松主编 .—北京：高等教育出版社，2007.11（2012.12重印）

ISBN 978-7-04-022726-0

Ⅰ. 货…　Ⅱ. 周…　Ⅲ. 货币和银行经济学－高等学校－教材

Ⅳ. F820

中国版本图书馆CIP数据核字（2007）第168903号

策划编辑　姬　琳　　责任编辑　赵　鹏　　封面设计　于文燕　　责任绘图　尹文军
版式设计　王艳红　　责任校对　刘　莉　　责任印制　田　甜

出版发行　高等教育出版社
社　　址　北京市西城区德外大街4号
邮政编码　100120
印　　刷　北京宏伟双华印刷有限公司
开　　本　787×1092　1/16
印　　张　15.25
字　　数　370 000
购书热线　010-58581118
咨询电话　400-810-0598
网　　址　http://www.hep.edu.cn
　　　　　http://www.hep.com.cn
网上订购　http://www.landraco.com
　　　　　http://www.landraco.com.cn
版　　次　2007年12月第1版
印　　次　2012年12月第6次印刷
定　　价　24.60元

物 料 号　22726-A0

前　言

近年来我国高等职业教育发展很快，占据整个高等教育的半壁江山。高等职业教育以就业为导向，服务为宗旨，把培养学生的实际工作能力尤其是岗位适应能力、业务操作能力和人际沟通能力作为重要目标。在具体课程教学中，积极贯彻理论适度够用原则，打破原有传统学科体系，努力做到教学与实践零距离。

本书的编写从高等职业教育应用型金融人才培养的实际情况出发，同时兼顾了高等职业学校学生理论知识的可接受程度。本书每章设有本章要点、学习目标、基本概念、思考与练习等内容，并通过相应案例引导学生进行学习，使学生能够运用经济金融理论正确判断、分析经济金融形势，提高经济金融理论分析能力与水平。

本书共分13章。由周建松编写第一章、第二章，倪成伟编写第三章、第十章，曾赛红、邹浩编写第四章，曾赛红编写第五章，曾赛红、刘杰文编写第六章，康英编写第七章、第十一章，郭福春、金广荣编写第八章、第九章、第十二章，李敏编写第十三章。各章初稿完成后，由郭福春修改调整，后经周建松审查定稿。由于编者水平有限，又系多所学校的多位教师共同编写，尽管主编尽了最大努力，不足之处在所难免，敬祈读者指正。

编　者

2007年5月1日

目　录

第一章　货币与货币制度

本章要点：

本章从商品经济内在矛盾入手，揭示货币的起源和本质。通过讨论货币本质、固有的职能、质与量的规定性以及货币制度的演变，阐述货币这个经济金融领域最基本、最重要的经济事物的历史与逻辑的联系。

学习目标：

- 了解货币产生与发展的概况
- 掌握货币的本质
- 掌握货币的现实定义与层次划分，理解货币层次统计的意义
- 理解货币的职能及其相互关系
- 理解货币制度的构成要素与演变过程

基本概念：

货币　价值尺度　价格标准　流通手段　支付手段　流动性　货币制度　本位货币　无限法偿　劣币驱逐良币规律

第一节　货币的起源及发展

一、货币的起源

货币的产生已经有几千年的历史。从历史的角度看，货币的产生是和商品交换紧密联系在一起的。根据史料记载和考古发现，商品交换的发展经过了两个阶段：第一阶段是物物交换。如在古埃及的壁画中就有用瓦罐换鱼、用葱换扇子的描绘；我国也有“日中为市，致天下之民，聚天下之物，交易而足，各得其所”的记载。第二阶段是通过媒介的交换。在商品交换的进程中，逐渐出现了通过媒介的交换，即先把自己的物品换成作为媒介的物品，然后再交换成自己所需的物品。牲畜曾在世界很多地区作为这种媒介。司马迁在《史记·平准书》中写道，“农工商交易之路通，而龟贝金钱刀布之币兴焉。所从来久远，自高辛氏之前尚矣，靡得而记云。”说的就是我国古代通过媒介进行交换。

随着社会分工和私有制的产生，人们生产的物品开始出现剩余，于是便有了最原始的物物交换。但这种物物交换存在着明显的缺陷：一是缺少一个用来表现和衡量各种商品和劳务的共同

单位；二是交换双方的需求在品种、质量、数量、时间和地点方面难以一致；三是缺少支付的标准；四是没有贮藏一般购买力的任何手段和方法。因此物物交换的效率非常低下，交换成功的可能性也越来越小，于是就产生了以交换媒介为纽带的间接交换。所以现代西方经济学家一般认为货币是在交换过程中为了克服物物交换的不便利而产生的。

马克思认为，仅仅从交换是否便利的角度来考察货币的产生是表面的和肤浅的，它没有揭示商品的内在矛盾。马克思从分析商品产生和商品交换入手，通过研究价值形式的发展过程来揭示货币的起源。

马克思认为，商品是用来交换的劳动产品，具有价值和使用价值。价值是凝结在商品中的无差别人类劳动，它决定于商品的社会属性。通过交换商品的使用价值进入消费领域，商品的价值表现在与之交换的商品当中。商品的交换要遵循两个原则：第一，用来交换的两种商品必须具有不同的使用价值，完全相同的商品没有交换的必要；第二，交换的两种商品必须具有相等的价值，必须实行等价交换，即生产这两种商品所花费的人类一般劳动要相等。当进入物物交换领域的物品越来越多、交换行为越来越频繁时，就出现了需要多次交换才能满足交换者的需要的现象，物物交换的矛盾越来越突出。当日益增多的物品进入频繁交换的过程中，必然会有某种商品进入交换的次数较多，其使用价值较多地为进入市场的人们所需要。当各种物品都频繁地要求用这种商品表现自身价值时，这种商品就成为这些物品的等价物；当这种商品成为所有其他物品用来表现价值的等价物，那它就具有了可以与所有其他商品交换的能力。这样就从直接的物物交换进入了通过媒介进行交换的阶段，即进入交换的商品要先通过媒介商品来实现交换，马克思把这种媒介商品称为一般等价物。而随着商品生产的发展，从交替地承担一般等价物的几种商品中必然会分离出一种商品经常起着一般等价物的作用。马克思认为，等价形式同这种特殊商品的自然形式社会地结合在一起，这种特殊商品成了货币商品，或者执行货币的职能。当价值都用货币来表现时，马克思称之为货币形式。

综上所述，货币的产生是商品内在矛盾发展的必然结果，同时货币的出现又大大地促进了商品生产和商品交换的发展。

二、货币形态的发展

货币形态的发展实际上就是要解决由什么来充当货币的问题。从历史的角度来考察，由于不同国家、不同民族，在不同时期经济和文化上的差异，充当货币的材料都有所不同，所以，货币的形态表现也不完全相同。但是，货币形态的发展是货币适应商品生产和商品交换需要的结果，是社会全面进步的真实写照，也是货币本身由低级形态向高级形态不断演化的记录。

（一）实物货币

在生产力尚不发达，商品交换仅仅满足必要的生活和生产要求的简单商品交换时代，货币主要由自然物的商品来充当。商品货币是兼具货币与商品双重身份的货币，它在执行货币职能时是货币，而不执行货币职能时又是商品。能够作为货币的自然物商品一般具有如下特征：①它们都是劳动产品，都具有价值和使用价值；②它们具有特殊的使用价值，即能够和其他商品相交换，是社会共同的需求对象；③它们一般是容易让渡、普遍被人接受的商品或本地稀有的外来商品。

中外历史上有许多实物商品充当过货币，如贝壳、羽毛、珊瑚、布帛等，甚至有些活牲畜也充当过货币。我国远古时期曾以贝壳作为主要货币，其上限大约在公元前2000年。古书上就有“夏后以玄贝”之说，并在考古中屡有证实。

随着商品生产和商品交换的发展，实物货币因其数量过少或内在价值较低，逐步退出了商品流通领域，而被一些金属材料的货币所代替。

（二）金属货币

金属货币取代自然物商品充当货币，几乎是世界各国货币发展的共同历史。严格地讲，金属货币也是实物货币的一种，但是，金属货币已经脱离了货币金属的原始形态，而是把它铸成一定形状的金属货币，而且在货币历史上起着极其巨大的作用。

金属货币最初是以自然形状的块状流通的，在每一笔交易的支付中，都需要称重量和鉴定成色，如果交易价值较大时还要经常进行分割，因此，显得很不方便。随着商品生产和交换的发展，有些商人凭借其信誉在货币金属块上打上印记，标明重量和成色，以便于商品交换和流通，这是铸币产生的雏形。

经过进一步发展，国家利用其权威把货币金属铸成具有一定形状、规定重量和成色的金属货币，于是就产生了金属铸币。最初各国铸币有各种各样的形式，但后来基本上过渡到了圆形，因为圆形最便于携带并不易磨损。

我国最古老的金属货币是铜铸币。从西周开始我国就出现了金属货币，春秋战国时期流行布币、刀币、环钱和贝币等各种铸币。公元前221年秦始皇统一中国后，发行了圆形方孔的“秦半两”，这是货币在全国范围内第一次统一，在中国货币史上具有重要地位。

尽管世界各国的金属货币发展史各不相同，铜、银、金等金属都充当过货币金属，但大部分国家基本经历了由贱金属到贵金属的发展过程，因为贵金属比贱金属更具有作为货币的优越性，也更能适应社会生产力水平的提高和商品交易规模扩大对货币价值量扩充的要求。

贵金属具有价值大、体积小、便于携带、易于保存等特点，而这些特点更适合用于充当一般等价物的货币，便于商品交换中的支付，促进商品流通的发展。正如马克思所说：“金银天然不是货币，但货币天然是金银。”①

（三）信用货币

由于金属货币在流通中会不断地被磨损，交易、运输携带也不方便，而且随着商品交换的不断发展，交易金额也越来越大，金属货币的材料又跟不上商品交易发展的步伐，因此，商业银行开始发行银行券，并且逐步被社会所接受，后来国家又开始发行纸币，由此，金属货币逐渐被信用货币所替代。

信用货币是指通过信用渠道投入流通领域，而且本身没有价值的价值符号，它是只凭借发行者的信用而得以流通的货币。信用货币之所以能够取代金属货币，除了上述所讲的原因以外，最主要的是因为货币在充当商品交换媒介时本身就包含着产生信用货币的可能性。因为货币在充当交换媒介时，人们所关心的是能借助于它换回多少价值相当的商品，而并不关心货币本身价值的大小，所以，货币完全可以用价值较低的商品甚至没有价值的符号去代替。

信用货币的典型形式主要有银行券和纸币。银行券是由银行签发交给持有人以保证向其兑付金银的债务凭证，被称为可以兑现的信用货币。纸币是国家发行，不能兑付金银，依靠国家权

① 《资本论》第一卷，人民出版社，1975年版，第107页。

力强制流通的价值符号，被称为不兑现的信用货币。

现代信用货币的主要形式有现金和存款货币两种。进入20世纪50年代以后，信用货币主要采取了非实体化的存款货币的形式。当收到货币时，由银行将付款人账户上的存款划转到收款人的账户上；当支付货币时，付款人可以签发票据，通知银行将一定的货币资金转账于收款人账户（关于存款货币在后面的章节中有详细的介绍）。随着科学技术的进步，尤其是电子技术的飞速发展，存款货币的收入和支付系统越来越被电子货币转移系统所代替，即人们所称的电子货币。

（四）电子货币

电子货币是指在当代科学技术迅猛发展过程中产生的电子化和信息化的支付工具。由于它正处在不断创新、发展和完善过程中，在全社会范围内尚未存在像纸币那样的统一规范的具体形态。在此，我们把电子货币概括为两种形式：第一类是卡式电子货币，即用特种材料作成的，具有真实购买力和多种用途的预付卡；第二类是软件式电子货币，即通过使用特定的软件，将货币价值进行转移的支付系统。虽然电子货币的具体形式不尽相同，而且还处于不断创新和发展过程中，但是，电子货币已经反映出这种货币形态的一个基本特征，即电子货币完全具有货币的职能，而且，货币载体已经由纸质转变为电子形态，由实体货币转变为虚拟货币。

电子货币大大缩短了信用货币结算的时间，加速了资金的周转；同时，电子货币大大减少了现金和支票等信用货币的使用，从而节约了货币流通费用。因此，电子货币将是货币未来的主要形式和发展方向。

延伸阅读

我国古代货币的六次重大演变

熊德琪

中国是世界上最早使用货币的国家之一，使用货币的历史长达5 000年之久。中国古代货币在形成和发展的过程中，先后经历了六次重大的演变：

一、由自然货币向人工货币的演变

在中国的汉字中，凡与价值有关的字，其偏旁都是“贝”。由此可见，贝是我国最早的货币，如图1-1所示。

随着商品交换的迅速发展，货币需求量越来越大，海贝已无法满足人们的需求，人们开始用其他材料仿制海贝，如图1-2和图1-3所示。人工贝的出现，是我国古代货币史上由自然货币向人工货币的一次重大演变。

随着人工铸币的大量使用，海贝这种自然货币便慢慢退出了中国的货币舞台。

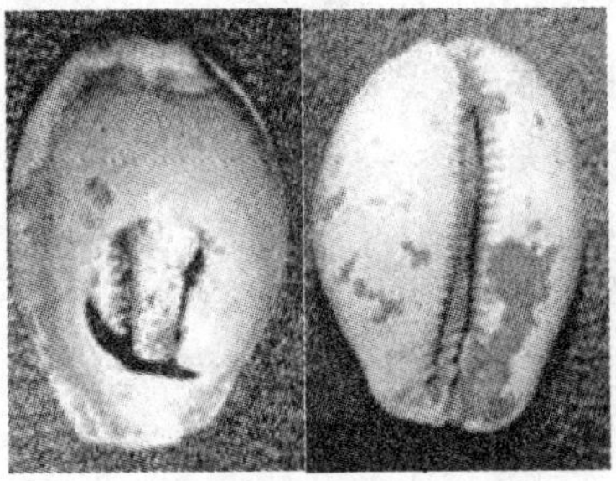

图 1-1　天然海贝

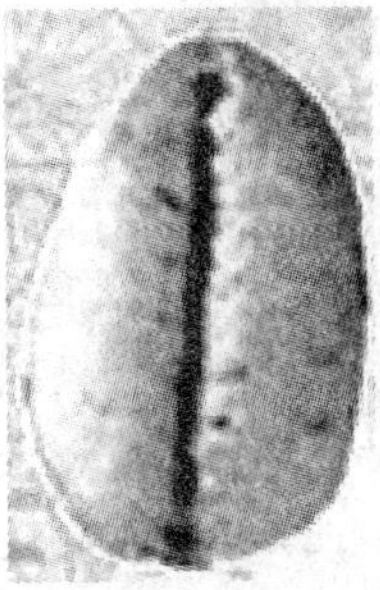

图 1-2　人工玉贝

图 1-3　人工银贝

二、由杂乱形状向规范形状的演变

从商朝铜贝出现后到战国时期，我国的货币逐渐形成了以诸侯称雄割据为特色的四大体系，即：铲币、刀币、环钱、楚币（爰金、蚁鼻钱），如图 1-4 和图 1-5 所示。

秦统一中国后，秦始皇颁布了中国最早的货币法令——"以秦币同天下之币"，规定在全国范围内通行秦国圆形方孔的半两钱，如图 1-6 所示。

图 1-4　楚布币

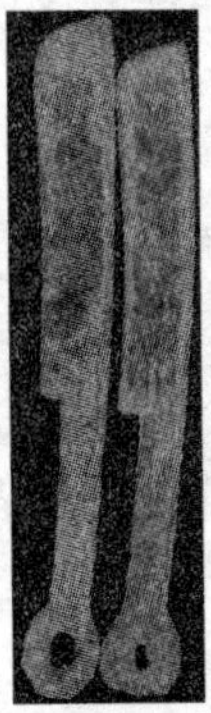

图 1-5　赵直刀

图 1-6　秦半两

圆形方孔的秦半两钱在全国的通行，结束了我国古代货币形状各异、重量悬殊的杂乱状态，是我国古代货币史上由杂乱形状向规范形状的一次重大演变。秦半两钱确定下来的这种圆形方孔的形制，一直延续到民国初期。

三、由地方铸币向中央铸币的演变

刘邦建汉后，允许民间私铸钱币，豪绅富商和地方势力乘机大铸劣币而牟利。据《汉书·食货志》记载，汉文帝时"邓通大夫也，以铸钱财过王者。"

元鼎四年（公元前 115 年），汉武帝收回了郡国铸币权，由中央统一铸造五铢钱（图 1-7），从此确定了由中央政府对钱币铸造、发行的统一管理，这是中国古代货币史上由地方铸币向中央铸币的一次重大演变。

此后，历代铸币皆由中央直接经管。铸币权收归中央，对稳定各朝的政局和经济发展起了重要的作用。

四、由文书重量向通宝、元宝的演变

秦汉以来所铸的钱币，通常在钱文中都明确标明钱的重量，如“半两”、“五铢”、“四铢”等等(24 铢为 1 两)。

唐武德四年(621 年)，李渊决心改革币制，废轻重不一的历代古钱，取“开辟新纪元”之意，统一铸造“开元通宝”钱，如图 1-8 所示。开元通宝一反秦汉旧制，钱文不书重量，是我国古代货币由文书重量向通宝、元宝的演变。

开元通宝钱是我国最早的通宝钱。此后，我国铜钱不再用钱文标重量，都以通宝、元宝相称，一直沿用到辛亥革命后的“民国通宝”。

图 1-7 五铢钱

图 1-8 开元通宝

五、由金属货币向纸币的演变

北宋时，由于铸钱的铜料紧缺，政府为弥补铜钱的不足，在一些地区大量铸造铁钱。据《宋史》记载，当时四川所铸铁钱一贯就重达 25 斤 8 两。在四川买一匹罗(丝织品)，要付 130 斤重的铁钱。铁钱如此笨重不便，纸币——交子(图 1-9)就在四川地区应运而生。交子的出现，是我国古代货币史上由金属货币向纸币的一次重要演变。交子不但是我国最早的纸币，也是世界上最早的纸币。

六、由手工铸币向机制纸币的演变

清朝后期，随着国外先进科学技术的逐渐传入，光绪年间已开始在国外购买造币机器，用于制造银元、铜元。后来，广东开始用机器制造无孔铜元，可当十文铜钱，如图 1-10 所示。因制造者获利丰厚，各省纷纷仿效。

清末机制货币的出现，是我国古代货币史上由手工铸币向机制货币的重大演变。

从此，不但铸造货币的工艺发生了重大变化，而且使流通了 2 000 多年的圆形方孔钱寿终正寝。

图 1-9 我国发现的首张交子

图 1-10 大清铜元

第二节　货币的职能

货币的本质决定了货币的职能，货币的职能是货币本质的具体表现。不同经济学派对货币职能的划分没有太大的分歧，划分的标准也大体一致。货币在商品经济中发挥着五大职能。

一、价值尺度

在商品物物交换的前提下，碰到的最大困难是缺少一个可以衡量商品价值的共同单位，即在市场上商品的价值不能够用一个共同的商品和固定的单位来表现和衡量，而必须用市场上许多商品来表示。在市场规模小、商品品种少、质量差异不大的市场环境中，也许可以使交换得以实现。但在现代经济社会中这种物物交换的方式是难以想象的，而必须有一个可以衡量商品价值的共同单位。

（一）价值尺度的含义

商品的价值是由生产商品所耗费的社会必要劳动时间来决定的。因此，价值的真正尺度是社会必要劳动时间的多少。但是，每个商品生产者所耗费的个别劳动并不一定就是社会承认的社会劳动，商品包含多少社会劳动，要通过商品交换所取得的货币量来表现。由于货币代表一定的价值，它使商品价值表现外部化和直观化，货币是商品价值的外部尺度，它衡量和表现商品包含多少社会劳动，并通过一定量的货币表现出来。因此，货币在表现和衡量商品价值大小时执行着价值尺度的职能，它是货币的一个基本职能。

（二）货币执行价值尺度职能的特点

商品的价值通过商品的价格来表现，而商品的价格表现为一个单位商品能交换的货币量。如“一个单位 A 商品 ＝ 5 元”，5 元便是 A 商品的价格。因此，货币在执行价值尺度职能时，只需要观念上的货币就可以了，并不需要现实的货币，更不需要足值的货币。通俗地讲，只要在商品交换时贴上用货币表现的商品价格标签即可。

（三）货币执行价值尺度职能借助于价格标准来实现

虽然货币本身有价值，能表现和衡量其他一切商品价值的大小，但也必须借助于价格标准来实现，正如一把尺子能衡量物体的长短，但尺子本身必须要有刻度一样，否则，货币衡量商品价值的大小无法直观地表现出来。所谓价格标准，就是指国家通过法律规定一定的货币单位及其等分，它是用来衡量货币本身的。具体内容包括：① 货币单位的名称，如旧中国白银货币流通时，就有“两”、“钱”等货币单位。② 货币单位之间的比例关系，如一两等于十钱。③ 一定货币单位包含一定的货币重量，如在金本位制下 1 美元的含金量为 1.504 63 克。

（四）价值尺度与价格标准的联系和区别

价值尺度和价格标准是两个既有联系，又有区别的两个不同概念。

(1) 价值尺度依靠价格标准来发挥作用，没有价格标准，货币就无法衡量自身的价值，也就无法执行价值尺度的职能；价格标准是货币执行价值尺度的技术规定，是为价值尺度服务的，没有价值尺度，价格标准也就失去了存在的必要和意义。

(2) 不能把价值尺度和价格标准两者等同起来，两者具有明显的区别：①价值尺度用来衡量商品价值大小，而价格标准是衡量单位货币价值大小的，即价格标准是衡量货币本身的；②价值尺度是货币的一种社会职能，不受国家和人们的主观意志所决定和支配，而价格标准是一种技术职能，它是以国家法律形式人为规定和支配的。

二、流通手段

在物物交换中的“需求双重巧合”，要求必须以交换双方需求的对称性和数量上的一致性为先决条件，商品交换才能实现。货币的流通手段职能也是为了克服商品物物交换过程中的局限性而产生的。

（一）流通手段的含义和特点

货币在商品交换过程中发挥交换媒介作用时，执行了流通手段的职能，它是货币的另一个基本职能。货币在执行流通手段职能时，改变了原来商品交换（W—W）的运动模式，把商品交换分为卖和买两个阶段，即“W—G”和“G—W”，从而解决了物物交换中“需求双重巧合”的矛盾，克服了交易双方在需求上、空间上和时间上不一致的矛盾，大大提高了商品交换成功的可能性，促进了商品经济的发展。

作为流通手段的货币，必须是现实的货币，即要求一手交钱、一手交货，这与货币价值尺度职能是不同的。但不一定是足值的货币，因为这里的货币仅仅作为是商品交换的手段，而不是交换的目的，人们所关心的是货币所代表的价值大小，而一般不关心货币本身的价值大小，更不关心货币的使用价值，所以货币本身是否足值并不重要。

（二）流通手段的产生孕育着经济危机的可能

货币执行流通手段的职能，把商品交换分为卖和买两个独立的阶段，这就孕育着商品买卖可能脱节的矛盾，使商品生产者之间的社会联系和商品经济的内在矛盾更加复杂化，容易产生经济危机。如果有人卖了商品而不马上买回商品，即买入小于卖出，必然使一部分商品积压，社会分工形成的生产者之间相互依赖的链环有中断的可能，严重时会产生产品过剩危机。如果有人在没有卖出商品时就买回商品，即买入大于卖出，必然使市场商品供不应求，容易引起通货膨胀。这种现象的产生，就向人们提出了一个新的问题——市场货币的流通量，要研究这个问题必须从货币流通规律入手。

（三）货币流通规律

货币流通是由商品流通所引起的，并为商品流通所服务；商品流通是货币流通的基础，货币流通是商品流通的表现形式。商品经过交换后就进入了消费领域，或作为生产性消费，或作为生活性消费而退出流通。货币在充当了商品交换媒介后，仍然停留在流通领域，充当下一次交换的媒介，形成一个连续不断的货币运动过程。

所谓货币流通规律就是指流通中货币必要量的规律，可用公式表示为：

$$\text{流通中的货币必要量}(M)=\frac{\text{本期商品价格总额}}{\text{货币流通速度}(V)}$$

$$=\frac{\text{商品价格}(P)\times\text{流通的商品供应总量}(Q)}{\text{货币流通速度}(V)}$$

流通中所需的货币量取决于流通中的商品供应总量、商品价格水平和货币本身的流通速度这三个因素，这是不以人们的意志为转移的客观规律。货币需要量与商品价格总额成正比，与货币的流通速度成反比。

三、贮藏手段

（一）贮藏手段的含义和特点

当货币退出流通领域，作为社会财富的代表被人们贮藏起来时，货币就执行贮藏手段的职能。货币的贮藏有时其本身就是目的，即为了贮藏而贮藏，这是货币贮藏的原始形态；但更多的时候，货币的贮藏是一种手段，在商品经济的条件下，各种经济行为都是要通过积累一定数量的价值才能实现。

作为贮藏手段的货币不仅需要现实的货币，而且需要足值的货币，即货币本身要有价值。这是因为人们贮藏货币的目的是贮藏财富，实现保值。所以，作为财富代表的货币不能是虚幻的和无价值的。纸币本身没有价值，不能执行贮藏手段的职能，但纸币可以积累和储蓄，通过储蓄，在一定程度上也能起到调节社会购买力的作用。

（二）货币执行贮藏手段具有自动调节货币供应量的功能——蓄水池功能

在足值的金属货币流通条件下，货币执行贮藏手段具有自动调节货币供应量的功能。当市场上流通的货币量超过市场上货币的实际需要量时，单位货币的购买力就会下降，商品价格就会上升，多余的货币就会自动退出流通领域，执行贮藏手段的职能；当市场上流通的货币量小于市场上货币的实际需要量时，单位货币的购买力就会上升，商品价格就会下降，此时执行贮藏手段职能的货币重新会回到市场执行流通手段的职能。贮藏货币就这样像蓄水池一样自发地调节流通中的货币数量，使它与商品流通相适应。金属货币制度下，货币具有蓄水池功能的根本原因在于货币本身具有价值。

在纸币流通条件下，货币不仅没有自动调节货币供应量的功能，而且会出现相反的情况。当市场上流通的货币量超过市场上货币的实际需要量时，物价上涨，通货膨胀的预期效应增加，货币不仅不会退出流通领域，反而会使原来贮藏的货币重新进入市场，加剧货币供应量和货币需要量的矛盾，引发新一轮通货膨胀。其根本的原因是纸币本身没有价值，而仅仅是作为货币符号执行流通手段的职能。

四、支付手段

（一）支付手段的含义和特点

货币不伴随着商品运动，而是在以交换价值的独立形式进行价值单方面转移时，货币执行了支付手段的职能。货币支付手段职能最初是由商品的赊销买卖引起的，在货款的偿还时货币已经不是充当商品流通过程的媒介，而是以补足交换的一个独立的环节，即作为价值的独立存在而使流通过程结束。随着商品交换的发展，货币作为支付手段的职能也扩大到商品流通领域之外，如货币在赋税、地租、借贷等支付中都发挥着支付手段的职能。

货币在执行支付手段职能时的特点就是商品流通和货币流通在时间上和空间上相分离，货币成为商品价值独立的体现者；其次，执行支付手段的货币必须是现实的货币，但可以是不足值的货币。

（二）支付手段的作用

货币执行支付手段具有积极和消极两个方面的作用。积极作用表现在，一是促进了商品流通的扩大，在商品交易中人们可以先购买商品，后支付货币，使商品生产和商品流通突破了现货交易的限制；二是节约了现金流通费用，在商品交易中借助于货币的支付手段，信用关系得以形成，一部分债权债务关系可以相互抵消，大大减少了现金的流通量。消极作用表现在，货币支付手段产生后，使商品经济的矛盾更加复杂化了，在债权债务的链条中，如果有一部分生产者由于种种原因不能按期偿还债务，就有可能引起整个支付链条的崩断，以致给商品生产和商品流通带来严重的支付危机和信用危机。

（三）支付手段下对货币必要量公式的修正

货币在执行支付手段职能的前提下，由于赊销商品的部分现时不需要支付货币，债权债务关系存在着部分抵消等因素，都会对一定时期内市场货币需要量产生影响，所以，货币流通规律的公式要作如下修正：

$$货币必要量=\frac{商品价格总额-赊销商品价格总额+到期支付商品价格总额-相互抵消的商品价格总额}{货币流通速度}$$

五、世界货币

马克思曾对货币金属在国际经济联系中的地位进行考察，提出了世界货币的概念，即货币在世界范围内发挥一般等价物作用时，执行了世界货币的职能。

在金属货币流通条件下，由于每一个国家所规定的价格标准只能局限于本国范围内发挥作用，一旦越出本国国界，原来的价格标准就会失效，所以，货币发挥世界货币职能要求还原成货币的本体，并按实际重量和成色发挥作用。马克思曾经作过这样生动的描述："金银作为铸币穿着不同国家的制服，但它们在世界市场上又脱掉这些制服。"①

货币执行世界货币职能主要表现在三个方面：①作为国际间一般的支付手段，用以平衡国际收支差额；②作为国际间一般的购买手段，进行国际贸易往来；③作为国际间财富转移的手段，比如战争赔款、输出货币资本等。

随着金属货币退出流通领域以及黄金在世界范围内的非货币化，从国际经济联系角度考察，世界货币职能已经有了很大的变化。在现行国际货币制度下，只有为数不多的国家的货币能在世界范围内发挥价值尺度、流通手段、支付手段和贮藏手段的职能，这些货币必须是可自由兑换的货币，如美元、英镑、欧元等，但仍有许多国家的货币不能在世界范围内执行世界货币的职能。

货币的五大职能并不是孤立的，而是具有内在联系的，每一个职能都是货币作为一般等价物的本质反映。价值尺度和流通手段是货币的两个基本职能，其他职能都是由这两个职能派生出来的。从历史和逻辑上看，货币的各个职能都是按顺序随着商品流通及其内在矛盾的发展而逐渐形成的，从而反映了商品生产和商品流通的历史发展进程。

第三节 货币的界定

一、马克思关于货币本质的阐述

马克思于19世纪40年代开始对货币理论进行系统的研究。他从商品交换和价值形式的发展入手，第一次对货币理论问题做出了系统的理论阐述。他在《资本论》中明确提出"货币是充当

① 《资本论》第一卷，人民出版社，1975年版，第144页。

一般等价物的商品”,从而揭开了“货币之谜”,做出了创造性的贡献。

首先,货币是商品。从货币的产生中可以看出,货币的原始形态是普普通通的商品,具有一般商品的共同属性,即价值和使用价值。一方面,作为货币的商品有其自然属性的使用价值,能满足人们某一方面的需要;另一方面,它又是用于交换的劳动产品,有社会一般劳动的凝结。如果货币没有一般商品的共性,那么它就失去了与其他商品相交换的基础,也就不可能从长期的商品交换中分离出来充当一般等价物。

其次,货币又是一种特殊的商品,使货币和普通商品相比较又具有自己的个性。一方面,货币能够表现和衡量其他一切商品价值的大小。普通商品的直接表现是它的使用价值,能满足人们某一方面的物质需要,但其价值必须在交换中由另一商品来表现。货币作为一般等价物,在商品交换过程中直接体现其他商品价值的大小,因为货币本身也是有价值的商品。一种商品只有能在商品交换中取得货币,才能使它的私人劳动转化为社会劳动,商品的价值才能得到体现。因而,货币成为商品交换世界里唯一核算社会劳动的工具。另一方面,货币具有和其他一切商品相交换的能力。一般商品只能以某种特定的使用价值去满足人们某一方面的某种特定的需要,而不可能和其他商品直接交换。这种能力的实质是货币作为社会财富的代表,能够去获取各种不同的使用价值。因此,货币自然而然地成为每一个商品生产者所追求的对象和目标。

由上述分析而知,货币具有双重使用价值,即使用价值双重化。一重是货币自然属性的使用价值,即货币和其他普通商品一样,能满足人们某一方面的需要;另一重是货币社会属性的使用价值,即货币能够表现和衡量其他一切商品的价值,同时具备和其他商品相交换的能力,这个使用价值是其他商品所没有的。

最后,货币也体现了一定的社会生产关系。货币作为一般等价物,无论是表现在实物货币上,还是表现在某种价值符号上,都只是一种表面现象。马克思指出,货币代表着一种社会生产关系,却又采取了具有一定属性的自然物的形式。社会分工要求生产者在社会生产过程中建立必要的联系,而这种联系在私有制社会中只有通过商品交换,通过货币这个一般等价物作为媒介来实现。因此,货币作为一般等价物反映了商品生产者之间的交换关系,体现着产品归不同所有者占有,并通过等价交换形式来实现他们之间的社会联系。

货币在不同的社会制度中,作为统治阶级剥削被统治阶级的工具,并不是货币本身所固有的属性,而是由社会制度所决定的。从货币的社会属性来看,货币反映了商品生产者之间的关系,货币本身是没有阶级性的,也并非是产生阶级剥削的根源。

综上所述,货币的本质可以描述为:货币是从商品中分离出来固定充当一般等价物的特殊商品,并体现了一定的生产关系。

二、货币的界定

(一) 货币的现实定义

马克思把货币定义为“充当一般等价物的特殊商品”,应该说这是对货币高度凝练化的理论定义。回到现实生活中,我们不禁要问自己:现实生活中到底哪些是货币?有人会毫不犹豫地回答说:我口袋里的现金就是货币。现金是货币,但现实生活中的货币不仅仅指现金。

严格地讲,货币具有狭义货币和广义货币之分。所谓狭义货币是指那些流动性最强,主要职能是充当商品交换媒介的那部分货币,包括流通中的现金和活期存款两部分。流通中的现金是指社会公众手中持有的流通现金，也称为通货，它不包括银行等金融机构的库存现金。流通中的现金具有很强的流动性，它是现实的购买力，随时都可能充当流通手段和支付手段。活期存款是指存款人可以随时签发支票命令银行向第三者进行支付的存款，也称为支票存款。这种存款的流动性接近流通中的现金，同样具有很强的流动性，随时都可能充当流通手段和支付手段。

广义货币是指包括流通中的现金、活期存款、流动性稍弱的其他存款货币以及经过一定程序可以变现的非存款性金融资产。这些金融资产主要指人们接受程度较高的可在一定程度上执行货币某些职能的信用工具，如商业票据、大额可转让定期存单、国库券、债券、保险单等。

划分狭义货币和广义货币的一般标准是金融工具是否具有直接购买力。有些信用工具在一定程度上执行着货币的某些职能（尤其是支付手段和贮藏手段表现得更为明显），但它们不具备货币的基本职能（即价值尺度和流通手段），也就是说不具备直接购买力，所以不能把它们定义为狭义货币的范畴，而只能定义在广义货币的范畴。

（二）货币层次的划分

1. 货币层次划分的标准

为了使中央银行能有效地控制货币供应量，西方国家从 20 世纪 60 年代开始划分货币层次，但每个国家划分货币层次的标准不尽相同，概括起来大体上有以下三种标准：

(1) 以货币职能作为标准。货币充当流通手段能直接购买商品和劳务，所以，充当流通媒介、发挥流通手段职能的货币构成了货币的核心部分。因此，可以用货币充当流通手段的职能来划分层次。贮藏手段和支付手段是一种派生职能，可以充当贮藏手段的资产很多，不宜作为划分货币层次的标准。

(2) 以资产流动性作为标准。流动性不同的货币在流通中的周转次数是不同的，所形成的购买力也不同，从而对商品流通和其他经济活动的影响程度也就不同。所以，许多学者认为以资产的流动性强弱作为划分货币层次的标准是比较适宜的，事实上这个标准也被许多国家所接受和采用。

(3) 以资产与国民经济变动的关系为标准。一般来说，金融资产与国民经济变动关系最密切，这种资产就是货币的核心部分，所以，可以用资产与国民经济变动的密切关系来推算货币的外延，形成货币层次划分的标准。

2. 货币层次的划分

货币的流动性不同，对经济产生的影响也不尽相同。仅仅进行狭义货币和广义货币的划分仍然不足以精确地反映货币多样性的特征，也就无法精确反映货币对经济的多样化作用。只有中央银行在进行货币投放和政策调控时对货币的流动性进行更细致的划分，并找出对经济影响力的大小，才能抓住重点、区别对待、有效控制，充分发挥货币对经济的最优效应。

各个国家划分货币层次的标准不完全相同，所以，货币层次划分的模式也不尽相同。许多国家是按货币的流动性强弱来划分层次的，尽管如此，由于每个国家的统计口径不一样，货币层次的划分也有一定的区别。

我国很早就进行货币层次的划分，根据不同时期经济内涵的变化，划分模式也经过了多次调整。

中国人民银行在 1994 年 10 月正式开始向社会公布货币供应量统计。我国的货币供应量分为以下三个层次：

M0＝流通中现金；

狭义货币 M1＝M0＋单位活期存款；

广义货币 M2＝M1＋储蓄存款＋企业定期存款。

2001 年 6 月中国人民银行第一次修订货币供应量统计标准，将证券公司客户保证金计入 M2。2002 年年初，中国人民银行第二次修订货币供应量统计标准，将在中国的外资、合资金融机构的人民币存款分别计入到不同层次的货币供应量。我国 2006 年 1—5 月货币供应量如表 1－1 所示。

表 1－1 我国 2006 年 1—5 月货币供给量统计表 单位：百万元

货币层次	1月	2月	3月	4月	5月
M2	303 571.65	304 516.27	310 490.65	313 702.34	316 709.81
M1	107 250.68	104 357.08	106 737.08	106 389.11	109 219.22
M0	29 310.37	24 482.02	23 472.03	24 155.73	23 465.32

第四节 货币制度

一、货币制度的形成及内容

货币制度是指一个国家为了保障本国货币流通的正常与稳定，对货币发行和流通的各个要素所作出的系统的法律规定的总和，简称为“币制”。

（一）货币制度的形成

货币制度是随着资本主义经济制度的建立而逐步形成和建立的，同时，随着商品经济的不断发展和社会制度的进步而不断发展和完善。

货币最初是以实物货币的形态出现。随着商品经济的发展，实物货币逐渐被金属货币所代替，并在相当长的时间里，金属货币的流通占主导地位。在前资本主义时期，世界各国曾先后出现了铸币。最初铸币有各种各样的形状，并且由于自然经济和政治上的割据，造成铸币铸造权的分散。铸币成色和重量的不统一，极大地妨碍了商品交换的进一步发展。同时，统治阶级利用铸币的铸造发行权，有意识地不断减轻铸币重量，降低铸币成色，使铸币的实际价值和名义价值相脱离，从而形成造成了铸币的贬值和变质。

由于铸币流通的分散性和变质性，前资本主义社会的货币流通极为混乱。货币流通的混乱又使正确计算生产成本、商品价格、企业利润以及建立广泛的信用关系产生困难，不利于资本主义生产和流通的发展。到了资本主义社会，为了扫清货币流通中的混乱现象，资本主义国家先后以法令的形式对货币流通作出种种规定，并逐渐地固定下来，也逐步得到完善，形成了统一的、稳定的和相对完善的资本主义货币制度。

（二）货币制度的主要内容

1. 货币材料

建立货币制度的基础就是要合理地选择制作货币的材料，确定货币材料是建立货币制度的基本要素。不同的货币材料构成了不同的货币制度。如用白银作为本位货币的材料，就形成了银本位制；用黄金作为本位货币的材料，就形成了金本位制；用黄金和白银共同作为本位货币的材料，就形成了金银复本位制；用纸张来制作本位货币，就形成了纸币流通制度。

货币材料的选择，是由当时的客观经济基础所决定的。在资本主义初期，由于商品经济不发达，商品交易规模较小，由白银作为本位货币的材料已经能够满足商品流通的需要；随着商品经济的发展和商品交易规模的扩大，价值相对较低的白银已经不能适应商品流通的需要，于是开始用黄金作为制作本位货币的材料；到了20世纪初，商品交易的规模迅速扩大，用黄金来制作本位货币日显短缺，于是改用纸张来取代黄金制作本位币。所以说货币材料是建立货币制度的基础。

2. 货币单位

货币单位包括两层含义，即规定货币的名称和规定单位货币的价值（如单位货币的含金量）。从历史的角度来考察，货币单位名称最初与货币商品的自然单位和重量单位相一致，比如：贝壳是以“朋”为单位；秦“半两”铜钱和汉武帝铸造的“五铢”钱，在币面上分别铸有“半两”和“五铢”字样。后来由于种种原因，货币单位名称与货币商品的自然单位和重量单位相脱离。法律规定的名称，通常是以习惯形成的名称为基础。

按照国际惯例，一国货币单位名称往往就是该国货币的名称，如英镑既是英国货币单位名称，也是英国货币名称。如果几个国家采用同一个货币单位名称，则一般在货币单位名称前面加上国家名称构成该国的货币名称，如Franc，音译“法郎”，是很多国家所采用的货币单位名称，前面加上国家名称构成该国的货币名称，如法国法郎①、瑞士法郎。

比货币单位的确定更重要的是货币币值的确定。在金属货币流通条件下，就是要确定单位货币的含金（银）量。如1934年美国的法令规定，1美元含纯金13.714格令（合0.888 671克）；中国北洋政府在1914年颁布的《国币条例》中规定，货币单位为“圆”，含纯银6钱4分8厘（合23.977克）。确定单位货币的含金（银）量，规定了货币单位及其等分，使货币更准确和方便地执行货币的职能。

3. 货币铸造、发行和流通

货币的铸造是指在金属货币制度下本位币和辅币的铸造。本位币又称为主币，是一个国家法定的基本通货，其最小规格是一个货币单位。为了便于在一个货币单位以下的小额支付，一般每个国家还铸造一个单位货币以下的小额通货，称之为辅币。辅币的面值大多是本位币价值的$\frac{1}{10}$和$\frac{1}{100}$。

在金属货币制度下，本位币是按照国家规定的货币制度铸造而成，它有三个特点：

(1) 本位币是足值货币。本位币是根据国家价格标准规定的单位货币含金量铸成，即它的名义价值和实际价值相一致。

(2) 本位币可以自由铸造和自由熔化。一方面，国家的每一个公民都可以把货币金属送到国家造币厂请求铸成本位币，其数量没有限制，并且不收或收取很少的费用；另一方面，国家也允许公民把本位币自由熔化成金属条块。正因为如此，所以当市场上货币流通量超过需要量时，商品的价格就会上升，过多的货币就会自然地熔化成货币金属；当市场上货币流通量小于需要量时，商品的价格就会下降，货币金属会重新铸成本位币进入市场，从而保持市场货币供应量和需要量的一致。

(3) 本位币具有无限法偿的能力。本位币是国家的基本通货，国家赋予其无限的支付能力。在商品交易或其他经济往来中，凡是以本位币支付，不论金额多少，出售者和债权人都不得拒绝接收，否则被视为违法。

---

① 法国现已停止使用法国法郎，改用欧元。

由于辅币是一种小额通货，各国一般都以法律形式确定其与本位币的固定比例关系，如1美元=100美分，1英镑=100便士。同时，各国法律都规定辅币可以按规定的比例与本位币自由兑换，保证辅币可以按其名义价值进行流通。辅币是不足值的货币，即它的实际价值小于名义价值，而且一般是用贱金属来铸造。辅币由国家统一铸造，公民不能自由铸造，因为辅币的实际价值小于名义价值，如果可以自由铸造，必然会使不足值辅币大量充斥市场，而把足值的本位币排除在市场流通领域之外，造成货币流通的混乱。辅币也不具有无限法偿的能力，即每次支付行为中在一定的金额之内可以用辅币支付，超过一定金额时，接受方可以拒绝接受。如美国曾规定用铜镍所铸造的分币每次支付的最高限额为25美分。但若用辅币向国家纳税不受其数量限制，而且可以不受限制地向国家兑换本位币。

在商品经济发展速度大大超过贵金属产量增长速度的情况下，金属铸币不能满足商品流通对流通手段和支付手段日益增长的需要，于是就出现了银行券和纸币。

银行券是在商业信用基础上，由银行发行可兑换金银的信用货币。最早的银行券出现于17世纪，用来替代商业票据，它的发行应有信用保证和黄金保证，随时可以向发行银行兑换金属货币。

在纸币流通制度下，纸币是由国家发行的，是依靠国家权力强制流通的价值符号。它代替金属货币执行货币的职能，其本身没有价值，一般也不需要黄金准备。纸币也有本位币和辅币之分，但它们都是不足值的货币，所以区分无限法偿和有限法偿已无实际意义了。

4. 准备制度

准备制度就是黄金准备制度，是货币制度的一项重要内容，也是一国货币稳定的基础。大多数国家的黄金储备都集中于中央银行或财政部。在金属货币流通下，黄金准备主要有三项用途：①作为国际支付手段的准备金，也就是作为世界货币的准备金；②作为时而扩大、时而收缩的国内金属货币流通的准备金；③作为支付存款和兑换银行券的准备金。在当前世界各国已无金属货币流通的制度下，黄金作为货币材料已经退出历史舞台，黄金作为国际支付的准备金仍在继续发挥作用。

二、货币制度的类型

资本主义国家在其历史发展进程中，虽然每一个国家货币制度发展的历史轨迹不一样，但概括起来货币制度的发展大体上经历了银本位制、金银复本位制、金本位制和不兑现的信用货币制度四大类型，如图1-11所示。

- 货币制度
  - 金属货币制度
    - 银本位制
      - 银两本位制
      - 银币本位制
    - 金银复本位制
      - 平行本位制
      - 双本位制
      - 跛行本位制
    - 金本位制
      - 金币本位制
      - 金块本位制
      - 金汇兑本位制
  - 不兑现的信用货币制度

图1-11 货币制度的类型

（一）银本位制

银本位制是指用白银作为本位币材料的一种货币制度，它从16世纪开始在资本主义国家盛行起来。15世纪末，哥伦布发现美洲新大陆之后，白银矿山相继被发现，白银的开采技术也进一步提高，世界白银产量迅速增长，为实行银本位制创造了基本条件。西班牙、墨西哥、秘鲁是最先实行银本位制的国家，后来西欧各国以及日本和印度等国家也相继实行了银本位制。

银本位制分为银两本位制和银币本位制。银两本位制是以白银的重量单位作为价格标准，实行银块流通的货币制度。银币本位制是把白银铸成一定重量、一定成色和一定形状的银铸币，银铸币是本位币，实行银币流通的货币制度。

银本位制的基本特征是：①以白银为货币金属，以银铸币为本位货币，银币享有无限法偿的能力；②国家统一规定了银币的重量、成色、形状和货币单位；③银币可以自由铸造、自由熔化；④银行券可以自由兑换成银币；⑤白银和银币都可以自由输出或输入。

随着资本主义商品经济的不断发展以及商品产生规模和商品交易量的不断扩大，银本位制作为一种独立的货币制度存在的时间并不是很长。这是因为：①作为货币金属，银的价值并不稳定。19世纪以后，白银产量激增，国际市场上银价极不稳定，供大于求的矛盾日益突出，银价大幅度下跌，金银比价大幅度波动。从1866年到1898年的30年间，白银对黄金的比价跌落了50%。②作为货币金属，要求具有"价大量小"的特点，才能适合大宗商品的交易。白银与黄金相比，白银体积大而价值小，在价值较大的大宗商品交易中，由于交通不发达、信用制度比较落后等原因，使用银币计价，给计量、结算和运输都带来了很多不便。所以，当商品经济发展到一定阶段，客观上要求价值更大、体积更小、价值更稳定的黄金作为充当货币金属的材料，使许多国家纷纷放弃银本位制成为必然，从此，货币制度由银本位制过渡到了金银复本位制。

（二）金银复本位制

金银复本位制是指以黄金和白银共同作为货币材料，以金币和银币共同作为本位货币的货币制度。银币主要用于小额支付，金币用于大宗商品交易的支付。在16世纪到18世纪之间，由于大量的金银从美洲流入欧洲，加速了欧洲国家建立金银复本位制的进程，并成为资本主义发展初期最典型的货币制度。

金银复本位制的基本特征是：①黄金和白银同时被作为货币金属；②金币和银币都可以自由铸造和自由熔化；③金币和银币都具有无限法偿的能力；④辅币和其他货币符号都可以自由兑换为金币和银币；⑤黄金和白银都可以自由输出输入。

金银复本位制按金银两种金属关系的不同又可分为平行本位制、双本位制和跛行本位制三种。

1. 平行本位制

平行本位制是指金币和银币按它们的实际价值进行流通，即国家对两种货币的兑换比率不加规定，金币和银币是按市场实际比价进行流通的货币制度。如英国在1663年刚实行金银复本位制时，铸造的金基尼（金币）和原来流通的银先令（银币）并用，两者按它们所包含的纯金和纯银的市场比价进行兑换。

平行本位制是最初形式的金银复本位制。由于每一种商品都有金币和银币两种货币的标价，所以其本身的缺陷便很快暴露出来。在平行本位制下，金币和银币按各自的价值流通，市场上商品就会有两种价格，并且这两种价格会随着金银的实际市场价值的波动而波动，引起商品价格的混乱。另一方面，由于金银实际价值的波动，导致金银在世界范围内的无序流动。当国内银价高时，白银流入本国，而黄金流出本国；国内金价高时，则为白银流出本国，黄金流入本国。这种情况影响了货币币值的稳定和货币职能的发挥。正因为如此，平行本位制就过渡到了双本位制。

2. 双本位制

双本位制就是指金币和银币按照国家规定的固定比价进行流通和交换的货币制度。如法国曾规定，不管金银市场实际比价如何变化，都按1金法郎＝15.5银法郎进行兑换和流通。这种制度避免了在平行本位制下，由于金银实际价值波动带来的金币和银币交换比例波动的弊端，也克服了由于商品的“双重价格”，使商品交换产生混乱的局面。但是这种货币制度却忽视了价值规律的一般作用。如果金银市场实际比价大幅度波动，而国家固定比价较市场实际比价显然缺乏弹性，不能及时地调整金银的固定比价，就必然会出现金银的市场比价和固定比价相背离，从而产生“劣币驱逐良币”的现象。

所谓“劣币驱逐良币”，是指在双本位制下，当两种实际价值不同而面额价值相同的货币同时流通时，实际价值较高的货币成为良币，实际价值较低的货币成为劣币，在价值规律的自发作用下，良币被人们收藏熔化而退出流通领域，而劣币则不断地被人们铸造而充斥市场。如1792年美国货币条例规定金银的法定比价为1∶15，而市场的实际比价为1∶16，金币成为良币，银币成为劣币，在价值规律的作用下，人们就会把金币熔化掉，用1个单位的黄金到市场上去兑换16个单位白银，然后再铸造成银币，在不考虑兑换费用的前提下，显然就会多出一个单位的银币。由于这一现象是由16世纪英国财政大臣托马斯·格雷欣发现并提出的，所以又将这一规律称为“格雷欣法则”。

格雷欣法则告诉我们，货币具有强烈的排他性和独占性，一个国家在同一时期内只能流通一种货币，很难有两种金属货币同时并行流通，否则，在金属货币流通下，必然会出现“劣币驱逐良币”的现象。

3. 跛行本位制

为了暂时解决“劣币驱逐良币”的现象，各国相继实行了跛行本位制。跛行本位制是指金币和银币都规定为本位货币，并有国家规定的固定兑换比例，但是金币可以自由铸造，而银币不能自由铸造的货币制度。

实行双本位制的国家，在“劣币驱逐良币”的作用下，不得不规定良币仍可以自由铸造，而劣币禁止自由铸造，以此来保持流通中两种货币的固定比价。跛行本位制下，由于银币不能自由铸造，银币的币值实际上已经不再取决于其本身的金属价值，而取决于银币和金币的法定固定兑换比例。

跛行本位制实际上是降低了银币的地位，使之成事实上的辅币形态。因此，从科学的划分标准来讲，跛行本位制实质上已经不是严格意义上的金银复本位制了，可以将其视为由金银复本位制向金本位制过渡的一种货币制度。金银复本位制三种形式的比较如表1-2所示。

表1-2 金银复本位制三种形式的比较

	平行本位制	双本位制	跛行本位制
本位货币	金币和银币	金币和银币	金币和银币
自由铸造	金币、银币都能自由铸造	金币、银币都能自由铸造	金币能自由铸造，银币不能自由铸造
金银比价	市场实际比价	国家固定比价	国家固定比价
产生格雷欣法则	不会产生格雷欣法则	会产生格雷欣法则	不会产生格雷欣法则

（三）金本位制

从 19 世纪 40 年代以来，世界黄金产量激增，以及黄金本身价大量小、便于携带、易于分割等特点，为各国从金银复本位制过渡到金本位制提供了物质基础。1816 年英国首先过渡到了金本位制，随后各主要资本主义国家相继实行金本位制。

金本位制是指以黄金作为本位币金属材料的货币制度。可分为金币本位制、金块本位制和金汇兑本位制三种。

1. 金币本位制

所谓金币本位制就是以黄金作为货币金属，以金铸币作为本位货币的货币制度，它是一种典型的金本位制。金币本位制是一个相对稳定的货币制度，主要有以下三个特点：

(1) 金币作为本位货币可以自由铸造和自由熔化。本国居民可以根据国家规定的价格标准，把黄金自由地铸成金币，其数量没有限制；也可以将金币自由地熔化为金块。当生金的市场价值低于金币的实际价值时，大量的生金就会被铸造成金币；当生金的市场价值高于金币的实际价值时，大量的金币又会被熔化成生金。由此可见，金币的自由铸造和自由熔化可以自发地调节流通中的货币量，保证金币的名义价值和实际价值相一致，从而保证市场物价的基本稳定。

(2) 金币可以自由兑换。在金币本位下，一方面辅币可以自由地、无限制地向国家兑换金币；另一方面，银行券等流通中的价值符号可以自由地兑换成金币。这就表明辅币和价值符号有充足的黄金作准备，能稳定地代表一定数量的黄金进行流通，既节约了黄金的流通和货币的流通费用，又能够保证辅币和价值符号的价值稳定，不会出现通货膨胀。

(3) 黄金可以自由输出输入。在实行金币本位制的国家，各国本位币单位货币含金量的比例，称为铸币平价，它是决定货币汇率的基础，外汇行市的波动被自动控制在黄金输送点之内。当由于供求关系等因素导致汇率偏离铸币平价，超过黄金输送点时，黄金就会在外汇市场不均衡引起的利益驱动下在国际市场进行流动，从而使汇率回归到黄金输送点之内，实现汇率的基本稳定，有利于国际贸易的顺利开展。

第一次世界大战期间，由于资本主义国家政治和经济发展的不平衡，特别是世界黄金存量分配极不均衡，如 1913 年美、英、法、德、俄五国控制了世界黄金存量的 2/3 以上，迫使许多国家竭力从市场上吸收黄金，充实国库，从而使黄金的自由流动、银行券的自由兑换和黄金的自由输出输入遭到破坏，各国为了阻止黄金外流，先后放弃了金币本位制，到了 20 世纪 30 年代中期金币本位制终于寿终正寝。

2. 金块本位制

所谓金块本位制是指国内没有金币的铸造和流通，银行券只能在一定的条件下兑换金块的货币制度，又称为生金本位制，或富人本位制。1924 年至 1928 年资本主义世界进入了相对稳定时期，出现了企图恢复金币本位制的呼声，但此时各国的经济基础要恢复金币本位制已成为可望而不可即的事，作为一种变通的金本位制，1925 年 5 月英国率先实行了金块本位制，然后法国、荷兰、比利时等国步其后尘。

金块本位制与金币本位制的主要区别在于：

(1) 金块本位制下，不再铸造和流通金币，纸币和银行券作为流通的货币，但纸币和银行券仍是金单位，规定了单位货币的含金量。

(2) 黄金集中由政府储存，辅币、纸币和银行券等价值符号不能自由地兑换黄金，只有达到一定的数量才能兑换成金块。如英国 1925 年规定，银行券在 1 100 英镑(合 400 盎司黄金)以上才能兑换金块；法国 1928 年规定，银行券和纸币在 215 000 法郎以上才能兑换金块。事实上，这种高限额对于大多数人是无法达到的，因此也就无法兑换黄金。

金块本位制虽然可以节约黄金的使用，节约了流通费用，但是，维持金块本位制是要以国际收支平衡和拥有大量用于对外支付的黄金储备为基础。由于 20 世纪 20 年代末和 30 年代初的世界经济危机，使许多国家出现了大量的国际收支逆差，加上黄金产量的下降，黄金储备不敷支付，迫使许多国家放弃金块本位制，实行金汇兑本位制。

3. 金汇兑本位制

所谓金汇兑本位制是指没有金币的铸造和流通，使本国货币依附于某一外国货币，通过外汇间接兑换黄金的货币制度，又称为虚金本位制。

金汇兑本位制的特点是：①国内没有金币的铸造和流通，纸币和银行券作为流通的货币，但纸币和银行券仍是金单位，规定了单位货币的含金量。②本国中央银行将黄金和外汇存放于某一个实行金币(块)本位制的国家，并与其建立固定的比价，纸币和银行券不能直接地兑换黄金，只有通过先兑换依附国的货币，然后再兑换成黄金来实现间接兑换，即本币⟶外汇⟶黄金。

实行金汇兑本位制国家的货币准备可以不是黄金而是外币债权，往往这种债权是以外国有价证券或银行存款方式持有，能够获得一定的利息收入。但是本国货币实际上是处于附庸地位，本国货币政策和经济发展都要受依附国经济状况所左右。

在金块本位制和金汇兑本位制下，由于没有金币的铸造和流通，纸币、银行券和黄金的兑换受到很大的限制，削弱了货币贮藏手段对流通中货币数量的自动调节机制，容易引起货币贬值和物价的上涨。所以，金块本位制和金汇兑本位制都是残缺不全和不稳定的货币制度。

金块本位制和金汇兑本位制只实行了很短一段时期。1929 年 10 月纽约证券交易所股价暴跌，货币信用危机迅速波及欧洲各国，导致大量企业破产、银行倒闭和黄金外流，许多国家的黄金储备急剧下降。所以，德国在 1931 年 7 月率先放弃了金汇兑本位制。同年 9 月，英国放弃了金块本位制，于是一系列与英镑建立依附关系的国家或地区相继放弃了金汇兑本位制。1933 年美国、法国、荷兰、意大利、比利时、瑞士、波兰诸国也先后放弃金块本位制和金汇兑本位制，标志着金本位制的全面瓦解，取而代之的是不兑现的信用货币制度——纸币流通制度。

(四) 纸币流通制度

1. 纸币流通制度的形成和发展

所谓纸币流通制度是指用纸张作为货币材料来印制本位币，本位币不与黄金挂钩，流通中的货币为不兑现的纸币的货币制度。这种制度是 20 世纪 30 年代初经济危机和货币危机的产物，目前世界各国均实行这种货币制度。

纸币是依靠国家权力发行的强制流通的货币符号，它是在货币流通手段的基础上产生的。自从货币产生以后，把原来的物物交换分化成了买和卖两个阶段，即 W—G—W，货币在商品交换中仅仅充当商品交换的媒介。人们关心的是货币所能代表的价值大小，而并不关心货币本身是否具有价值或价值大小，即人们只关心自己商品卖出后，能换回多少自己所需要的商品数量。因此，流通中只要有能代表货币价值的价值符号——纸币就可以了。但是货币符号代替金属货币是有条件的：一是必须取得社会公众的认可，法律的强制约束力是取得社会公众认可的有力保证；二是纸币的广泛流通必须有地区市场的存在，广泛的地区市场是吸纳货币符号的场所。

2. 纸币流通制度的特点

纸币流通制度和金属货币流通制度相比呈现出以下特点：

(1) 纸币的发行不再受黄金准备的限制，并且由国家垄断发行，国家赋予纸币无限法偿能力。纸币流通制度下，一般由国家授权中央银行来发行纸币，作为国家用法律手段强制社会接受的货币符号，纸币与黄金已经不再发生联系，纸币的价值不受黄金价值的决定，而是由其实际购买力来决定。

(2) 在纸币流通制度下，虽然各国都有一定数量的黄金准备，但并不是以此作为本国货币发行的准备，而是作为国际间一般支付手段和国家经济实力的对比，或者作为一种特殊的商品，在黄金市场上依据当时的黄金价格来抛卖，换回本国需要的可自由兑换货币。所以，此时的黄金事实上已经失去了流通手段和支付手段的职能。

(3) 作为信用货币的纸币通过信用的程序投入到市场中，国家货币的发行反映了国家对社会公众的负债。流通中信用货币的数量对经济会产生直接的影响。如果中央银行放松银根，信用货币投放过多，可能会产生通货膨胀的压力，引起物价上涨；如果中央银行紧缩银根，信用货币投放过少，可能会产生通货紧缩的压力，引起物价下跌，有效需求不足和经济发展的矛盾突现。

(4) 中央银行对货币的有效管理成为社会经济发展的必要条件。在纸币流通制度下，政府借助于中央银行对货币流通量的管理达到其预期的经济目标，并使之成为宏观经济调控政策不可缺少的组成部分。

3. 纸币和银行券的联系与区别

纸币和银行券同是货币符号，都能够执行货币的流通手段和支付手段的职能，但两者又是有区别的。

(1) 两者产生的基础不同。纸币产生于货币的流通手段职能，代表金属货币充当商品交换的媒介，是价值符号的完全形式；银行券产生于货币的支付手段职能，它产生的基础是信用关系。

(2) 两者发行的主体不同。纸币是由国家政府依靠国家权力强制发行并流通的，构成国家对公众的长期无需偿还的负债；典型的银行券是由商业银行通过商业票据的贴现而发行的，构成了发行银行对公众的负债。

(3) 两者对黄金的兑换不同。一般来说，纸币是不能兑换成黄金的，只能作为货币符号在市场上进行流通；典型的银行券发行银行能保证随时兑换金属货币。

(4) 两者的价值表现不同。纸币因为不能自由兑换成黄金，所以，当流通中的纸币数量和流通中的实际货币需要量不一致时，纸币的名义价值和实际价值会产生背离。纸币发行过多会引起贬值，物价上涨。银行券能保证随时兑换金属货币，不会出现名义价值和实际价值背离的现象，一般也不会贬值。

本章小结

1. 货币是市场经济最重要的经济要素之一，是商品生产和商品交换的产物，是在长期的商品生产和商品交换过程中，逐渐从商品世界中分离出来的、固定的充当一般等价物的特殊商品。

2. 货币的职能是指货币本质所决定的内在功能。在现代经济生活中，一般认为货币具有五种职能：价值尺度、流通手段、贮藏手段、支付手段和世界货币。

3. 从货币的产生过程可以看出，货币是商品，但货币不是普通的商品，是固定地充当一般等价物的特殊商品，并体现一定的社会生产关系，这就是货币的本质。

4. 货币层次划分的依据是流动性。流动性是指金融资产不受损失及时转化成现实购买力的能力。

5. 币材决定货币制度类型。从币材变化的过程可以看出，货币制度主要经历了金属货币本位制和信用货币本位制两个阶段。在金属货币本位制中又可以划分为三类典型的货币制度，即：银本位制、金银复本位制和金本位制。

思考与练习

一、名词解释

货币　价值尺度　价格标准　流通手段　支付手段　流动性　货币制度　本位货币　无限法偿　劣币驱逐良币规律

二、简答题

1. 货币的本质是什么？它有哪些职能？
2. 简述价值尺度和价格标准之间的关系。
3. 为什么说金币本位制度是一个相对稳定的货币制度？
4. 货币层次划分的依据和意义是什么？
5. 简述货币制度的主要类型及其特征。
6. 银行券和纸币有什么联系和区别？

第二章 信用、利息与利率

本章要点：

本章主要讨论信用的产生、本质、形式，以及信用代价（即利息）的概念与本质、利率种类、利率的决定、利率的作用等问题。

学习目标：

- 理解信用的概念及其内涵
- 能正确区分各类信用形式，并掌握各类信用形式的特点
- 理解利息的内涵
- 在理解利率内涵的基础上正确计算利息
- 掌握利率的作用、决定因素等理论
- 了解我国当前存贷款利率调整的影响

基本概念：

信用　直接信用　间接信用　商业信用　银行信用　国家信用　消费信用　利息　利率　名义利率　实际利率　市场利率　官定利率　利率体系　负利率　倒挂利率

第一节　信 用 概 述

一、经济学上信用概念的有效界定

（一）信用概念的界定

日常生活中经常讲到的“信用”一词，从不同角度有不同的理解。经济学中的信用，是指商品和货币的所有者（即贷出者）把商品或货币的使用权暂时让渡给商品或货币的使用者（即借入者），到期偿还并支付一定利息的价值运动形式。要准确把握信用的内涵，必须从以下三个方面来理解：

1. 信用是一种特殊的价值运动形式

这主要指信用与一般商品买卖的价值运动不同。在商品买卖中，卖者在卖出具有一定使用价值的商品时，取得了与该商品等值的价值；而买者在付出一定价值时，取得了自己所需要的具有某种使用价值的商品，从而实现了等价交换。在信用交易中，商品或货币不是被卖出，而是被贷（借）出，所让渡的是商品或货币在一定时期的使用权，其所有权不发生变更和转移，所以到期

要偿还贷出者同样的商品或货币。

2. 信用是以支付利息为条件的借贷行为

信用交易的贷出者，让渡商品或货币的使用权，其获得的报酬是借入者到期支付的利息，作为贷出者放弃商品或货币使用权的补偿和报酬。在现代商品货币经济中，这种利息表现为贷出货币或商品的价格。

3. 信用是从属于商品货币经济的范畴

信用关系反映了社会经济组织和个人之间的一种让渡商品或货币的经济关系。信用及信用形式是随着商品货币关系的产生而产生和发展的。

信用活动与金融活动是两个既有联系又有区别的范畴。在资本主义制度产生以前，信用和金融虽然也有密切联系，但其主要方面是各自独立发展的。信用产生于原始社会末期，而金融是在资本主义生产条件下，在信用不断发展下才得以产生和发展。随着信用货币取代金属货币而成为流通中货币的基本形式，任何独立于信用活动之外的货币制度已不存在，相应的信用活动也都和货币的运动结合，两者也表现为范围上的区别。广义的金融泛指一切与货币流通及资金运动有关的运动，包括货币的发行、保管、兑换和流通的调控等，在内涵上包括货币信用和股票融资，而不包括实物信用。信用包括所有的信用活动，它既包括货币信用，也包括实物信用。但在现代经济关系中，两者在一定条件下又具有同一性，信用活动即资金融通，金融活动中包含着信用关系。因为在现代经济条件下，商品货币关系越来越发达，实物信用形式越来越少，甚至不至于影响经济发展；同时由于现代金融市场已经相当发达，对投资者来说，可选择的金融产品种类很多，一定程度上也淡化了实物信用的形式。因此，信用和金融两个范畴越来越趋于相同。

（二）信用的基本要素

信用关系的成立应具备四大要素：

1. 信用主体

信用作为特定的经济交易行为，必须具有行为主体，即构成信用关系的当事人，他们通过直接或间接方式，在资金或实物融通过程中形成债权债务关系。债权和债务关系是构成信用的第一大要素。

2. 信用标的

信用标的是指信用交易的对象。信用交易对象是指授信方的资产，它既能以货币形式存在，也能以商品形式存在。

3. 信用载体

信用载体是指授受信用双方的权利和义务的关系，表现在一定的对象物之中，即信用工具，它是载明债权和债务关系的合法凭证。

4. 信用条件

信用条件是指在信用期内，债权和债务双方应享有和遵守的权利和义务。因为信用是一种借贷关系，所以信用条件主要指信用的期限、利率等。信用是信用标的物的所有权和使用权暂时分离，必然要确定一个暂时分离的期限，是信用行为得以存在的必然条件；而利息既是债权人让渡商品或货币使用权的报酬，又是债务人获得商品或货币使用权的代价。

二、信用的基本特征和职能

（一）基本特征

1. 暂时性

信用关系中货币或商品的所有权和使用权的分离是暂时的，具有一定的期限。若没有期限就意味着所有权和使用权没有分离，也就成为一般商品买卖或货币价值的无偿转移，从而也不可能形成信用关系。

2. 偿还性

商品或货币使用权的暂时让渡是以到期偿还为先决条件，债权人贷出商品或货币资金，要求在信用关系结束时，以一定方式偿还商品或货币，这是信用的基本要求。

3. 收益性

各信用主体有不同的经济利益，信用关系建立在有偿基础上，因此债权人在让渡商品或货币使用权后到期时必然有价值增值的要求。

4. 风险性

商品或货币的借贷不同于一般的商品买卖关系，也不同于货币价值的赠与。债权人到期能否收回本息，很大程度上取决于社会法律制度的完善、道德规范以及债务人的信誉和能力，因此具有一定风险性。

（二）基本职能

信用是商品经济发展到一定阶段的产物，而信用的产生和发展又极大地推动了商品经济的发展。商品经济越发达，经济对信用的依赖性就越强，信用对经济的影响也越大，这也正是信用职能发挥作用的具体体现。

1. 信用能更有效、合理地配置社会资源。

在市场经济条件下，任何一个经济单位的货币收入都会出现不平衡的状况。一些经济单位在一定时期内可能由于收入和支出的不同步或收入流量大于支出流量，而出现收入大于支出的盈余状况；或可能由于相反的情形出现赤字状况。要解决货币资源在某一时期的不平衡，不能采取无偿调剂的方式，必须采取有偿的借贷方式，即信用方式。用信用方式调剂社会资金资源余缺，既可以有效解决资金分配上的不平衡，又可以提高整个社会资源配置的效率。

2. 信用能更有效地节约流通费用，提高经济效益

信用产生后，大大节约了各种流通费用，加速了资金周转速度。一方面，在信用基础上产生了非现金结算，减少了现金的流通量和流通费用。信用活动需要借助于一定载体，而信用活动本身能够创造出各种用于证明债权债务关系的载体，即信用工具。信用工具的出现节约了流通费用，同时节约了大量社会劳动。另外，由于信用结算手段快速灵活，加速了商品流转，缩短了商品流通的时间，减少了流通占用和流通消耗，从而有利于提高社会资金使用效益。

3. 信用是调节经济的有效手段

信用是调节国民经济的重要经济杠杆，能对国民经济的总量和结构进行有效调节。国家通过制定各种信用政策、金融法规，通过调节社会信贷总规模，调节社会货币供给总量，使货币供求保持一致；同时，国家也可以利用信用杠杆及利率的变动调节信用的方向及需求结构，以实现社会产品结构、产业结构和经济结构的调整。

三、信用的产生和发展

在原始社会末期，私有制的产生促进了商品生产和交换的发展，造成社会财富占有的不均和分化，从而出现贫富差别。贫穷阶层不得不靠向富裕阶层借贷来维持生计，由此产生了最原始的信用形式。可见，商品交换和私有制是信用产生的基础。

随着商品生产和交换的发展，在商品买卖中，由于生产周期长短不一，以及商品购销地点远近的不同等因素，造成商品生产者和商品购买者在出售和购买商品时的时间和空间上的差异。为了维持正常的社会再生产，出现了商品买卖中的延期支付和赊销买卖，从此产生了信用交易。卖者因为赊销商品，成为信用交易中的债权人，而买者则成为信用交易中的债务人，到期时买者再以货币清偿债务。货币在这里不是作为流通手段，而是作为支付手段发挥作用，从而实现价值转移和债务清算。

信用产生于商品流通，但又不局限于商品流通的范围。随着商品货币经济的深入发展，货币的支付手段超出了商品流通的范围，因而与货币支付手段相联系的信用关系，也就不仅仅表现在商品赊购赊销，货币借贷的信用关系日渐显露。货币成为契约上的一般商品。一方面，一些人手中积累了货币，或者一些企业在生产流转过程中出现了闲置货币，需要寻找运用的场所；另一方面，一些人或企业则需要货币用于生活或从事生产经营，要求通过信用形式进行货币余缺调剂。

信用在不同的社会有不同的表现形式，分别经历了高利贷信用、资本主义信用和社会主义信用几个发展阶段。从信用发展的历史进程来看，信用作为商品经济的重要组成部分，总是受特定的生产方式所制约，同时又反映着一定生产关系并为其服务。

延伸阅读

纳斯达克借高利贷竞购伦敦证交所

英国《金融时报》诺尔玛·科恩(Norma Cohen)伦敦、阿努伊·甘加哈(Anuj Gangahar)纽约报道：美国纳斯达克(Nasdaq)昨日公布了一项新的融资安排，筹集最多51亿美元资金，用于收购伦敦证交所(LSE)。但它承认，这项债务的成本和规模已经如此之大，以至于它很难将收购报价提高到每股12.43英镑之上。纳斯达克的发言人承认，这项融资“有些勉强”。在一份昨日递交给美国证券交易委员会(SEC)的文件中，纳斯达克披露了这项贷款安排的部分细节，其中包括一项17.5亿美元的过渡性贷款安排，利率为伦敦银行同业拆借利率(LIBOR)加7个百分点。通常只有那些面临严重财务危机的公司才会遇到这么高的利率。

资料来源：http://tech.sina.com.cn/i/2006-11-28/10241260063.shtml

第二节 信用形式

信用形式就是信用关系表现出来的具体形式。随着社会制度的不断演变和商品经济的不断发展，信用活动日益频繁和深化，信用形式也日益丰富。根据不同的标准，信用形式可以划分为许多种类。较科学和规范的划分标准是按信用主体的不同来划分，具体可划分为以下几类：

一、商业信用

（一）商业信用的概念及存在的意义

商业信用是企业之间在买卖商品时，以延期付款或预收货款等形式提供的信用。商业信用是一种较早的信用形式，并成为资本主义信用制度的基础。

在产业资本循环过程中，企业之间相互依赖，但它们在生产时间和流通时间上往往不一致，从而造成一些企业商品积压，有些企业虽急需该商品却无钱购买，因此，以延期付款形式提供的商业信用出现。卖方可以向买方提供该产品的商业信用，使买方能够顺利地实现商品增值，卖方的利益也就可以得到实现，使整个社会的再生产得以顺利进行。另外，商业信用还与商业资本的存在和发展有直接联系。商业资本是实现生产和消费的中间环节，商业企业赚取中间差额作为利润，因此，商业企业不可能有足够的资本从工业企业那里购买全部工业品。为保证商品流通顺利进行，工业企业要向商业企业提供信用，商业信用因此得到了发展。可见商业信用是直接同商品生产和商品流通相联系的，直接为产业资本循环和商业资本循环服务。所以，商业信用仍然是资本主义信用制度的基础。

（二）商业信用的特点

1. 主体是经济企业

商业信用的债权人和债务人都是企业，信用的贷出者（债权人），在商品赊销行为中是商品卖方；信用的借入者（债务人），在商品赊销行为中是商品买方。他们都是直接参加生产和流通并掌握着商品的企业，只要双方同意即可签订延期付款或预收货款的合同协议，无需信用中介机构介入，就可以自发实现商品形态向货币形态的转化。所以，商业信用是一种直接信用形式。

2. 客体是商品资本

商业信用所提供的是处于社会再生产过程中的商品资本，而不是社会闲置的货币资本。表现为企业与企业之间，信用提供者的最后阶段的商品资本直接转化为信用接受者最初阶段的商品资本，如图 2－1 所示。

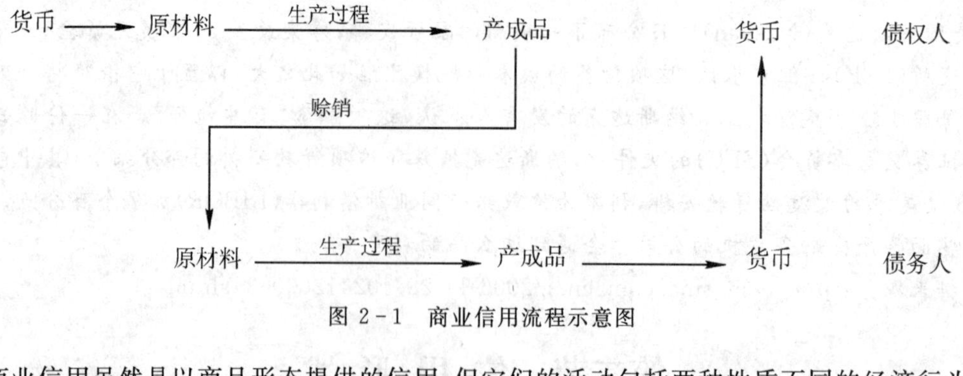

图 2－1　商业信用流程示意图

商业信用虽然是以商品形态提供的信用，但它们的活动包括两种性质不同的经济行为，即买卖行为和借贷行为。当一个企业把商品赊销给另一个企业时，商品的所有权发生了转移，商品的买卖行为已经完成。但由于商品的货款没有立即支付，商品的卖者成为债权人，商品的买者成为债务人，商品的买卖关系又演变成了债权债务关系，即借贷关系，但这种借贷关系及其运动还没有从社会再生产过程中独立出来。

3. 规模和产业资本动态一致

在经济繁荣时期，生产规模扩大，生产的商品增加，商业信用的需求和供应都随之扩大；当发生经济危机时，生产萎缩，商业信用的需求和供应也随之缩减。

(三) 商业信用的局限性

1. 在规模和数量上的局限性

由于商业信用是企业之间相互提供的信用，因此，从整个社会来看，商业信用只能在企业之间的现有资本总额中进行再分配，它的最大限度是工商企业现有资本总额的充分运用。从个别企业来看，企业所能提供的信用规模取决于它所得到的商业信用规模或准备资本的规模。

2. 在使用范围上的局限性

因为商业信用是直接信用，借贷双方只有在互相了解对方的信誉和偿债能力的基础上才可能确立信用关系，因而在使用范围上受到限制。

3. 在方向上的局限性

由于客体是商品资本，所以商业信用的产生要受到商品流转方向的限制。信用只能由产品的生产者或经营者向该产品的需求者提供，即只能是上线产品向下线产品提供商业信用。如棉农可以向纺纱厂提供商业信用，纺纱厂向织布厂提供商业信用，而反过来纺纱厂向棉农提供商业信用、织布厂向纺纱厂提供商业信用都是不成立的。

4. 在期限上的局限性

由于商业信用所提供的是在循环过程中的商品资本，如果不能很快地以货币形态收回，就会影响产业资本的正常循环和周转。因此一般来说商业信用是短期信用，而且一旦无法及时收回，信用提供者就不能如期转入下阶段的社会再生产，所以商业信用又蕴藏着产生经济危机的可能。

二、银行信用

(一) 银行信用的概念

银行信用是指银行及其他金融机构以货币的形式提供的信用。银行信用是在商业信用发展到一定阶段的基础上，克服了商业信用的局限性而产生和发展起来的。它的产生对资本主义商品经济发展起到了巨大的推动作用，并且已经成为整个信用制度的核心和主体。

(二) 银行信用的特点

1. 主体是金融机构和社会不同的经济实体

银行信用是一种间接信用。一方面，银行作为受信者以债务人的身份通过存款等方式向社会筹措资金；另一方面，银行作为授信者以债权人的身份通过贷款等形式向社会贷放资金。银行充当了信用的中介，为全社会提供全面的信用服务，以促进商品生产和流通的扩大。

2. 客体是货币资金

银行信用的载体是单一的货币资金。一方面，银行信用能有效地聚集社会上各种闲散资金，包括聚集社会再生产过程中暂时游离出来的货币资本，聚集货币所有者的货币资本，并可把社会各阶层的货币储蓄也转化为生产资本，形成巨额的借贷资本。另一方面，银行信用是以单一的货币形态提供的，它可以向任何企业、任何机构和个人提供，从而克服了商业信用在方向和规模上的局限性。

3. 和产业资本变动的不一致性

由于银行信用所贷出的资本是独立于产业资本循环的货币资本，因此，银行信用规模和产业资本动态表现出不一致，具有一定的独立性。尤其是在经济危机时表现得更加明显。

4. 具有创造信用的功能

任何经济实体只有在先获得货币资本或商品资本的前提下才能提供信用，并且对外提供的信用规模的大小要受到自身资本总量的制约。唯有银行信用可以突破上述两点的限制，银行不仅可以根据其自身的资金来源安排资金运用，还可以通过其资金运用创造出资金来源，具有信用创造能力。

（三）银行信用发展的新趋势

银行信用由于克服了商业信用的局限性，大大地拓展了信用的范围、数量和期限，可以在更大程度上满足经济发展的需要，成为现代信用的主要形式和核心。

20 世纪 80 年代后期以来，随着世界经济一体化步伐的加快，并购和重组的加剧，银行信用的发展与变化主要表现在以下几方面：①越来越多的借贷资本集中于少数大银行手中；②银行规模越来越大；③银行资本与产业资本的结合日益密切；④银行信用提供的范围也在不断扩大；⑤银行信用在整个社会信用关系中，不管是金额还是范围都占据绝对优势。

银行信用虽然在诸多方面都优于商业信用，更适应社会化大生产需要，但还不能取代商业信用。因为商业信用直接与商品生产和流通相联系，在商业信用可能解决的范围内，企业之间可以直接利用商业信用实现融资，然后再通过银行信用把商业信用纳入银行信用的范畴。所以，在信用体系中，商业信用是信用制度的基础，银行信用是信用制度的主导与核心。

三、国家信用

（一）国家信用的概念

国家信用是指以国家或政府为主体的借贷活动。在现代社会中，国家信用主要指国家或政府的负债。国家以债务人的身份取得信用可分为国家的对内负债和国家的对外负债。对内负债是指国家以债务人身份向国内居民、企业、团体等取得的信用，它形成国家的内债。对外负债是指国家以债务人身份向国外的居民、企业、团体、政府和国际金融组织等取得的信用，它形成国家的外债。

国家信用不是在商品生产和交换的基础上产生的，而是为了满足国家财政分配的需要而产生的。国家举债的目的一般是用于弥补财政赤字或进行国家重点项目建设。因此，国家信用又是一种由信用分配转化为财政分配的特殊信用方式。

（二）国家信用的基本形式

1. 内债的基本形式

内债的基本形式主要有以下三种：

(1) 发行政府公债。这是国家为了弥补财政赤字或进行国家重点建设发行的中长期政府债券，是内债的主要形式。

(2) 发行国库券。这是为了应付国家短期预算支出需要发行的一种短期政府公债，期限一般在 1 年以内。

(3) 向中央银行借款或透支。即政府向本国中央银行实现短期的资金融通。

2. 外债的基本形式

外债的基本形式主要有以下两种：

(1) 发行国际债券。政府在国际金融市场上，通过发行中长期国际债券筹措建设资金，这是目前政府对外举债比较流行的形式。

(2) 政府向外借款。政府向外借款主要指向外国政府、国际金融机构和国外商业银行的借款以及出口信贷等形式。

(三) 国家信用的作用

1. 国家弥补财政赤字的主要途径

国家解决财政收支不平衡通常有三种方法可供选择：增加税收、国家举债和向中央银行借款或透支。增加税收无非是提高税率或增加税种，但都会造成企业和居民的负担，同时也要受到本国立法程序的制约。向中央银行借款或透支，会造成中央银行货币的非经济性发行，使货币的供应量超过实际需要量，引起物价上涨和通货膨胀。所以，世界上大多数国家都通过发行国债(政府公债和国库券)解决财政收支的平衡。

2. 国家筹措建设资金，优化资源配置的重要手段

国家利用信用的经济功能，将社会闲置的货币资金集中起来，用于国家的重点项目和基础设施的建设，保证社会经济的可持续发展。

3. 调节货币流通、促进货币供求平衡的有效杠杆

国家可以利用信用的经济功能，合理地调节市场货币流通量。当市场货币流通量超过实际需要量，引起物价上涨甚至通货膨胀时，国家可以通过发行国债吸收市场过多的货币流通量，推迟货币购买力的实现；反之，则可以通过公开市场业务回购国债，向市场注入新的货币，从而实现市场货币的供求均衡。

四、消费信用

(一) 消费信用的概念

消费信用是由工商企业、商业银行和其他金融机构以商品或货币的形式向消费者个人提供的一种信用。消费信用的产生旨在解决消费者个人支付能力不足的困难，通过提供消费信用使消费者需求提前实现，达到推销商品、促进生产的目的。

(二) 消费信用的形式

随着金融新产品的开发，消费信用的形式也在不断发展和变化，但概括起来主要有以下几种形式：

1. 分期付款

分期付款是向消费者提供的以购买高档耐用消费品为主的中长期消费信用，这是一种最常见的消费信用形式。消费者购买高档耐用消费品时，在支付一定数额的首期款后，与卖方签订分期支付剩余货款和利息的合同，按月(或年)支付剩余货款和利息，买方按合同分期付清本息后，商品的所有权由卖方转移给买方。

2. 信用卡消费

信用卡消费是由银行和商业企业共同向消费者提供的消费信用形式。信用卡信用是一种延期付款的短期信用。消费者可以凭信用卡在约定单位购买商品或支付劳务，销售单位定期与银

行结账。同时,信用卡还可以在规定额度内向银行透支现金。

3. 消费信贷

消费信贷是指银行和非银行金融机构采用信用放款或抵押放款的方式,向消费者提供主要用于购买高档耐用消费品的资金的信用方式。消费信用是一种中长期信用。消费信用的还款方式主要有到期一次偿还本息和分期偿还本息两种。

五、国际信用

(一) 国际信用的概念

国际信用是指各国银行、企业、政府之间相互提供的信用以及国际金融机构向各国政府、银行、企业提供的信用,反映了国际间的相互借贷关系。在国际信用中,授信国往往通过借贷资本的输出来带动本国商品的出口,从而实现利润;而受信国往往想利用国际信用购买所需的设备、技术和商品,提高本国生产设备的科技含量,从而促进本国经济发展。

(二) 国际信用的形式

1. 出口信贷

出口信贷是指出口国政府为了扩大本国商品的出口,而对本国出口商或外国进口商(或银行)以优惠利率提供贷款。出口信贷的利率比国际商业贷款利率低,一般由出口国政府财政给予利差补贴。比较常见的出口信贷有出口卖方信贷、出口买方信贷和福费廷三种。

2. 国际商业贷款

国际商业贷款是指本国银行或企业从国外商业银行或银团取得的直接贷款。它的最大特点是贷款金额较大,贷款使用自由,手续较为简便。其最大的缺点是利率相对较高并且实行浮动利率,期限相对较短。

3. 政府贷款

政府贷款是指本国政府从外国政府取得的具有援助性质的贷款。这种贷款利率比较优惠,期限较长,但这种贷款往往要附加一些经济或政治条件,而且贷款金额相对较小,手续烦琐。

4. 国际金融机构贷款

国际金融机构贷款是指国际金融机构的会员国从国际金融机构获得的贷款。国际金融机构是指全球性的国际金融机构和区域性的国际金融机构。这种贷款利率比较优惠,期限较长,但这种贷款一般具有特定的用途,其贷款金额也要受到会员国在该国际金融机构中所认缴基金的份额的限制。

5. 补偿贸易

补偿贸易是指设备出口国企业以赊销商品的方式向进口国企业提供机器设备,并以该项目投产后的产品或利润来清偿货款的一种信用方式,其实质是一种国际商业信用。补偿贸易从 20 世纪 70 年代开始流行,被发展中国家广泛采用。它包括产品回购和互购等形式。

6. 国际债券

国际债券就是指本国政府、金融机构或企业在国际债券市场上发行以外国货币表示的债券,从而实现筹资目的的一种信用方式。这种信用方式在筹资金额、期限、利率和偿还方式等方面都具有较大的灵活性和主动性,所以被许多国家和企业所接受和采用。

7. 国际租赁

国际租赁是一种国际融资与融物相结合的信用方式。其一般形式是租赁公司出资购买设备,租赁给客户使用,承租者向出租者定期支付租金的信用行为。比较常见的租赁形式有经营租赁、金融租赁、维修租赁、转租赁和反租赁等。

六、民间信用

(一) 民间信用的概念

民间信用是指个人之间以货币或实物的形式相互提供的信用,又称为个人信用。个人信用在我国已经有几千年的历史。现在随着个体经济、私营经济的不断发展和壮大,个人信用已经从单纯的生活消费领域转向生产经营领域,并有逐步发展和形成规模的态势。

(二) 民间信用的特点

民间信用主要有以下几方面特点:

第一,主体一般是个体经营者和家庭(个人)消费者。

第二,客体逐步由以实物为主转向以货币资金为主。

第三,用途由生活消费逐步转向生活消费和生产消费并重。

第四,利率一般要高于银行同期贷款利率,有些甚至具有高利贷性质。

民间信用作为我国信用形式的补充,利弊并存,应加以正确引导。

延伸阅读

从“女富豪被拘”看非法集资的危害

26 岁浙江女富豪吴英涉嫌非法集资被刑拘。在坊间传诵了半年之久的“本色神话”前天正式结束。当天下午 4 点 30 分左右,吴英名下的本色集团在东阳的门店,全部被东阳警方控制。当晚,东阳市政府发布公告,宣布吴英涉嫌非法吸收公众存款,已被当地公安机关刑事拘留;本色集团也同时被立案调查,与本色有关的债权债务,昨天开始登记。

当地媒体的报道比较简单,此案的核心案情和细节未有过多披露。但此案的性质已定:吴英涉嫌非法吸收公众存款,也就是通常所说的“非法集资”。吴英和她的本色集团落到今天这样的地步,并不令人意外。从她半年前“一夜暴富”的亮相方式,到种种反复无常的资本动作,从来就缺乏一个创业成功的富豪的基本理性和正常逻辑,而负面新闻不断更是暴露了其千疮百孔的本质。号称投资 2 亿元现金买下东阳世贸城 700 多间商铺,后被证明是子虚乌有;向东阳的光彩事业捐款 500 万元,又找了个理由把钱要了回去;向工商银行提供 4 900 万元假汇票;到了日期不能正常发放员工薪水,等等。这些都从侧面佐证了其资金来源的诡异与脆弱。

根据《关于取缔非法金融机构和非法金融业务活动中有关问题的通知》(银发[1999]41 号)规定:“非法集资”是指单位或者个人未依照法定程序经有关部门批准,以发行股票、债券、彩票、投资基金证券或者其他债权凭证的方式向社会公众筹集资金,并承诺在一定期限内以货币、实物以及其他方式向出资人还本付息或给予回报的行为。目前刑法中没有非法集资罪,相关的罪名有非法吸收公众存款罪、集资诈骗罪,吴英涉嫌的就是前者。“非法集资”按资金去向又可分为两种情况：一是以诈骗为目的，用虚构的经济活动骗取公众信任。从其有声势、无实效的实业发展和投资活动看，吴英所从事的很可能就是这一行。这是必须严厉打击的。二是某些民间集资行为确有前景不俗的实业作为支撑，但没有遵循合理程序进行集资。这当然也是非法的，但更重要的是要引导和规范。

不管属于哪种情况，非法集资的一个重要特征就是承诺高息还本，这也是其请君入瓮的法宝。从1993年的北京沈太福非法集资案、1994年的无锡邓斌非法集资案，到2004年山西璞真特大非法集资诈骗案，以及本色集团非法集资案，此类案件频发有着深刻的经济和社会成因。首先，经济发展，财富累积，但多年以来投资渠道单一，理财工具有限，民间游资就像没头苍蝇一样到处乱撞，进入股市就会引起股指的大起大落，进入房市就会造成房价的直线攀升，进入煤炭业就成了"炒煤团"，进入艺术品市场就成了"炒画团"，走到哪里就在哪里兴风作浪，扰乱秩序，落得个处处受气、人人喊打。民间资本尝够了风险高、压力大的滋味，一旦遇到非法集资"旱涝保收"的承诺，岂能不动心？其次，非法集资者们的排场够大，演技够高，台词够甜，诱惑力够强。吴英多次编织了一掷亿金的谎言，而"期货致富"的传说一直在流布，她甚至在宝马车中随身携带了两大包珠宝，称这些东西"至少价值2亿元"。遇到了这么个金钱化身般的女富豪，听着她的一次次投资大手笔，当她"垂恩"要把你拉进她的"事业"时，有多少人能拒绝？

在当前的金融和法制环境下，非法集资是一种潜藏着巨大风险的行为，严重威胁着公众的资金安全，应该坚决打击。投资者也应该慎思明断，不要参与其中。另一方面，鉴于其复杂的成因，光堵也不行，而是应该开辟更多的投资渠道，去年以来股市大涨，相信会是对非法集资的釜底抽薪。此外，还应该加强金融创新，疏导民间的借贷行为，使之合法化、规范化，让民间资本能够安全有效地流通起来。

资料来源：李星文. 评论：从"女富豪被拘"看非法集资的危害[EB/OL].（2007-02-20）. http://house.ynet.com/view.jsp?oid=979476

第三节　利　　息

一、利息的本质

利息是在信用关系中借款人支付给贷款人的报酬，在数量关系上表现为超过本金的那部分金额。利息是伴随着信用关系的产生而产生的经济范畴，只要存在信用关系，利息就必然存在。从一定意义上讲，利息还是信用关系存在和发展的必要条件。

马克思通过透彻地分析借贷资本和产业资本的关系、资本所有权和使用权之间的关系、货币资本家和职能资本家的关系后，指出"只有资本家分为货币资本家和产业资本家，才使一部分利润转化为利息，一般地说，才创造出利息的范畴；并且，只有这两类资本家之间的竞争，才创造出利息率。"[①]马克思认为，借贷资本的运动是二重支付和二重回流的运动。从表面上看，借贷资本的运动是脱离了社会再生产过程的纯价值运动，而实际上借贷资本的运动是以产业资本的运动为基础的价值运动。利息决不是货币本身产生的果实，也不是在再生产过程之外的借贷活动中

① 《资本论》第三卷，人民出版社，1975年版，第415页。

产生的,更不是在购买生产要素和销售商品的流通过程中产生的,而是工人在生产过程中创造的归货币所有者占有的剩余价值的一部分。所以,马克思从根本上回答了利息的来源和本质,从而揭开了利息神秘的面纱。根据马克思对利息本质的论述,可以从下述三个方面来准确、全面地理解和把握利息的本质。

1. 从利息的来源看,利息是剩余价值的转化形式

利息是工人在再生产过程中创造的剩余价值的一部分,是剩余价值的转化形式,是货币资本家和产业资本家共同瓜分剩余价值的结果。

2. 从借贷双方的关系看,利息是财富的分配形式

利息是利润的一部分,从而是社会总产品的组成部分,表现为社会一定时期财富的增加。

3. 从市场供求关系看,利息是借贷资本的价格

在现代经济社会中,多种融资方式并存使得融资成为市场行为,金融工具成为商品。资金需求者通过出售金融商品而筹措资金,资金供应者通过购买金融商品而投资,资金供求关系转化为金融商品的买卖关系,利息成为金融商品的价格。

二、利息的作用

在货币经济基础中,利息作为资金的使用价格在市场经济运行中起着十分重要的作用。货币为商品运动提供了一个无差别的衡量尺度,生产的维持和扩张,流通和消费的进行,都可以用货币尺度进行检验。这样无论是实物资源还是货币资金的使用,只有引进利息观念并发挥其积极作用,才能达到最经济、最有效的目标。利息主要有以下几方面作用:

第一,利息作为企业的资金占用成本已直接影响企业经济效益水平的高低。企业要降低成本,增加效益,就要千方百计减少借入资金的占用;同时,在筹资过程中对各种资金筹集方式进行成本比较。

第二,在居民实际收入水平不断提高,储蓄占收入比重日益加大的条件下,会出现资产最佳选择行为,金融工具的增多为居民的资产选择行为提供了客观基础,而利息收入的高低则是居民选择某种金融工具的主要诱因。居民重视利息收入并自发地产生资产选择行为,无论对宏观经济的调控,还是对微观基础的重新构造都产生不容忽视的影响。

第三,由于利息收入对全社会的赤字部门和盈利部门的经济利益息息相关,因此,政府能够将其作为重要的经济杠杆对经济运行实施宏观调节。

三、利息与价格的关系

在信用占主导地位的市场经济中,利息会渗透到生产生活的方方面面。社会再生产中,几乎所有的企业都要依靠一定量的借入资金来组织生产,所以,利息支出的多少就直接构成企业生产成本的高低。即使企业不借入资金而完全依靠自有资金进行生产经营活动,根据替代原理,它也要将利息作为机会成本进行效益核算,因为这类没有负债的企业即使不将资金投向自身预定的经济活动,而是简单地把这些资金贷放出去,也能得到与市场利息率大体相当的收益率。因此,货币资金在一定时期内必然要获得一定数量的利息,利息作为一个具有广泛影响的经济变量也必然与许多经济变量发生关系。

(一)从微观角度看,利息水平与一般商品的价格呈正相关关系

任何商品生产者参与经济活动的目的都是追逐利润，在价格水平一定的情况下，如果商品的全部成本低于销售价格，那么这种商品就是可盈利商品。由于利息是计入成本的，在其他条件不变时，如果利息水平提高了，那么随着商品总成本的提高，利润就会减少。如果利息增加比重较大，常常使企业出现亏损。假若任何商品生产者都在追求社会平均利润率，那么，只要利息水平提高，商品生产者为保证利润的预期目标，就必然会提高商品的价格；当利息水平降低时，商品生产者在确保一定利润水平的前提下，为提高商品的竞争能力，一般也会相应地降低商品的销售价格。

（二）从宏观角度看，利息水平与市场价格总水平呈负相关关系

在一个储蓄的利率弹性和投资的利率弹性都比较充分的经济体系中，如果货币当局运用提高利率的手段来调节经济，那么总需求，特别是投资需求就会因为资金成本的提高而减少，社会总需求下降，而商品的供给在短期内却未见减少，自然而然商品的价格水平就会下降；在相反的利率变动背景下，也会出现相反的情况。

总之，利息与物价是两个紧密联系的经济变量，它们之间的相互关系依一定的经济条件和时间条件可能呈现不同的变动规律。

第四节 利 率

一、利率的含义及计算方法

（一）利率的含义

利息率是指一定时期内获得的利息额与借贷资本的比率，简称利率。它体现了借贷资本或生息资本的增殖程度，是衡量利息量的尺度。利率的基本计算公式为：

$$利率=\frac{利息额}{预付借贷资本}\times 100\%$$

在我国利率一般用“厘”作为单位。按利率计算的时间区别，通常利率可分为年利率、月利率和日利率。年利率一般用本金的百分比来表示，称为年息几厘（如年息 5%称为年息 5 厘）；月利率一般用本金的千分比来表示，称为月息几厘（如月息 5‰称为月息 5 厘）；日利率一般用本金的万分比来表示，称为日息几厘（如日息万分之五称为日息 5 厘）。年利率、月利率和日利率之间的换算公式如下：

$$年利率=月利率\times 12$$

$$日利率=年利率\div 360$$

（二）利息的一般计算方法

根据利息计算的基准不同，利息的计算通常有两种方法，即单利计算法和复利计算法。

1. 单利计算法

单利计算法是指只把借贷的本金作为计算利息的依据的计息方法。其计算公式如下：

$$I=P\cdot r\cdot n$$

$$S=P(1+r\cdot n)$$

其中：I 为利息，P 为本金，r 为利率，n 为期限，S 为本利和。

单利计算法的特点是对利息不再计算利息，计算比较简便易行，但这种计算方法没有考虑货

币的时间价值。

2. 复利计算法

复利计算法就是把上一期的利息加入本金作为本期计算利息的依据的计算方法，也就是通常说的“利滚利”。其计算公式如下（字母含义同上）：

$$S=P(1+r)^n$$

$$I=S-P$$

复利计算法的特点是考虑货币的时间价值，不仅对本金计算利息，而且对利息也计算利息，但计算比较繁琐。目前比较流行的还是单利计算法。

二、利率的种类

利率是一个非常复杂的经济变量。一方面由于金融资产的多样化，另一方面人们可以从不同的角度来考察利率，使其在金融市场上具有各种各样的表现形式。

（一）名义利率和实际利率

在市场经济的条件下，市场的物价水平经常出现一定程度的波动，市场物价的变动使金融资产持有者的实际收入水平和名义收入水平呈现不一致，而这种不一致的实质是由于物价水平的变动造成名义利率和实际利率的不一致。名义利率是指以货币为标准计算出来的利率，通常是在没有考虑通货膨胀率的条件下，借贷契约上载明的债权人应该收到的利率或债务人应该支付的利率，也称为货币利率。实际利率是指名义利率剔除物价变动因素，以实物为标准计算出来的利率，它表明投资者实际所获得的利率或债务人实际所要支付的利率。名义利率、实际利率和通货膨胀率三者之间的数量关系有两种表述方式。

第一种表述：

$$r=\frac{i-P}{1+P}$$

第二种表述：

$$r=i-P$$

其中：r 为实际利率，i 为名义利率，P 为通货膨胀率。

这两种计算方法的结果会有所不同。第一种计算方法比较精确，一般用于核算成本和实际收益；第二种计算方法比较直观简便，一般用于估算成本、收益及其理论阐述。

在市场经济运行中，由于物价水平要随着商品供求关系和货币供求关系变化而不断变化，即使名义利率相对稳定，实际利率也会不断地变化。实际利率是资金使用者的实际成本，同样也是资金提供者的实际收益，因此，实际利率的变化势必会对货币资金的供求关系以及人们对金融资产选择行为产生影响。

在经济生活中，正确把握名义利率和实际利率极为重要。当市场物价稳定，通货膨胀率等于零时，实际利率就等于名义利率。当通货膨胀率高于名义利率时，实际利率则表现为负数，我们称为负利率。负利率的实质意义是人们持有的金融资产在名义上有利息收益，而实际上是该金融资产的不断贬值和损失。

（二）固定利率和浮动利率

根据利率在整个借贷期间是否调整，可以把利率分为固定利率和浮动利率。

1. 固定利率

固定利率是指利率在整个借贷期间按借贷时契约规定的利率执行，不随市场利率的变化而变动。它的特点是简便易行，有利于借贷双方核算成本和收益。但在发生通货膨胀的情况下，债权人要承担由于通货膨胀给其造成金融资产损失的风险。特别是在中长借贷中风险更大。

2. 浮动利率

浮动利率是指在借贷契约上规定，在借贷期间利率要根据市场利率的波动作定期调整的利率。它的特点是避免了在借贷期间由于市场利率的波动给借贷双方带来的风险，但利息的计算相对比较复杂，而且也不利于借贷双方成本和收益的核算。目前在国际债券市场和中长期借贷中，浮动利率被广泛地采用。

（三）官定利率与市场利率

官定利率是指由政府金融管理部门或者中央银行确定的利率，在一定程度上反映了非市场的强制力量对利率形成的干预，是国家实现宏观经济目标的重要政策手段，也称为法定利率。市场利率是指在金融市场上资金供求双方自由竞争所形成的利率，是资金供求的指示器。官定利率对市场利率起着导向作用，官定利率的升降通常会使市场利率随之升降。

虽然市场利率和官定利率是从资金价格决定权的角度来分析利率的形式，但实际上，在统一的官定利率背景下，由于融资形式多样性、经济发展的不平衡、市场分割等因素所决定，市场利率也会有多种表现。如在一个国家内部，经济较发达地区和经济欠发达地区的市场利率水平就会呈现相当的差距。

（四）短期利率和长期利率

根据资金借贷期限长短的不同，利率水平也有不同的表现。通常把借贷期限在一年以内所采用的利率称为短期利率，把借贷期限在一年以上所采用的利率称为长期利率。因为资金借贷期限的长短对借贷资金的风险、借贷资金的盈利水平和资金的时间价值等方面都有不同的影响和表现。通常来说，资金借贷期限越长，资金的时间价值就应该越大，经营者的获利也会越多；同时，市场不确定因素影响越大，市场经营风险也越大，所以，贷出者所获得的报酬也应越大，借入者所支付的利息也应越多。划分长短期利率的真正意义在于：明确借贷期限长短对利率水平的影响，掌握不同期限利率结构的管理要求，确保借贷资金的真实收益。

（五）一般利率和优惠利率

根据对不同对象和项目执行不同的利率水平来划分，利率可分为一般利率和优惠利率。一般利率是指金融机构按市场的一般标准发放贷款和吸收存款所执行的利率；优惠利率是指低于市场一般标准的贷款利率和高于市场一般标准的存款利率。用优惠利率对国家重点扶持的贷款项目和贷款对象进行信贷上支持，是国家对经济结构和产业结构调整的需要。在国际金融市场上，人们普遍将低于伦敦同业拆放利率的利率视为优惠利率。

（六）存款利率和贷款利率

根据商业银行的存贷业务来划分，利率可分存款利率和贷款利率。存款利率是指商业银行和非银行金融机构在吸收客户存款时所采用的利率。贷款利率是指商业银行和非银行金融机构在向客户发放贷款时所采用的利率。在正常情况下，贷款利率必须高于同期存款利率。因为对商业银行来说，贷款利率与存款利率之差构成商业银行主要的业务经营收入，我国商业银行的收益大约有 90％来自存贷款的利差。在某些实行计划经济、并且进行利率严格管制的国家也会出现贷款利率低于同期存款利率的现象，我们称之为“利率倒挂”。由于这些国家的资金非常短缺，一方面，为了保证银行存款的稳定和快速增长，中央银行对存款规定了较高的利率水平；另一方面，为了扶持重点行业和产业的发展，减轻企业的利息负担，中央银行对贷款规定了较低的利率水平。这种“利率倒挂”的直接后果必然导致商业银行经营亏损或国家财政预算压力的增加，违背了商业银行商业化和企业化的经营原则。

三、决定和影响利率变动的现实因素

不管是马克思的利率决定理论，还是西方经济学家的利率决定理论，都是从理论上探讨利率的决定机制，而且受到现实经济的局限性，只能起到一定的借鉴意义。下面从现实的角度出发，结合上面所介绍的利率决定理论，进一步探讨决定和影响利率水平的因素。

（一）社会平均利润率

根据马克思的利率决定理论，无论是资本主义社会还是社会主义社会，利息都表现为借入者因获得资金的使用权而付给贷出者的一部分利润，利息是利润的一部分。利息这种质的规定性决定了它的量的规定性，社会平均利润率成为决定和影响利率水平的最基本的因素。总的来说，利率不能小于零，同时利率也不会超过社会平均利润率，即利率总是在零和社会平均利润率之间摆动。

（二）借贷资本的供求状况

在商品经济条件下，借贷资本是一种特殊的商品资本，利息是转让这种特殊商品的报酬，或者说是使用借贷资本的价格。尽管借贷资本是一种特殊的商品，但它也同普通商品一样要受到价值规律的支配和制约，其价格也要受到借贷资本的供求状况的影响。当市场上借贷资本供不应求时，利率就会上升，贷出者可以得到较多的收益；当市场上借贷资本供过于求时，利率就会下降，借入者可以支付较少的利息，从而获得更多的利润。所以，资金供求状况是影响利率变动的一个重要因素，它决定着市场某一时刻利率的高低。

（三）社会再生产的经济周期

在社会再生产正常的条件下，利率水平的高低主要由社会平均利润率和资金的供求状况来决定。但在社会再生产出现危机时期，由于商品过剩、价格下降、销售不畅、生产停止，多数企业为了求得生存发展的空间，迫切需要注入新的资金来维持生产，表现为市场上对资金需求的大量增加，另一方面，资金的供给者为了保证自己资金的安全，一般不愿意把货币资金存入银行，从而造成了市场上资金供求矛盾日益突出，致使利率会产生较大幅度的上涨，甚至超过社会平均利润率。在危机过后的萧条时期，由于生产的停止和压缩，工商企业的结余资金日益增多，市场上有较为充足的资金供给，同时由于生产的停止和压缩，企业对资金的需求量却日渐萎缩，从而造成利率水平的不断下降。

（四）通货膨胀率

市场上商品的价格水平不仅和商品的供求有直接的关系，同时和货币的购买力大小也有直接的关系。物价上涨表现为货币的贬值和货币购买力的下降；物价下跌表现为货币的升值和货币购买力的上升。虽然利率与物价水平并没有直接的必然联系，但由于货币形式的借贷资金体现着一定量的货币购买力水平，因而，物价的升降引起货币购买力的变动，必然影响到借贷双方对资金价格的评价。对借入者来说，由于物价上涨，货币贬值，如果名义利率不变，等于降低了实际利率，从而减少了偿还本息的实际货币量，从中获得了额外的收益；而对贷出者来说，则等于降低了实际利率，从而降低了他贷出资金的实际收益，如果名义利率小于通货膨胀率，他不仅没有正的实际收益，反而造成了实际损失。因此，物价水平高低的实质是改变了实际利率水平，所以在确定利率水平时必然要考虑到市场物价的水平。

（五）国家的经济政策

国民经济是一个宏观运行的整体，为协调全社会的整体经济利益，政府必然要通过各种经济政策和经济手段来体现国家意志。利率政策是比较直接能体现国家意志的重要经济手段，通过利率水平、利率结构的确定和设计，努力实现国家的经济增长政策、产业政策和货币政策。国家可以通过规定和调整官定利率以影响整个市场利率的变动，通过差别利率和优惠利率实现对重点产业、部门或项目的扶持，进而实现对产业、行业或部门结构的调整和优化，保证国家产业政策的顺利实施；另外，中央银行可以通过公开市场业务、再贴现政策等货币政策来调控基准利率水平，影响资金的供求状况和资金流向，从而实现国民经济调控的目的。

（六）国际利率水平

经济全球化是当今世界经济发展的一种潮流，世界各国经济的联系越来越密切，商品、资金和技术等生产要素广泛地在世界范围内运动。在与国际经济的接轨中，国际利率水平对国内利率水平的影响也就越来越大。一般来说，国际利率水平对国内利率水平的影响是通过资金在国际间的流动而实现的。当一国国内利率水平高于国际利率水平时，外国货币资金在追逐高额利息的驱动下流向该国，这不仅有利于改善该国的国际收支状况，而且也改变了该国货币市场上的资金供求关系，促使该国利率水平的下降；当一国国内利率水平低于国际利率水平时，该国货币资金在追逐高额利息的驱动下流向国外，这同样改变了该国货币市场上的资金供求关系，加剧了该国资金供给的紧张局面，促使该国利率水平的上升。此外，利率对国际收支的影响会带动一国货币价值的变化，从而直接影响到该国的对外贸易。因此，各国在制定利率政策时，必然要考虑到国际金融市场上的利率水平。

除此之外，商业银行的经营成本、国家的法律规定、历史传统习惯、国际协议或默契等因素，都会影响到本国利率水平的变动。所以在分析和研究利率水平、制定利率政策时一定要把影响利率水平的各方面因素综合起来加以考察。

四、利率的作用

利率是国家调控国民经济的重要经济杠杆，在调节微观经济主体行为和宏观经济政策方面起着不可替代的作用。

（一）利率对微观经济的调节作用

1. 利率对微观经济主体的激励作用

(1) 对资金的供给者来讲，实际利率水平大于零意味着资金的供给者可以通过贷出自己的闲置资金来增加自己的收入，产生动力去合理调整自己的消费和储蓄，以及选择适当的储蓄方式，以贷出更多的资本；实际利率水平小于零意味着资金的供给者贷出资金会产生实际价值的损失，促使潜在的贷款人更多地选择当期消费、实物储蓄或手持现金等低效率的行为。当然，从借贷资本增值性的考虑，实际利率水平大于零还不够，还要维持在一定的水平。

(2) 对资金的需求者来讲，利率的存在意味着他要付出一定的价值作为取得资金使用权的代价。而且，资金借贷期限越长，利率越高，其付出的代价越大，这就激励其不断地改善经营管理，加速资金的周转，节约资金的使用，从而提高自身的经济效益。

2. 利率对微观经济行为的约束作用

对资金的供给者来说，利率对微观经济行为的约束作用并不直接，而这种约束作用主要体现在资金的需求者方面。对资金的需求者来讲，利息是对其预期投资利润的直接扣除，考虑到利息也是借款人投入资本的机会成本，那么，借款的盈亏就是预期投资利润率减去利率后的差额。该差额为正则借款人有利可图，为负借款人就要亏损。因此，在利率水平一定时，只有那些预期投资利润高于利率的借款者才会选择借款，而那些预期投资利润低于或等于利率的借款者则可能退出借贷市场。在借贷资本的使用过程中，利率的约束作用在很大程度上就转化为借款人高效使用借贷资本的努力，但利率的约束作用依然存在，只是表现得更为间接一些而已。

3. 利率对社会财富合理分配的作用

利率是借贷资本的价格，是借款人取得资本使用权所付出的代价和贷款人出让资本使用权所获得收益的计算单位。在任何一个具体的借贷关系中，借款人的代价和贷款人的收益总是一一对应的，这就意味着利率在其中发挥着财富分配的作用。财富分配作用是利率其他经济作用的基础。

从理论上讲，实际利率大于零，并且还本付息有保证的前提下，利率财富分配的作用意味着财富从借款人向贷款人的净转移，即把一部分借款人的财富转变为贷款人的财富，而且利率越高，财富分配的量就越大。

（二）利率对宏观经济的调节作用

1. 利率对聚集闲散资金的作用

聚集和积累资金是利率最主要的作用。由于利率的存在及其作用的发挥，就可以用经济的手段，将分散在社会各阶层的货币收入和再生产过程中暂时闲置的货币资金集中起来，转化为信贷资金，又通过信贷资金的分配，满足生产发展的需要，促进经济的发展。

2. 利率对调节资金供求的作用

利率作为重要的经济杠杆，对调节社会资金供求起着重要的作用。如果利率水平上升，一方面，对资金的需求者来说，增加了企业的融资成本，相应地降低了企业的盈利水平，抑制了社会资金需求的增加；另一方面，对资金的供给者来说，会增加资金供给者的实际收入水平，从而刺激了社会资金供给的增加。反之，如果利率水平下降，就会减少社会资金的供给量，增加社会资金的需求总量。所以，中央银行可以通过调整利率水平来调节社会资金的供求，为实现宏观经济目标服务。

3. 利率对优化产业结构的作用

利率作为资金的价格，会自发地引导社会资金流向利润率较高的部门和行业，从而实现社会资源的优化配置。同时，国家可以利用差别利率政策，对基础行业、重点项目和重点产品的生产和发展给予优惠利率的支持，对某些需要限制发展的长线产品的生产，适当地提高利率，用经济手段加以限制，从而实现优化产业结构和经济结构的目标。

4. 利率对稳定货币流通的作用

存款利率的高低直接影响银行的存款规模，对实现社会购买力与商品可供量的平衡具有调节作用。贷款利率的高低直接影响银行的贷款规模，决定货币供应量，对币值稳定具有重要的作用。贷款利率的差别对贷款结构和产业结构有重要的影响，而产业结构的合理化是货币正常流通的基础。利率的高低还直接影响企业的生产规模和经营状况，从而影响社会商品的供给总量和结构，对货币流通具有重要的调节作用。

5. 利率对调控信贷规模的作用

贷款利率的高低与企业的收益率成反比。提高贷款利率必然使企业的利润减少，企业对投资的兴趣下降，随之引起银行信贷规模的缩减。并且当贷款利率提高到一定的程度时，有可能使产业资本转化为借贷资本，来获取高额的借贷利息。反之，降低贷款利率会引起社会信贷规模的扩大。因此，贷款利率水平的高低同信贷资金总量成反方向变化，银行可以通过调整贷款利率水平来调节社会信贷规模和投资规模。

6. 利率对实现国际收支平衡的作用

利率对国际收支平衡也具有重大的调节作用。当国际收支出现逆差时，可以提高本国的利率水平，一方面，可以阻止本国资金流向利率原来较高的国家或地区；另一方面，还可以吸引国外资金流入本国，以获取高额利息。但是，在国际收支出现逆差并且伴随着国内经济衰退时，应当慎重地调整利率水平。因为利率水平的提高对解决国内经济衰退是很不利的，一般来说，只能通过调整利率结构来实现国际收支的平衡。当国际收支出现顺差时，可以通过降低本国的利率水平来鼓励资金外流，并限制外国游资进入本国，从而解决国际收支顺差。

五、利率充分发挥经济杠杆作用的前提

利率作为一个重要的经济杠杆，对微观经济和宏观经济均产生重要的调节作用。但是，利率要发挥作用，或者说要充分发挥作用，还必须具备一定的市场环境和市场条件。

(一) 经济运行是一种完全充分的市场化运作模式

利率作用的体现和发挥是建立在经济完全充分市场化运作模式之下的，与经济的商品化、货币化和信用化程度直接相关。因为，只有在商品经济发展到一定程度，货币信用才是联结各阶层价值利益关系的主要枢纽，作为货币信用范畴的利率才能调节价值和利益关系，进而调节社会各阶层的经济关系，实现微观经济活动和宏观经济总量的控制。可以这样说，经济的商品化和信用化程度越高，利率对经济的调节作用就越大。

(二) 微观经济主体是完全独立的企业法人

利率对经济的调节作用是通过利益机制的传导而发挥作用的，这就要求借贷双方都必须是自主经营、自负盈亏、独立核算，并且都具有健全的利益驱动和风险约束机制的法人主体，它们才会追求各自的利润最大化而选择最有利的交易对象进行资金的融通，才会对利率变化信号作出灵敏的反映，从而相应地调整自己的经营和投资行为。

(三) 金融工具发达，金融市场完善

利率作为资金的价格是一种市场参数，金融工具发达和金融市场完善是利率充分发挥作用的客观条件。只有在金融工具丰富且发育程度较高的金融市场上，才会有足够多的资金需求者和供给者，才会有充足数量的交易对象——资金。同时，只有金融商品种类和数量达到一定的规模，利率杠杆作用才能有其形成和存在的必要和基础。

(四) 利率管理体制市场化

利率杠杆要能有效地发挥作用，整个经济管理体制应该是一种间接管理体制，而不是直接管

理体制。间接管理体制的标准是利率市场化，可以说利率市场化是利率杠杆作用发挥的基本前提。因为，在市场经济条件下，由市场因素决定的利率才能够真正灵敏地反映社会资金的供求状况，才能真正成为借贷资金的价格，促进资金合理流动，发挥其各种调节作用。

本章小结

1. 经济学中的信用是指商品和货币的所有者(即贷出者)把商品或货币的使用权暂时让渡给商品或货币的使用者(即借入者)，到期偿还并支付一定利息的价值运动形式。它是一种特殊的价值运动形式，是以支付利息为条件的借贷行为，从属于商品货币经济的范畴。信用关系的成立应具备四大要素，即：信用主体、信用标的、信用载体和信用条件。

2. 信用形式就是信用关系表现出来的具体形式。主要有商业信用、银行信用、国家信用、消费信用、国际信用、民间信用等主要形式。其中商业信用是信用制度的基础，银行信用是信用制度的主体。

3. 利息与利率是社会信用活动的基础，是连接金融市场与商品市场的主要中介变量，利率水平的高低、利息的多少直接影响着储蓄向投资的转化以及金融资产的价格，并对整个经济活动产生广泛的影响。

4. 利息率通常用分数表示。年利率一般用百分数表示；月利率一般用千分数表示；日利率一般用万分数表示。

5. 决定和影响利率的基本因素有：社会平均利润率、信贷资本的供求关系、社会再生产的经济周期、通货膨胀率、国家经济政策和国际利率水平等。

6. 利率的经济功能表现为通过利率水平的变化、利率结构的调整来影响其他经济变量的过程。利率作为借贷资金的价格，既影响货币的流量，又影响货币的存量；既影响储蓄与投资，又影响物价和经济发展。

思考与练习

一、名词解释

信用　直接信用　间接信用　商业信用　银行信用　国家信用　消费信用　利息　利率　名义利率　实际利率　市场利率　官定利率　利率体系　负利率　利率倒挂

二、简答题

1. 简述信用的基本特征与职能。
2. 简述商业信用与银行信用的主要区别。
3. 简述商业信用的局限性。
4. 试分析决定和影响利率的因素有哪些？
5. 名义利率与实际利率有什么关系？
6. 试分析利率的经济功能。
7. 利率功能的发挥必须具备哪些条件？

第三章　金融市场与金融工具

本章要点：

本章首先论述金融市场的基本概念、特征和构成要素，以及金融市场的分类和功能；其次有重点地介绍各类金融工具的内容和特点；最后重点介绍货币市场和资本市场的具体构成。

学习目标：

- 识记金融市场的概念和特征，了解金融市场的构成要素和分类情况，掌握金融市场的功能
- 识记金融工具的概念，理解和掌握金融工具的基本特征，了解金融工具的分类，掌握票据、股票、债券和投资基金等金融工具的特点和内容
- 理解和掌握货币市场和资本市场各自的基本特点及其主要构成内容，初步掌握如何利用币市场和资本市场进行融资、投资等知识与技能

基本概念：

金融市场　金融工具　票据　同业拆借　股票　债券　国库券　投资基金
证券回购协议　货币市场　资本市场

第一节　金融市场概述

一、金融市场的概念及其特征

（一）金融市场的概念

现代金融市场是社会经济生活中与商品市场、劳动力市场等并列的一种市场，简单地说，就是货币、资金融通和有价证券买卖的场所或总和。在这里实现金融资产的集中和分配，并由金融资产的供给与需求（如资金借贷或投融资行为）的对比形成该市场的“价格”——利率或汇率。广义的金融市场包括货币市场、资本市场、外汇市场和黄金市场，即社会上的一切金融业务都列入金融市场的范围内；狭义的金融市场则是指通过买卖票据、有价证券而进行的融资活动，包括以同业拆借、商业票据承兑贴现为主的短期资金市场（即货币市场）和以债券、股票的交易为主的长期资金市场（即资本市场）。通常，将狭义的金融市场看做典型的金融市场。

（二）金融市场的特征

现代金融市场与商品市场相比具有以下几个特征：

（1）从交易条件看，开放金融市场的条件远比一般商品市场高得多。一般商品市场是单纯

的买卖关系，钱货两清，商品的所有权立即转移，交易结束；而金融市场的交易并非单纯的买卖关系，而是一种借贷关系或委托代理关系，是以信用为基础的资金的使用权与所有权的暂时分离或有条件的让渡。因此，信用是形成金融市场的经济基础。信用本身就是一种融资，信用票据化、证券化是金融市场产生和发展的前提。现代企业制度的完善和发展则是金融市场的推进器。尽管各国金融市场形成的条件各异，但都是商品经济发展到一定程度的产物。归纳起来，现代金融市场的形成必须有一个良好的金融环境，大体上必须具备以下条件：商品经济比较发达；具有众多的独立核算的资金供求者；金融工具比较丰富；具有健全的银行体系和比较完善的金融法律制度；具有中央银行的间接调控机制；拥有比较发达的信息通信网络和大量具有较高专业水平的金融管理人才，等等。

(2) 从交易对象看，金融市场上交易的对象尽管是五花八门的票据和证券等金融工具，即金融商品或资产，其实际上是同质的货币资金；而一般商品市场上交易的是非同质的千差万别的商品，即具有不同的使用价值。

(3) 从交易的目的看，金融市场上交易的目的具有融资与投资相结合的特点。或者说，金融市场上金融资产交易的目的是要获得金融商品一定时期的使用权或功能，或者说在借贷关系下的金融商品交易，并没有发生所有权的转移；而一般商品市场交易上，卖方是为了实现商品的价值，买方是为了获得商品的使用价值，随着交易的成功，商品的使用价值和价值要发生所有权的转移。

(4) 从交易方式看，可以从三个角度区分：一是金融交易买卖双方通常是通过中介机构成交，而一般商品市场买卖双方通常以直接的购买和销售为主；二是金融市场上交易通常是在无形市场中进行，而一般商品市场通常在有形市场中交易；三是金融市场上金融商品交易所形成的信用关系通常不会随着买卖关系的终止而结束，而一般商品市场上买卖关系一般随交易行为的结束而终止。

(5) 从交易价格看，金融市场上金融商品的价格表现为资金借贷的利率，是货币时间价值的体现，金融商品交易价格虽在不同的市场表现不同，但关系密切，在市场机制作用下，一般呈趋同性变化，并在很大程度上受金融资产供求状况影响；而一般商品市场上的商品价格是商品价值的货币表现形式，围绕着商品的价值因供求关系而上下波动。

二、金融市场的基本要素

金融市场由四大基本要素组成，即金融市场的交易主体、交易客体、交易价格和交易方式。金融市场的四大要素的性质和特点决定了金融市场的运作方式。

(一) 交易主体

金融市场的交易主体，也就是金融市场的参与者，包括任何参与金融交易的居民个人、工商企业、各级政府、金融中介机构以及中央银行等。这些参与者担当的角色是有区别的，如从交易目的或动机分析，这些参与者可分为投资者(包括投机者)、筹资者、套期保值者、套利者、中介者、调控和监管者六大类。

1. 投资者

金融市场的投资者与工商企业的实际投资者不同，它为了赚取差价收入或者股息、利息而购买各种金融工具，它是金融市场的资金供应者。广义的投资者包括投机者。

居民个人一般是金融市场上的主要供应者，也是主要投资者。居民个人为了住房、汽车等大件商品，或是为了子女读书、婚嫁、养老等预料支出或临时急需，将手中的资金进行投资，除了储蓄存款外，还包括诸如购买国库券、股票、债券、基金、保险等投资，以达到保值和增值的目的。同时，居民个人也有因消费需求而产生贷款需求，但在整个金融市场需求中只占很小比例。

2. 筹资者

筹资者是金融市场上的资金需求者，它的主体主要是各级政府部门和工商企业。在各国金融市场上，通常该国的中央政府与地方政府是主要的资金需求者。政府部门主要是通过发行政府债券来筹集资金，主要用于满足基础设施建设、弥补财政赤字、调节经济等需要。同时，政府部门在一定时间内也可能是资金的供应者，如税款集中收进但尚未支出时。工商企业是仅次于政府部门的资金需求者。它们既通过市场筹集短期资金从事经营，以提高企业财务杠杆比例而增加盈利；又通过发行股票或中长期债券等方式筹集资金用于扩大再生产和经营规模。当然，工商企业在经营过程中，在一定时间内会有暂时闲置的资金，为了保值增值，也会参与金融市场投资，因此工商企业也是金融市场上的资金供应者之一。

3. 套期保值者

套期保值者是指在金融市场上通过套期保值交易转嫁自己所承担风险的主体，这一主体主要是工商企业尤其是工业企业。如钢铁公司将按计划要生产的钢材分批在期货市场上出售，以锁定销售价格，把钢材价格波动的风险转嫁出去。因为期货价格的到期价会与到期时的现货价趋于一致。到期时现货价高于期货卖出价的部分正好弥补期货的亏损；反之，如果到期时现货价低于当时期货卖出价，那么期货赚得的部分正好弥补现货的亏损。当然也可以在期货到期时按锁定的价格进行实物交割。

4. 套利者

套利者是指在金融市场上利用市场定价的低效率来赚取无风险利润的主体。主要是金融机构和一些大型跨国公司利用不同国家的金融市场进行套利交易。如在固定汇率制度下，可以把货币资金从利率低的国家转移到利率较高的国家进行套利；在浮动汇率制度下，可通过掉期交易套取利率差或汇率差。

5. 中介者

中介者是指从事对投资者、筹资者等提供各种服务的专职或兼职机构，其中最主要的是商业银行。商业银行除了主要通过吸收存款和发放贷款起着信用中介之外，还为存款客户承担支付中介的职能。因而商业银行既是资金的供应者，又是资金的需求者，几乎参与了金融市场的全部活动。除了商业银行外，中介者还包括证券交易所、证券公司、期货交易所、期货公司、保险公司、投资基金公司、证券咨询公司等其他金融机构。

6. 调控和监管者

调控和监管者是指对金融市场实施宏观调控和监管的中央银行和其他金融监管机构。如我国的中国人民银行、银监会、保监会和证监会。

有关金融市场的中介者、调控和监管者的业务在第四章中展开介绍。

（二）交易客体

金融市场上的交易客体亦称为交易对象，即金融商品或资产，亦称为金融工具，其实质是同质的货币资金。在金融市场中，金融商品的种类、数量都比较多。从金融商品的形式上看，有票据、债券、股票、保险等;从融资或投资的时间长短看,有短期金融工具(即货币市场工具)和长期金融工具(即资本市场工具);从融资或投资的方式看,有直接金融工具和间接金融工具。一个发达、有效的金融市场往往金融商品的种类、数量也较多,它们必须满足不同市场参与主体的需要。市场参与主体对金融商品的需要通常从偿还性、流动性、收益性和风险性等金融工具的特征考虑。有关金融工具的具体内容将在本章第二节中展开介绍。

(三) 交易价格

金融市场的交易“价格”是利率。金融市场的各子市场均有自己的利率,如货币市场中的存贷款利率、贴现利率、国库券利率、银行同业拆借利率等,资本市场中的中长期债券利率等。但不同的利率之间有着密切的联系。通过市场机制作用,在一般情况下各种利率总体上呈现同方向的变化趋势。

(四) 交易方式

金融市场的交易方式一般有两种,即交易所交易和柜台交易(亦称店头交易)。采取交易所交易,中介者需要向买卖双方收取佣金或手续费等费用;采取柜台交易,中介者低价买进、高价卖出,从而获取差价收益,买卖双方无需向中介者支付佣金或手续费等费用。这两种交易组织形式的具体交易方式可分为金融现货交易(包括即期交易和远期交易等)和金融衍生交易(包括金融期货交易和金融期权交易等)两大类。

三、金融市场的分类

为了更全面地了解金融市场的全貌,可以从交易对象、期限、市场功能、交易场所、交割时间、地域等不同角度或标志进行分类。

(一) 按交易的期限不同,可分为货币市场和资本市场

货币市场是指融资期限在一年以内(含一年)的短期资金交易市场。货币市场上交易的金融工具期限短、风险小、流动性强,因而价格不会发生剧烈变化。货币市场一般包括:银行同业拆借市场、票据市场、短期债券市场、证券回购协议市场和共同基金市场等。现在许多国家把银行短期存贷款也包括在货币市场的业务范围内。资本市场是指融资期限在一年以上的长期资金交易市场。资本市场上交易的金融工具期限长、一般风险较大、流动性较差,因而价格变动幅度较大。资本市场一般包括长期资金借贷市场、股票市场、债券市场、投资基金市场等。关于货币市场和资本市场的具体内容将在本章第三节和第四节中分别展开介绍。

(二) 按交易的中介特征不同,可分为直接金融市场和间接金融市场

直接金融市场是指资金需求者直接从资金所有者那里融通资金的市场,一般是指通过发行债券或股票筹集资金的市场。间接金融市场是通过银行等信用中介机构作为媒介来进行资金融通的市场。也就是说,在间接金融市场上,资金所有者将手中的资金存入银行或贷放给信托投资公司等信用中介机构,然后再由银行、信托投资公司等金融中介机构转贷给资金需要者,银行、信托投资公司等金融机构从存贷利差或收取佣金、手续费来获取收益。在现代金融市场中,单纯的供求双方直接融资越来越少,直接金融市场上也有金融中介机构,只不过这类中介机构不像银行那样的资金中介者,大多是信息中介和服务中介。因此,直接金融市场和间接金融市场的差别并不在于是否有金融中介机构介入,而主要在于金融中介机构的特征的差异。

(三) 按照交易的对象不同,可分为同业拆借市场、票据市场、大额可转让定期存单市场、证

券市场、黄金市场和外汇市场

有关内容将在本章第三节和第四节以及第十三章中分别展开介绍。

(四) 按金融工具的发行和流通特性不同,可分为初级市场和次级市场

初级市场是金融工具最初发行的市场,又称为发行市场、一级市场或原始市场。金融资产的发行方式主要有包销、代销和自销三种方式,但目前国际上流行的是包销方式。次级市场是已发行的金融工具进行转让买卖的市场,又称为流通市场或二级市场。初级市场和次级市场的关系极为密切。初级市场是次级市场的基础和前提,没有初级市场就没有次级市场;但次级市场是初级市场存在和发展的重要条件之一,无论从流动性上,还是从价格的确定上,初级市场都要受到次级市场的影响。在发达国家还存在第三市场和第四市场,它们都是场外市场的一部分。详细内容将在本章第四节中展开介绍。

(五) 按交易的交割方式不同,可分为现货市场与衍生市场

金融现货市场是指金融商品交易达成后,最终必须进行实物交割的市场。主要交易包括金融商品即期交易、远期交易和掉期交易等。即期交易一般是成交后的两个营业日内进行交割,而远期交易则是根据现货预约买卖双方达成的两天以后进行交割。掉期交易则是两笔买卖方向相反、金额相同但交割时间不同的交易,分别按其约定交割时间进行交割。衍生市场是各种衍生金融工具进行交易的市场。所谓金融衍生工具是指原生性金融商品或基础性金融工具派生出的新型金融工具,主要表现为一些标准的合约,如期货合约、期权合约等。这些合约的价值由其交易的金融资产的价格决定。金融衍生市场上的期货交易是指金融产品合约交易达成后,全部或绝大部分合约在到期前进行买卖相反的交易平仓了结,不平仓而进行实物交割一般只占1%～2%,甚至更低,有的金融期货本身就没有办法进行实物交割,如股指期货交易等。金融期权的交易标的是买卖金融商品合约的权利,期权的购买方是为了得到买卖某种金融产品的权利。期权交易达成后,最终是否履约则取决于期权购买方的意愿。期权购买方如觉得履约有利则进行交割,如觉得履约对其不利则可以放弃履约。这种交易好比对交易买了"保险"。

(六) 按交易的场所不同,可以分为有形市场和无形市场

有形市场是指具有固定的交易场地、时间,有专门的组织机构和人员,有专门设备的市场。无形市场是一种观念的市场,没有固定的交易场所和时间,也没有专门的组织机构,其交易主要通过电话、传真、网络等手段完成。

此外,金融市场还可按多种标准划分,如按经营地域不同,金融市场可分为国内金融市场(包括地方性金融市场、全国性金融市场等)和国际市场(包括区域性金融市场和全球性金融市场等)等,限于篇幅,不再详述。

四、金融市场的功能

金融市场的功能可以通过各个子市场主体及各种金融工具表现。归纳起来,金融市场的功能主要表现在以下几方面:

(一) 资金筹集

金融市场的资金筹集功能是最直接、最基本的功能。是指金融市场通过各种金融工具引导众多分散的小额货币资金集中起来,转化为生产资金。金融市场上存在着不同期限和收益水平

的金融工具,可以较好地满足不同资金筹集者和投资者的需求。

(二) 配置资源

货币资金的流向主要取决于资金的收益率,一个企业的经营状况好、收益率高,投资者就愿意认购该企业发行的债券或股票;反之,如果企业效益低下甚至亏损就很难在金融市场上筹集到资金。这样就使得资金向效益好、使用效率高、收益率高的产业和行业流动。同理,银行贷款的去向亦是向这样的产业和行业发放。这种市场机制自发调节和优化产业结构,促使有限的资金得到合理的使用,优化了资源的配置。

(三) 调节经济

金融市场调节经济的功能,是指金融市场对宏观经济的调节作用。金融市场通过对储蓄者或资金供应者(投资者)以及融资者的影响而发挥调节宏观经济的作用。同时,金融市场的存在和发展也为政府实施宏观经济活动的间接调控创造了条件,主要表现在两个方面:一是为货币政策的实施,如存款准备金政策、再贴现政策、公开市场业务等提供了操作的场所,从而有效地调节市场货币供求,促进经济的协调发展。二是为财政政策的实施提供便利。政府通过国债的发行及运用等方式对各经济主体的行为加以引导和调节,并提供中央银行进行公开市场业务操作的工具。同时政府可以通过证券交易印花税等手段有效调节金融市场的行为,从而对宏观经济活动产生影响。

(四) 反馈信息

金融市场的反馈信息功能是指金融市场对国民经济起着“晴雨表”和“气象台”的作用。金融是国民经济的核心,随着一国金融市场的不断完善和发展,政府的货币政策和财政政策等措施的出台很大程度上取决于金融市场的运行状况。也就是说,一国的金融市场在运行过程中反映出国民经济运行状况。从微观经济信息看,各种证券价格的涨跌在一个有效的金融市场中实际上是反映着其背后企业的经营管理状况及发展前景。同时,金融市场要求各上市公司定期或不定期地公布企业经营信息和财务报表,为投资者提供投资决策的必要信息。从宏观经济看,金融市场的交易直接和间接地反映了一国的货币供应量的变动,因为货币供应的紧缩和放松都是通过金融市场进行的。货币政策实施时,金融市场会出现波动表示出紧缩和放松的程度,从而为政府部门及时制定和调整宏观经济政策提供信息。此外,随着一国金融市场与国际接轨,各国的金融市场会产生“互动效应”,从而使人们及时了解世界经济发展的变化。

第二节 金融工具

一、金融工具的概念及其特征

(一) 金融工具的概念

如前所述,金融的实质是货币资金融通,因融通资金形成的信用关系,最初是以口头或挂账的形式确立的,后来才发展到了凭证形式,这样就产生了信用工具。所谓金融工具,是以书面形式发行和流通,用来证明金融交易金额、期限、价格等债权债务或所有权与使用权之间的权利义务关系的合法书面凭证或文件。它具有法律约束力。

延伸阅读

张三借给李四50 000元钱。当时李四写了一张欠条。后来李四只还了部分借款,其余部分数次催要无果。为此,张三向律师咨询。律师说,如果借贷双方出现纠纷,债权人可以先和债务人协商,寻求解决,如果协商未果,债权人可以凭借条或欠条向当地法院起诉债务人。

请问:借条是金融工具吗?凭借条起诉法院会受理吗?

(二)金融工具的特征

1. 偿还性

金融工具的偿还性是指各种金融工具在发行时一般都具有不同的偿还期。对金融工具本身而言,偿还期是指金融工具发行或确立之时开始,到该金融工具清偿失效时所经历的时间。对金融工具投资者或持有者来说,则是从其取得该金融工具时开始到其转让或到期时为止的时间。不同的金融工具,其偿还性具有不同的特点,有的本金是固定的,如借贷本金;有的是变动的,如股票本金转让时不是按购买时的价格转让的;有的偿还时有利息,如存贷款;有的没有利息,如现金货币持有者;有的是直接偿还,如直接归还借款;有的是间接偿还,如票据、股票转让、货币购物等。永久性债务(包括货币持有者)是借款人同意以后无限期地支付利息,但始终不偿还本金,这是长期的一个极端;而银行活期存款的偿还期实际等于零,可视为另一个极端。从理论上说,货币持有者也是债权人,但发行者是永远不需要偿还的,货币持有者通过市场等价交换实际上得到了偿还。表面上看,存款者也是债权人,但与一般的借贷形成的债权人不同,实际上存款者在存款期间随时可以行使其所有权,即存款可以随时提取。股票持有者尽管也具有所有权,但按有关法律规定,不能像存款的所有权一样行使退股的权利,只能转让。

2. 流动性

金融工具的流动性是指可转让性或变现性。流动性反映了金融工具能否及时避免损失的能力。流动性强,即变现能力好,可及时避免损失;反之,不能及时变现就有可能遭受损失。除货币的完全流动性以外,其他各种金融资产都存在着不同程度的不完全流动性特性,即这些金融资产在没有到期之前要想转换成货币的话,或者打一定的折扣,或者花一定的交易费用。一般来说,金融工具如果具备下述两个特点,就可能具有较高的流动性:一是发行信用工具的债务人信誉高,在以往的债务偿还中能及时、全部履行其义务。二是债务的期限短。这样它受市场利率的影响很小,变现时所遭受亏损的可能性就很少。

3. 安全性

金融工具的安全性亦称风险性,是指投资者购买金融工具的资金具有一定的损失风险。风险性是各类信用工具的共同特征,但风险大小则与每种信用工具的性质及设计有关。投资金融工具的资金受损的风险一般可分为两类:一类是信用风险,即债务人不履行合约,不按时归还债务的风险。这种风险的大小主要取决于债务人的信誉、经营状况以及社会地位。另一类则是市场的风险,即金融工具市场价格涨跌所带来的风险。一般金融交易的价格下跌会造成损失,但对金融期货的做空者来说,标的资产价格上涨反而会带来损失。此外,金融工具的流动性也会带来风险，即流动性风险。

4. 收益性

金融工具的收益性是指金融工具能定期或不定期给持有人带来利润的特性。金融工具收益性的大小是通过收益率来衡量的，其主要指标有名义收益率、实际收益率、平均收益率等。金融工具的收益包括两个方面：一是本金带来的收益，如债券持有人可按债券规定的利率取得利息收益或股票的股息等分配收益；二是价格差异收益，如股票按市场价格出卖时获得的差价收益。

金融工具的收益与风险成正相关关系，高收益的金融工具往往风险也高，低收益的金融工具往往风险也低。货币市场金融工具期限短，如银行活期存款的偿还期视为零，因而风险小；而资本市场金融工具期限长，如 20 年期国债，故风险大。政府以外的直接融资信用工具发行人，信用度不如银行等金融机构，因而信用风险相对较大，而其收益也相对较高；反之，间接融资信用工具风险就小得多。金融工具表现出的风险与收益的对应关系是由债权人或投资者的心理和行为决定的，在收益相同的情况下，债权人或投资者绝不会选择高风险的金融工具。

对于金融工具的上述四个基本特征，一般来说，安全性与偿还性成反比，与流动性成正比；收益性与风险性和偿还性成正比，与流动性成反比。

二、金融工具的种类

金融工具的种类，参照金融市场的分类方法，即不同的金融市场有相应不同的金融工具，一般有以下几种分类方法：

(一) 按期限不同金融工具可分为短期金融工具和长期金融工具

短期金融工具也称货币市场工具，主要有商业票据、国库券、可转让大额存单、证券回购协议等。这类金融工具期限短、风险小、流动性强，一般视为准货币。长期金融工具也称资本市场工具，主要有股票、公司债券和国家公债等。这类金融工具期限长，因而风险大，流动性较弱（上市的股票、债券和公债除外）。

(二) 按发行机构的特征不同，金融工具可分为直接金融工具和间接金融工具

直接金融工具主要有公司股票和债券等，间接金融工具主要有金融债券、可转让定期存单、人寿保险单等。

(三) 按对发行者要求的偿付权不同，金融工具可分为所有权凭证和债权凭证

所有权凭证主要有股票和存款凭证等存款凭证从表面看是债权，但从法律上讲属于所有权，故存款可以随时提取。它与银行贷款的债权不同，银行不能对没有到期的贷款随时收回。债权凭证主要是因借贷形成的债权债务凭证。

(四) 按流动性不同金融工具可分完全流动性金融工具和有限流动性金融工具

现代信用货币，包括现金和存款货币，属于完全流动性金融工具；其他的金融工具均属于有限流动性金融工具。

三、常用金融工具

限于篇幅，本章主要介绍目前我国典型的金融工具，即票据、股票、债券和证券投资基金。

(一) 票据

票据是由出票人无条件地承诺由自己或者委托他人向持票人支付一定金额的有价证券。票

据是一种流通证券，可以从以下三个方面进行理解：

第一，票据是以支付一定金额为目的的有价证券。谁拥有了票据，谁就有权凭票据取得票据上规定的金额，正如谁拥有某公司的股票谁就拥有了该公司财产的相应部分。票据权利的产生、转移和行使等均以它本身的存在为前提，也就是说，票据持有人只有得到了票据才得到了收取款项的权利，如果他将票据转让给他人，那么他收取款项的权利也随之转让。

第二，票据是一种完全有价证券。出票人开出票据，它就必须承担到期支付票据上规定的金额的义务，只有它支付了全部金额才能解除其承担的义务。

第三，票据是一种无因证券。也就是说，票据出票人作出的付款承诺是无条件的。或者说，出票人履行付款的义务不能有赖于某一事件的发生或者某些情况的出现或者某一行为的作出。出票人一旦开出票据，那么不管是否发生或不发生某些事情或某些行为，它都必须到期支付规定的款项。

广义的票据包括各种有价证券和商业凭证，如股票、股息单、国库券、发票、提单和仓单等。这里指的票据是狭义的票据，即仅指汇票、本票和支票。在实际生活中，票据限于国家颁布的票据法规定的票据范围。在货币或商品的让渡中，票据是反映债权债务的发生、转移和偿付而使用的一种金融工具。在一定的范围内，票据可以代替货币起流通手段和支付手段的作用，也可以利用票据进行质押融资或贴现融资。下面结合《中华人民共和国票据法》（简称《票据法》）的规定，简要介绍我国的汇票、本票和支票。

1. 汇票

汇票是出票人签发的，委托付款人在见票时或者在指定日期无条件支付确定的金额给收款人或者持票人的票据。汇票必须记载下列事项：①表明“汇票”的字样；②无条件支付的委托；③确定的金额；④付款人名称；⑤收款人名称；⑥出票日期；⑦出票人签章。汇票上未记载上述规定事项之一的，汇票无效。

根据签发人的不同，汇票可分为银行汇票和商业汇票。汇票的行为主要有出票、背书、承兑、保证、付款和追索权六种行为。

(1) 出票是指出票人签发票据并将其交付给收款人的票据行为。汇票的出票人必须与付款人具有真实的委托付款关系，并且具有支付汇票金额的可靠资金来源。不得签发无对价的汇票用以骗取银行或者其他票据当事人的资金。

(2) 背书是指在票据背面或者粘单上记载有关事项并签章的票据行为。持票人可以通过背书并交付汇票将汇票权利转让给他人或者将一定的汇票权利授予他人行使。但如果出票人在汇票上记载“不得转让”字样的，汇票不得转让。

(3) 承兑是指汇票付款人承诺在汇票到期日支付汇票金额的票据行为。定日付款或者出票后定期付款的汇票，持票人应当在汇票到期日前向付款人提示承兑。见票后定期付款的汇票，持票人应当自出票日起一个月内向付款人提示承兑。汇票未按照规定期限提示承兑的，持票人丧失对其前手的追索权。见票即付的汇票无需提示承兑。付款人承兑汇票，不得附有条件；承兑附有条件的，视为拒绝承兑。付款人承兑汇票后，应当承担到期付款的责任。

(4) 汇票的债务可以由保证人承担保证责任。保证人由汇票债务人以外的他人担当。保证人在汇票或粘单上未记载被保证人的，已承兑的汇票，承兑人为被保证人，未承兑的汇票，出票人为被保证人。保证不得附有条件；附有条件的，不影响对汇票的保证责任。

(5)《票据法》规定,持票人应当按照下列期限提示付款:①见票即付的汇票,自出票日起一个月内向付款人提示付款。②定日付款、出票后定期付款或者见票后定期付款的汇票,自到期日起十日内向承兑人提示付款。持票人未按照前述规定期限提示付款的,在作出说明后,承兑人或者付款人仍应当继续对持票人承担付款责任。通过委托收款银行或者通过票据交换系统向付款人提示付款的,视同持票人提示付款。

持票人依照上述规定提示付款的,付款人必须在当日足额付款。持票人获得付款的,应当在汇票上签收,并将汇票交给付款人。持票人委托银行收款的,受委托的银行将代收的汇票金额转账收入持票人账户,视同签收。

(6) 汇票到期被拒绝付款的,持票人可以对背书人、出票人以及汇票的其他债务人行使追索权。汇票到期日前,有下列情形之一的,持票人也可以行使追索权:①汇票被拒绝承兑的;②承兑人或者付款人死亡、逃匿的;③承兑人或者付款人被依法宣告破产的或者因违法被责令终止业务活动的。

2. 本票

本票是出票人签发的,承诺自己在见票时无条件支付确定的金额给收款人或者持票人的票据。本票可分为商业本票和银行本票两种。《票据法》关于本票的规定仅限于银行本票。

银行本票必须记载下列事项:①表明"本票"的字样;②无条件支付的承诺;③确定的金额;④收款人名称;⑤出票日期;⑥出票人签章。本票上未记载上述规定事项之一的,本票无效。

本票的出票人必须具有支付本票金额的可靠资金来源,并保证支付,故本票无承兑行为。《票据法》规定:本票自出票日起,付款期限最长不得超过二个月;本票的持票人未按照规定期限提示见票的,丧失对出票人以外的前手的追索权。本票的背书、保证、付款行为和追索权的行使与汇票基本相同。

3. 支票

支票是出票人签发的,委托办理支票存款业务的银行或者其他金融机构在见票时无条件支付确定的金额给收款人或者持票人的票据。《票据法》规定支票必须记载下列事项:①表明"支票"的字样;②无条件支付的委托;③确定的金额;④付款人名称;⑤出票日期;⑥出票人签章。支票上未记载上述规定事项之一的,支票无效。

《票据法》规定:支票可以支取现金,也可以转账,用于转账时,应当在支票正面注明。现金支票只能用于支取现金;转账支票只能用于转账,不得支取现金。我国现行的支票限于见票即付,不得另行记载付款日期。另行记载付款日期的,该记载无效。支票的持票人应当自出票日起十日内提示付款;异地使用的支票,其提示付款的期限由中国人民银行另行规定。超过提示付款期限的,付款人可以不予付款;付款人不予付款的,出票人仍应当对持票人承担票据责任。支票的背书、付款行为和追索权的行使与汇票基本相同。

支票是以存款人在银行有足够的存款或透支额度为基础的,出票人存款或透支额度不足时,付款银行可以退票,拒绝付款。签发的支票金额超过银行存款账户余额的,即为空头支票,它是套取银行信用、破坏金融秩序的行为。我国严禁开立空头支票。

(二) 股票

1. 股票的概念和基本特征

(1) 股票是股份公司发给出资人的股份资本所有权书面凭证,股票的持有者就是股份公司的股东。股票详细阐述了公司与股东的约定关系，并阐明风险共担、收益共享和企业管理的责任与权利。它既是一种集资方式，又是企业产权的存在形式，代表着资产所有权。股东不仅有权按公司章程从公司领取股息和分享公司的经营红利，还有权出席股东大会，选举董事会，参与企业经营管理的决策，股东的投资意愿通过其行使股东参与权而得到实现。同时股东也要承担相应的责任和风险。

(2) 股票具有以下三个主要特点：

第一，具有不返还性。股票作为股权在法律上的凭证，持有者有权参与红利分配，并按规定行使股东权利，但不能中途退股索回本金，即"只付息分红，不退还本金"。

第二，具有风险性。由于股票的不返还性，股东的资金只能通过股票的转让来收回，将股票所代表着的股东身份及其各种权益让渡给受让者，而其股价在转让时受到公司收益、公司前景、市场供求关系、经济形势等多种因素的影响。因此，购买股票是一种风险投资，投资入股人有按规定获得收益的权利，又要承担风险对公司债务负有责任，即"风险共担，收益共享"。

第三，具有流通性。股票作为一种资本证券，是一种灵活有效的集资工具和有价证券，虽不能中途返还，但可以转让、抵押和买卖流通，尤其是上市公司的股票，其流动性很强。这种流通性和灵活性是股票的优点也是它的生命力所在。

2. 股票的基本种类

股票可以按不同的标准分类，但基本的种类是按股东的权利划分，即可分为普通股和优先股。

(1) 普通股。普通股是指在股份公司的经营管理和盈利及财产分配上享有普通权利的股份，是股份公司资本构成中最普通、最基本的股份。普通股的基本特点是其投资收益（股息和分红）不是在购买时约定，而是根据股票发行公司的经营业绩来确定。公司的经营业绩好，普通股的收益就高；反之，若经营业绩差，普通股的收益就低。普通股是风险最大的一种股份，但又是股票中最基本、最常见的一种。在我国上交所与深交所上市的股票都是普通股。一般地说，普通股有以下四个特点：① 持有普通股的股东有权获得股利，但必须是在公司支付了债券利息和优先股的股息之后才能获得。普通股的股利是不固定的，一般视公司净利润的多少而定。② 当公司因破产或结业而进行清算时，普通股股东的剩余资产求偿权在债权人和优先股股东之后。③ 普通股东一般都拥有决策参与权，即有权参加股东大会，并有建议权、表决权和选举权，也可以委托代理人来行使其权利。④ 普通股东一般具有优先认股权，即当公司增发新普通股股票时，现有普通股股东有权优先（可能还以低价）购买新发行的股票，以保持其对企业所有权的原有比例。当然普通股股东也可以放弃这种权利。

(2) 优先股。优先股是股份公司发行的在分配红利和剩余财产时比普通股具有优先权的股份。优先股也是一种没有期限的所有权凭证，优先股股东一般不能在中途向公司要求退股（少数可赎回的优先股例外）。优先股的主要有以下三个特点：① 优先股通常预先确定股息率，并且可以先于普通股股东领取股息。由于优先股股息率事先固定，所以优先股的股息一般不会根据公司经营情况而增减，而且一般也不能参与公司的分红，但优先股可以先于普通股获得股息。对公司来说，由于股息固定，它不影响公司的利润分配。② 优先股的权利范围小。优先股股东一般没有选举权和被选举权，对股份公司的重大经营决策无投票权，但在某些情况下可以享有投票权。③ 当公司破产清算时，优先股股东的剩余资产求偿权优于普通股股东。

优先股的种类很多，主要有以下几种分类方式：

① 累积优先股和非累积优先股。在某个营业年度内，如果公司所获的盈利不足以分派规定的股息，日后累积优先股的股东对往年未付给的股息有权要求如数补给。对于非累积的优先股，虽然对于公司当年所获得的利润有优先于普通股获得分派股息的权利，但如该年公司所获得的盈利不足以按规定的股利分配时，非累积优先股的股东不能要求公司在以后年度中予以补发。一般来讲，对投资者来说，累积优先股比非累积优先股具有更大的优越性。

② 参与优先股与非参与优先股。当企业利润增大，除享受既定比率的股息外，还可以跟普通股共同参与利润分配的优先股，称为参与优先股。除了既定股息外，不再参与利润分配的优先股，称为非参与优先股。一般来讲，参与优先股较非参与优先股对投资者更为有利。

③ 可转换优先股与不可转换优先股。可转换的优先股是指允许优先股持有人在特定条件下把优先股转换成为一定数额的普通股。否则，就是不可转换优先股。可转换优先股是近年来日益流行的一种优先股。

④ 可收回优先股与不可收回优先股。可收回优先股是指允许发行该类股票的公司按原来的价格再加上若干补偿金将已发行的优先股收回。当公司认为能够以较低股息的股票来代替已发行的优先股时，就往往行使这种权利。反之，就是不可收回的优先股。

延伸阅读

我国的上市股票

在我国，通常所说的股票是指在上海证券交易所和深圳证券交易所挂牌交易的A股和B股，属于普通股。在股权分置改革前，A股分为流通股和非流通股，流通股为社会公众股，非流通股为法人股和国家股等。改革后所有A股都成为流通股。B股是人民币特种股票，以人民币标明面值，以外币认购和买卖。除此之外，目前与我国内地企业相关的股票还有H股和N股。H股和N股都是我国内地公司在境外发行的股票，在香港证券交易所发行的称H股，在纽约证券交易所发行的称N股。

（三）债券

1. 债券概述

债券是政府、金融机构、工商企业等机构直接向社会借债筹措资金时，向投资者发行的、承诺按一定利率支付利息并按约定条件偿还本金的债权债务凭证。债券的本质是债务证明书，具有法律效力。债券购买者与发行者之间是一种债权债务关系，债券发行人为债务人，投资者（或债券持有人）为债权人。

股票与债券是金融市场上最主要的两种投资工具，对于投资者而言，股票和债券的区别在于以下几个方面：

(1) 权利关系不同。股票是所有权凭证，股票所有者是股票发行公司的股东；债券是债权凭证，债券持有者与发行债券的公司之间是债权债务关系。

（2）风险程度不同。一般情况下，债券收益相对固定，风险相对较小；而股票价格及收益受到市场和企业经营状况变化的影响较大，风险相对较大。

（3）收益情况不同。债券有规定的利率，可获固定的利息，收益相对固定；股票的红利不固定，一般视公司经营情况而定，其收益是不确定的。

（4）影响价格变动的因素不同。影响债券价格的主要因素是利率；股票的价格除了受公司的基本面情况影响外，受供求关系的影响巨大。

（5）投资回收方式不同。债券投资是有一定期限的，投资者到期收回本金；股票投资是无限期的，除非公司破产清算，投资者不得从公司收回投资，如要收回，只能在证券交易市场上按市场价格变现。

2. 债券的种类

按发行主体不同债券可分为政府债券、金融债券和企业债券。

（1）政府债券。政府债券有两大类，其一是由中央政府发行的债券，称之为国家债券，它占政府债券中的绝大部分；另一类就是由地方政府发行的债券，称为地方债券。目前我国不允许地方政府发行债券。

国家债券可按期限、用途、是否流通交易等标准来划分种类。其中比较特殊的是国家债券可根据用途的不同划分为战争公债、赤字公债、建设公债和特种公债等。

国家债券的主要特点可归纳如下：

① 安全性高。由于国家债券由中央政府发行，且政府是一国权力的象征，所以只要不发生政权更迭，便能保证债券的兑付偿还，其信用程度高，风险较小。

② 流动性强，容易变现。由于政府的资信程度最高，使得国家债券的发行额十分庞大，发行也相对容易，其二级市场也就十分发达，所以其流通和转让极其方便，容易变现。

③ 可以享受免税待遇。大多数国家都规定购买国家债券的投资者其利息收入可享受税收减免。如我国现行政策规定国债利息可免征所得税，而股票红利要征收20%的所得税。

④ 能满足多种需要。由于国家证券信用程度高，所以它被广泛地应用于抵押和担保。甚至在许多交易中，国家债券还可以作为无现金交纳的保证。

⑤ 利率较低。一般来说，由于国家债券的还本付息由国家担保，所以在债券中国家债券的信用度最高而风险最小，其利率也较其他债券低。

国家债券是中央银行调节货币的有效工具。中央银行通过在市场上买卖国债进行公开市场业务操作，可以有效地控制流通货币量，从而实现对货币供应量的有效调节。

（2）金融债券。金融债券是由银行和非银行金融机构发行的债券。在欧美发达国家，金融机构发行的债券归类于公司债券。在我国及日本等国家，金融机构发行的债券称为金融债券。金融债券能够较有效地解决银行等金融机构的资金来源不足和期限不匹配的矛盾。由于银行等金融机构在一国经济中占有较特殊的地位，政府对它们的运营又有严格的监管，因此金融债券的资信通常高于其他非金融机构债券，违约风险相对较小，具有较高的安全性。所以，金融债券的利率通常低于一般的企业债券，但高于风险更小的政府债券和银行存款。

按不同标准，金融债券可以划分为很多种类，最常见的分类有以下两种：

① 根据利息的支付方式金融债券可分为附息金融债券和贴现金融债券。如果金融债券上附有多期息票，发行人定期支付利息，则称为附息金融债券；如果金融债券是以低于面值的价格

贴现发行，到期按面值还本付息，利息为发行价与面值的差额，则称为贴现债券。比如票面金额为1 000元期限为1年的贴现金融债券，发行价格为900元，到期时支付给投资者1 000元，那么利息收入就是100元，而实际年利率就是11.11%$\left(\frac{100}{900}\times 100\%\right)$。按照国外通常的做法，贴现金融债券的利息收入要征税，并且不能在证券交易所上市交易。

② 根据发行条件金融债券可分为普通金融债券和累进利息金融债券。普通金融债券按面值发行，到期一次还本付息。普通金融债券类似于银行的定期存款，只是利率高些。累进利息金融债券的利率不固定，在不同的时间段有不同的利率，并且一年比一年高。也就是说，债券的利率随着债券期限的增加而累进。比如，面值1 000元、期限为5年的金融债券，第一年利率为4%，第二年利率为5%，第三年为6%，第四年为7%，第五年为8%。投资者可在第一年至第五年之间随时兑付并获得规定的利息。

此外，金融债券也可以根据期限的长短划分为短期债券、中期债券和长期债券；根据是否记名划分为记名债券和不记名债券；根据担保情况划分为信用债券和担保债券；根据可否提前赎回划分为可提前赎回债券和不可提前赎回债券；根据债券票面利率是否变动划分为固定利率债券、浮动利率债券和累进利率债券；根据发行人是否给予投资者选择权划分为附有选择权的债券和不附有选择权的债券等。

(3) 企业债券。企业债券又称为公司债券，是企业依照法定程序发行，约定在一定期限内还本付息的债券。企业债券代表着发债企业和投资者之间的一种债权债务关系。债券持有人是企业的债权人，不是所有者，无权参与或干涉企业经营管理，但债券持有人有权按期收回本息。企业债券与股票一样，同属有价证券，可以自由转让。

由于企业主要以本身的经营利润作为还本付息的保证，因此企业债券风险与企业本身的经营状况直接相关。如果企业发行债券后经营状况不好，连续出现亏损，可能无力支付投资者本息，投资者就面临着出现损失的风险。从这个意义上来说，企业债券是一种风险较大的债券。所以，在企业发行债券时，一般要对发行企业进行严格的资格审查或要求发行企业有财产抵押，以保护投资者利益。企业债券由于具有较大风险，其利率通常也高于政府债券。

企业债券按不同标准可以分为很多种类，最常见的分类有以下几种：

① 按期限不同企业债券有短期企业债券、中期企业债券和长期企业债券。根据我同企业债券的期限划分，短期企业债券期限在1年以内，中期企业债券期限在1年以上5年以内，长期企业债券期限在5年以上。

② 按是否记名企业债券可分为记名企业债券和不记名企业债券。如果企业债券上登记有债券持有人的姓名，投资者领取利息时要凭印章或其他有效的身份证明，转让时要在债券上签名，同时还要到发行公司登记，那么这种债券就称为记名企业债券。反之称为不记名企业债券。

③ 按有无担保企业债券可分为信用债券和担保债券。信用债券指仅凭筹资人的信用发行的、没有担保的债券。信用债券只适用于信用等级高的债券发行人。担保债券是指以抵押、质押、保证等方式发行的债券。其中，抵押债券是指以不动产作为担保品所发行的债券；质押债券是指以其有价证券作为担保品所发行的债券；保证债券是指由第三者担保偿还本息的债券。

④ 按可否提前赎回划分，企业债券可分为可提前赎回债券和不可提前赎回债券。如果企业在债券到期前有权定期或随时购回全部或部分债券，这种债券就称为可提前赎回企业债券；反之

则是不可提前赎回企业债券。

⑤ 按票面利率是否变动企业债券可分为固定利率债券、浮动利率债券和累进利率债券。固定利率债券指在偿还期内利率固定不变的债券；浮动利率债券指票面利率随市场利率定期变动的债券；累进利率债券指随着债券期限的增加利率累进的债券。

⑥ 按发行人是否给予投资者选择权，企业债券可分为附有选择权的企业债券和不附有选择权的企业债券。附有选择权的企业债券，指债券发行人给予债券持有人一定的选择权，如可转换公司债券、有认股权证的企业债券、可返还企业债券等。可转换公司债券的持有者有权在一定时间内按照规定的价格将债券转换成企业发行的股票；有认股权证的债券持有者可凭认股权证购买所约定的公司的股票；可退还的企业债券在规定的期限内可以退还。反之，债券持有人没有上述选择权的债券，即是不附有选择权的企业债券。

⑦ 按发行方式不同企业债券可分为公募债券和私募债券。公募债券指按法定手续经证券主管部门批准公开向社会投资者发行的债券；私募债券指以特定的少数投资者为对象发行的债券，发行手续简单，一般不能公开上市交易。

（四）证券投资基金

所谓投资基金就是一种利益共享、风险共担的集合投资工具。它通过发行基金证券集中投资者的资金，交由基金托管人托管，由基金管理人管理，主要投资于股票、债券等金融工具。通俗地说，就是“大家凑钱买证券，收益同享，风险同担”。

1. 证券投资基金的特点

与其他投资品种（股票、债券等）相比，证券投资基金具有以下基本特征：

（1）专家理财。证券投资基金的资产由专业的基金管理公司负责管理。基金管理公司配备了大量的投资专家，他们不仅掌握广博的投资分析和投资组合理论知识，而且在投资领域也积累了相当丰富的经验，相比较一般投资者而言，他们往往会有更高的研究水平。

（2）组合投资，分散风险。投资学上有一句谚语：“不要把所有鸡蛋放在同一个篮子里”。然而中小投资者由于资金量小且研究实力较弱，通常无力做到这一点。如果投资者把所有资金都投资于一家公司的股票，一旦这家公司破产，投资者便遭受极大的损失。而证券投资基金通过汇集众多中小投资者的小额资金，形成雄厚的资金实力，可以同时把投资者的资金分散投资于多种证券，使某些证券的损失可以用其他证券盈利来弥补，分散了投资风险。

（3）是一种间接的证券投资方式。投资者是通过购买证券投资基金而间接投资于证券市场的。与直接购买股票成为股东或者是购买债券成为债权人相比，投资者与上市公司没有任何直接关系，不参与公司决策和管理，只享有证券投资基金利润的分配权。

（4）投资小、费用低。在我国，每份证券投资基金单位面值为 1 元人民币。证券投资基金最低投资额一般较低，投资者可以根据自己的财力，多买或少买基金单位，从而解决了中小投资者“钱不多、入市难”的问题。证券投资基金的管理费用通常较低，基金管理公司就提供基金管理服务而向基金持有者收取的管理费一般为基金资产净值的 1%～2.5%，与此同时，投资者购买基金需缴纳的费用通常为认购总额的 0.25%，低于购买股票的费用。

（5）流动性强，买卖程序非常简便。对于开放式证券投资基金而言，由于其每天都会进行公开报价，因此投资者既可以向基金管理公司直接购买或赎回基金，也可以通过证券公司等代理销售机构购买或赎回。对于封闭式证券投资基金而言，目前我国该类基金都在证券交易所上市交易,买卖程序与股票相似。

2. 证券投资基金的种类

证券投资基金可以按照多种标准进行分类,通常有以下几种分类方法:

(1) 根据基金单位是否可增加或赎回,证券投资基金可分为开放式基金和封闭式基金。

(2) 根据组织形态的不同,证券投资基金可分为公司型投资基金和契约型投资基金。

(3) 根据投资风险与收益的不同,证券投资基金可分为成长型投资基金、收入型投资基金和平衡型投资基金。

(4) 根据投资对象的不同,证券投资基金可分为股票基金、债券基金、货币市场基金、期货基金、期权基金、指数基金和认股权证基金等。

(5) 根据投资货币种类,证券投资基金可分为美元基金、日元基金和欧元基金等。

(6) 根据资本来源和运用地域的不同,证券投资基金可分为国际基金、海外基金、国内基金、国家基金和区域基金。

(7) 按照投资方式的不同,证券投资基金可以分为积极投资型基金和消极投资型基金。

第三节　货币市场

如前所述,货币市场是指融资期限在一年以内(含一年)的短期资金交易市场。它是金融市场中的一个重要子市场,具有期限短、流动性强、风险小的特点,其主要功能是:调剂资金余缺,满足短期融资需要;为各种信用形式的发展创造了条件;为政府政策调控提供条件和场所。货币市场一般包括:短期资金借贷市场、同业拆借市场、票据市场、可转让大额定期存单市场、国库券市场、证券回购协议市场等。有关短期资金借贷市场的业务将在第五章中展开介绍。

一、同业拆借市场

同业拆借市场是银行及其他金融机构之间相互进行短期资金融通的场所。目前,同业拆借市场已成为国际和国内金融市场中一个非常活跃、规模巨大的市场。同业拆借作为临时调剂性借贷行为,具有以下特点:

(一) 期限短

同业拆借的交易期限较短,属临时性的资金融通。其目的在于调剂头寸和临时性资金余缺。同业拆借多为“隔夜拆借”或“隔日拆借”,一般为1～2天,主要是为了补足存款准备金。同业借贷是金融机构之间为了解决经营过程中的临时性资金和季节性资金需要而融通资金的行为。我国目前同业拆借期限最长不超过4个月。

(二) 利率相对较低

一般来说,同业拆借利率是以中央银行再贷款利率和再贴现率为基准,再根据社会资金的松紧程度和供求关系由拆借双方自由议定的。相对工商企业短期融资而言,其利率水平较低。国际市场上,通常以LIBOR(伦敦银行同业拆借利率)为基础利率,然后根据贷款金额、期限和客户的资信等级调整后作为最终的拆借利率。

(三) 交易手续方便简单

由于同业拆借的参与者是商业银行和其他金融机构。这些机构的信誉比一般工商企业要好，拆借风险较小，加之拆借期限较短，流动性强，所以具有交易方便、简单的特点。

二、票据市场

票据市场是以票据作为交易对象，通过票据的承兑、贴现、转让和抵押进行融资活动的货币市场。票据作为金融市场上通行的结算和信用工具，是货币市场上主要的交易工具之一。

商业票据市场主要指商业票据的流通和转让市场，具体包括票据承兑市场和票据贴现市场。

(一) 票据承兑市场

票据承兑是指商业汇票付款人承诺在汇票到期日支付汇票金额的票据行为。主要是指远期商业汇票到期前，汇票付款人或指定银行确认票据记明事项，在票面上做出承诺付款的行为。远期商业汇票只有经过承兑才具有法律效力，才能在金融市场上流通转让。商业汇票由付款人自己承兑的为商业承兑汇票，付款人委托银行承兑的称为银行承兑汇票。

从理论上说，汇票应由债权人或收款人签发，但为了方便出票，我国商业承兑汇票可以由付款人签发并承兑，也可以由收款人签发交由付款人承兑。

《票据法》规定：付款人对向其提示承兑的汇票，应当自收到提示承兑的汇票之日起三日内承兑或者拒绝承兑。付款人收到持票人提示承兑的汇票时，应当向持票人签发收到汇票的回单。回单上应当记明汇票提示承兑日期并签章。付款人承兑汇票的，应当在汇票正面记载"承兑"字样和承兑日期并签章；见票后定期付款的汇票，应当在承兑时记载付款日期。汇票上未记载承兑日期的，以规定的三天承兑期限的最后一日为承兑日期。

(二) 票据贴现市场

票据贴现市场是专门从事于票据贴现、转贴现和再贴现的市场。票据贴现市场分为三部分：一是银行和客户之间的原贴现(简称贴现)市场；二是银行等金融机构之间的转贴现市场；三是银行等金融机构和中央银行之间的再贴现市场。而原贴现市场是票据市场发展的根基，有关内容将在第五章和第八章中展开介绍。

三、可转让大额定期存单市场

可转让大额定期存单(CD)是指商业银行签发的注明存款金额、期限、利率，可以流通转让的大额银行定期存款凭证。该类存单不能提前支取，到期本息一次付清。可转让大额定期存单市场(简称 CD 市场)即是该类存单发行和转让交易活动的总括。可转让大额定期存单最初是 20 世纪 60 年代由美国花旗银行为逃避金融管制而设计的一种金融创新业务，这一金融工具的出现既有利于银行也有益于投资者，所以在货币市场上发展很快，成为一种颇受欢迎的金融工具。

(一) 可转让大额定期存单的特点

可转让大额定期存单的期限多为 3～6 个月，一般不超过 1 年，其利率一般高于同期定期存款利率。可转让大额定期存单与一般定期存款相比较，具有以下特点：

(1) 可转让大额定期存单通常不记名，可以流通转让；而一般定期存款记名，不可以流通转让。

(2) 可转让大额定期存单的金额较大，如在美国最少为 10 万美元；定期存款的金额一般不固定。

(3) 可转让大额定期存单的利率一般比同期定期存款利率要高。

(4) 可转让大额定期存单不可以提前支取,但可以在二级市场流通转让;定期存款可以提前支取,但要损失部分利息。

(二) 可转让大额定期存单的种类

(1) 按利率计算方法不同可分为固定利率存单和浮动利率存单。前者利率固定不变;后者利率则是以货币市场某一证券的利率为基础,另加差额。

(2) 按发行人不同可分为国内银行发行的存单和外国银行发行的存单。

(3) 按发行地点不同可分为欧洲美元存单、日元存单、亚洲美元存单等。

我国的可转让大额定期存单的发行始于1986年,最初由中国银行和交通银行发行。1989年后,其他银行也开始发行可转让大额定期存单。我国的可转让大额定期存单市场目前并不活跃。

四、国库券市场

国库券是中央政府为了弥补国家金库资金不足而发行的期限不超过一年的短期债券,是政府债券的重要组成内容。发行国库券的主要目的在于筹措短期资金,解决财政困难。当中央政府的年度预算在执行过程中发生赤字时,发行国库券筹资是一种经常性的弥补手段。国库券具有期限短、风险低、流动性强以及免税等特征,深受市场欢迎。国库券市场的交易十分活跃,它不仅是投资者理想的投资场所,也是一国中央银行通过公开市场业务进行金融调控的重要场所。

国库券的发行通常实行招标制,即每次发行前财政部根据近期短期资金的需要量、中央银行实施货币政策调控的需要等因素,确定国库券的发行规模,然后向社会公告。各投标人在规定的发行规模的约束下,分别报出自己拟购买的价格和数量。在众多的投标人当中,出价最高者首先中标,之后按出价顺序,由高到低依次配售,直至售完为止,这就是所谓的"竞争性投标"。也有一些小规模的金融机构,无力或不愿意参与竞争性投标,便按照投标最高价和最低价的平均数购买,这是"非竞争性投标"。

国库券因期限较短,故一般采用贴现方式发行,即以低于票面金额的价格发行,到期时按票面金额偿还。票面金额与发行价格的差,即是投资者的利息。

在国库券的流通市场上,市场的参与者有商业银行、中央银行、证券交易商、企业和个人投资者。国库券行市的变动,要受景气动向、国库券供求关系、市场利率水平等诸多因素的影响。在美国,证券交易商在进行国库券交易时,通常采用双向式挂牌报价,即在报出一交易单位买入价的同时,也报出一交易单位的卖出价,两者的差额即为交易商的收益,交易商不再附加佣金。在英国,票据贴现就是国库券二级市场上最为活跃的市场主体。持有国库券的机构和个人如需转让,可向贴现所申请贴现。英格兰银行实施公开市场操作,也以贴现所为中介,先向贴现所买进或卖出国库券,然后贴现所再与商业银行进行买卖。

在我国,以国库券名义发行政府债券是从1981年开始的,当年发行40亿元,期限10年,年利率4%。以后每年均发行国库券,在1991年以前以行政分配和认购相结合的方式发行;1991—1995年开始部分采用承包、包销方式发行;1996年开始试行招标方式发行。国库券的流通始于1988年,随着上海和深圳证券交易所的成立,国库券市场得到了长足的发展。必须指出的是:我国发行的大部分国库券期限在一年以上,从性质上讲属于公债,即中央政府的长期债券,属于资本市场范畴。

五、证券回购协议市场

证券回购协议是指证券的持有人在卖出一笔证券的同时，与买方签订协议约定在一定的时间后以一定的价格买回原证券的融资行为。证券回购协议实质上是一种以证券作为担保的短期融资方式。

买卖双方签订的回购协议通常有两种形式：一种方式是证券的卖出和买回采用相同的价格，协议到期时以约定的收益率支付费用；另一种方式是买回证券的价格高于卖出时的价格，其差额就是对方的收益额。

回购协议市场一般为无形市场，交易双方通过电话、网络等方式交易，商业银行、证券公司及非银行金融机构是回购市场的主要参与者，买卖的对象主要是国债，即国债回购。

第四节 资本市场

资本市场通常由长期资金借贷市场、股票市场、债券市场和证券投资基金市场组成。有关长期资金借贷市场将在第五章中展开介绍，证券投资基金在本章第二节已作了介绍，本节主要介绍股票市场和债券市场。

一、股票市场

股票市场是指股票发行和转让流通的场所，包括股票发行市场和流通市场。

（一）股票发行市场

股票发行是指发行股票从规划到销售的全过程，股票发行市场是股票发行者直接获得资金的市场。新股份公司的成立，老股份公司的增资，都要借助于发行市场销售股票来筹集资金，使资金从供给者手中转入需求者手中，也就是把居民储蓄、企业和社会闲散资金转化为投资，从而创造新的实际资产和金融资产，增加社会总资本和生产能力，以促进社会经济的发展，这就是股票发行市场的作用。

1. 股票发行市场的特点

(1) 无固定场所，可以在投资银行、信托投资公司和证券公司等处发生，也可以在市场上公开出售。

(2) 没有统一的发行时间。经国家证券管理部门批准后，股票发行者在规定的发行期间，根据自己的需要和市场行情走向自行决定何时发行。

2. 股票发行市场的构成

股票发行市场由三个主体因素相互联结而组成。这三者就是股票发行者、股票承销商和股票投资者。发行者的股票发行规模和投资者的实际投资能力，决定着发行市场的股票容量和发达程度。同时，为了确保发行事务的顺利进行，使发行者和投资者都能顺畅地实现自己的目的，承购和包销股票的承销商代发行者发行股票，并向发行者收取手续费用。这样，发行市场就以承销商为中心，一手联系发行者，一手联系投资者，开展股票发行活动。

3. 股票发行的方式

在各国不同的政治、经济、社会条件下，特别是金融体制和金融市场管理的差异使股票的发行方式也是多种多样的。主要有以下几种发行方式：

（1）根据发行的对象不同可分为公募发行与私募发行。

① 公募发行，又称公开发行，是指事先没有特定的发行对象，向社会广大投资者公开推销股票的方式。采用这种方式，可以扩大股东的范围，分散持股，防止囤积股票或被少数人操纵，有利于提高公司的社会性和知名度，为以后筹集更多的资金打下基础，也可增加股票的适销性和流通性。公开发行可以采用股份公司自己直接发售的方法，也可以支付一定的发行费用通过金融中介机构代理发行。

② 私募发行，是指发行者只对特定的发行对象推销股票的方式。通常在两种情况下采用：一是股东配股，又称股东分摊，即股份公司按股票面值向原有股东分配该公司的新股认购权，动员股东认购。这种新股发行价格往往低于市场价格，事实上成为对股东的一种优待，一般股东都乐于认购。如果有的股东不愿认购，他可以自动放弃新股认购权，也可以把这种认购权转让给他人，从而形成了认购权的交易。二是私人配股，又称第三者分摊，即股份公司将新股票分售给股东以外的本公司职工、往来客户等与公司有特殊关系的第三者。采用这种方式往往出于两种考虑：一是为了按优惠价格将新股份分摊给特定者，以示照顾；二是当新股票发行遇到困难时，向第三者分摊以求支持。无论是股东配股还是私人配股，由于发行对象是既定的，因此不必进行公募，这不仅可以节省委托中介机构的手续费，降低发行成本，还可以调动股东、员工及其他利益相关方的积极性，巩固和发展公司的公共关系。但缺点是这种不公开发行的股票流动性差，不能公开在市场上转让出售，而且也会降低股份公司的社会性和知名度，还存在被杀价和控股的危险。

（2）根据推销出售股票的方式不同，可分为直接发行与间接发行。

① 直接发行又称直接招股。是指股份公司自己承担股票发行的一切事务和发行风险，直接向认购者推销股票的方式。因直接发行要求发行者熟悉招股手续，精通招股技术并具备一定的条件，能否发行成功风险很大，所以目前这种方式已很少采用，只有一些实力雄厚，有把握实现巨额私募以节省发行费用的大股份公司才采用直接发行的方式。

② 间接发行又称间接招股，是指发行者委托证券发行中介机构出售股票的方式。股票在上市发行前，上市公司与股票的代理发行证券商签订代理发行合同，确定股票发行的方式，明确各方面的责任。股票代理发行的方式按发行承担的风险不同，一般分为包销发行方式和代理发行方式两种。

包销发行方式是由代理股票发行的证券商一次性将上市公司所发行的全部或部分股票承购下来，并垫支相当于股票发行价格的全部资本。由于金融机构一般都有较雄厚的资金，可以预先垫支，以满足上市公司急需大量资金的需要，所以上市公司一般都愿意将其新发行的股票一次性转让给证券商包销。如果上市公司股票发行的数量太大，一家证券公司包销有困难，还可以由几家证券公司联合起来包销。

代销发行方式是由上市公司自己发行，只委托证券公司代为推销，证券公司代销证券只向上市公司收取一定的代理手续费。

通过包销方式发行，虽然上市公司能够在短期内筹集到大量资金，以应付资金方面的急需。但一般对于包销的股票，证券承销商只按股票的一级发行价或更低的价格收购，从而使上市公司丧失了部分应有的收益。代销发行方式虽然相对于包销发行方式能或获得更多的资金，但整个筹资时间可能很长，使得上市公司不能及时得到自己所需的资金。

（二）股票流通市场

股票流通市场是已经发行的股票按时价进行转让、买卖和流通的市场，包括交易所市场和场外交易市场两部分。又称股票次级市场或二级市场。

1. 交易所市场

交易所市场是股票流通市场最重要的组成部分，也是交易所会员、证券自营商或证券经纪人在证券市场内集中买卖股票的场所，是二级市场的主体。具体说，它具有固定的交易所和固定的交易时间，接受和办理符合有关法律规定的股票上市买卖，使原股票持有人和投资者有机会在市场上通过经纪人进行自由买卖、成交、结算和交割。

2. 场外市场

场外市场又称柜台市场。它与交易所共同构成一个完整的证券交易市场体系。场外交易市场实际上是由众多证券商组成的抽象的证券买卖市场。在场外市场易市场内，每个证券商大都同时具有经纪人和自营商双重身份，随时与买卖证券的投资者通过直接接触或电话、网络等方式迅速达成交易。

3. 第三市场

第三市场是指原来在交易所上市的证券移到场外进行交易所形成的市场。因而它是场外市场的组成部分，即属于柜台市场范围。但近年来由于第三市场交易量增大，其地位日益提高，以至许多人都认为它实际上已变成独立的市场。

第三市场是 20 世纪 60 年代才开创的一种证券交易市场，是为了适应大额投资者的需要发展起来的。一方面，机构投资者买卖证券的数量往往以千万计，如果将这些证券的买卖由交易所的经纪人代理，这些机构投资者就必须按交易所的规定支付相当数量的佣金。机构投资者为了减少投资的费用，于是便把目光逐渐转向了交易所以外的柜台市场。另一方面，一些非交易所会员的证券商为了招揽业务，赚取较大利润，常以较低廉的费用吸引机构投资者在柜台市场大量买卖交易所挂牌上市的证券。此外，第三市场在一定程度上可以避免交易所市场因交易量巨大而引起价格的剧烈波动。上述的几方面因素相互作用才使第三市场得到充分的发展。

第三市场的交易价格原则上是以同种股票在交易所的收盘价为准。但相对于交易所交易来说，第三市场具有限制更少、成本更低的优点。这是因为：第三市场并无固定交易场所，场外交易商收取的佣金是通过磋商来确定的，因而使同样的股票在第三市场交易比在股票交易所交易的佣金要便宜很多，所以第三市场一度发展迅速。1975 年美国证券交易管理委员会取消固定佣金比率，交易所会员自行决定佣金，投资者可选择佣金低的证券公司来进行股票交易，美国第三市场的发展便有所减缓。

总之，第三市场交易属于场外市场交易，但它与其他场外市场的主要区别在于第三市场的交易对象是在交易所上市的股票，而其他场外交易市场主要从事未在交易所上市的股票的交易。

4. 第四市场

第四市场是投资者直接进行证券交易的市场。在这个市场上，证券交易由买卖双方直接协商办理，不用通过任何中介机构。同第三市场一样，第四市场也是适应机构投资者的需要而产生的。当前第四市场的发展仍处于萌芽状态。

二、债券市场

（一）债券发行市场

债券发行市场，即债券一级市场或原始市场，是指政府、金融机构、企业等资金需求者，为筹措资金而发行新债券，通过招投标或承销商将债券出售给投资人所形成的市场。它与股票发行市场类似，主要不同之处在于债券有发行合同书和债券信用评级两方面内容，同时由于债券需要还本付息，因而多了一个偿还环节。

1. 发行合同书

发行合同书，也称信托契据，是说明公司债券持有人和发行债券的公司双方权益的法律文件，由受托管理人（通常是银行）代表债券持有人监督合同书中各条款的履行。

2. 债券信用评级

债券信用评级大多是企业债券信用评级，是对具有独立法人资格企业所发行某一特定债券的按期还本付息的可靠程度进行评估，并标明其信用程度的等级。这种信用评级，是为投资者购买债券和证券市场债券的流通转让活动提供信息服务。国家财政发行的国库券和国家银行发行的金融债券由于有政府的保证，因此不参加债券信用评级。地方政府或非国家银行金融机构发行的某些有价证券，则有必要进行评级。

3. 债券的偿还

债券的偿还，一般分为定期偿还和任意偿还两种方式。前者比较简单，即发行时就明确偿还时间；后者是债券发行一段时间（称为保护期）以后，发行人可以任意偿还债券的一部分或全部。

（二）债券流通市场

债券流通市场，又称债券二级市场或债券次级市场，是指已发行的债券进行买卖、转让的市场。债券一经认购，即确立了一定期限的债权债务关系，但通过债券流通市场，投资者可以转让债权，实现债券变现的目的。债券发行市场和流通市场相辅相成，是互相依存的整体。发行市场是整个债券市场的源头，是债券流通市场的前提和基础。发达的流通市场是发行市场的重要支撑，流通市场的发达是发行市场扩大的必要条件。

根据债券流通市场的组织形式，与股票流通市场一样，债券流通市场又可进一步分为场内交易市场和场外交易市场，以及第三市场和第四市场几个层次。证券交易所是专门进行证券买卖的场所，如我国的上海证券交易所和深圳证券交易所。在证券交易所内买卖债券所形成的市场，就是场内交易市场，这种市场组织形式是债券流通市场的较为规范的形式，是债券流通市场的重要组成部分。在证券交易所申请上市的债券主要是公司债券，但国债一般不用申请即可上市，享有豁免权。然而，上市债券与非上市债券相比，大部分公司债券是在场外市场交易的，即债券场外交易市场是债券流通市场的主要形态。

目前，我国债券流通市场由三部分组成，即沪、深证券交易所市场，银行间债券交易市场和证券经营机构柜台交易市场。这三个市场相互独立，各有侧重点。在这三个市场中，证券经营机构债券市场刚刚起步，银行间债券市场和交易所债券市场正不断走向成熟。

至于债券流通市场的交易机制，与股票交易并无差别，只是由于债券的风险小于股票，其交易价格的波动幅度也较小。

本章小结

1. 金融市场是货币、资金融通和有价证券买卖的场所或总和。广义的金融市场包括货币市场、资本市场、外汇市场和黄金市场；狭义的金融市场仅指货币市场和资本市场。现代金融市场是商品市场发展到一定程度的必然产物，交易的对象是同质的货币资金，交易的目的具有融资与投资相结合的特点，通常是通过中介机构在无形市场中成交，金融商品的价格表现为资金借贷的利率。

2. 金融市场的构成要素包括：①交易主体，即金融市场的参与者，包括任何参与金融交易的居民个人、工商企业、各级政府、金融中介机构以及中央银行等。这些参与者担当的角色是有区别的，如从交易目的或动机分析，这些参与者可分为投资者（包括投机者）、筹资者、套期保值者、套利者、中介者、调控和监管者六大类。②交易客体，也就是交易对象，即金融商品或资产，亦称为金融工具，其实质是同质的货币资金。③交易价格即利率。通过市场机制作用，在一般情况下各种利率总体上呈现同方向的变化趋势。④交易方式。金融市场的交易方式一般有两种，即交易所交易和柜台交易（亦称店头交易）。

3. 金融市场可以按不同的标志进行分类。①按交易的期限不同可分为货币市场和资本市场；②按交易的中介特征不同可分为直接金融市场和间接金融市场；③按照交易的对象不同可分为同业拆借市场、票据市场、大额可转让定期存单市场、证券市场、黄金市场和外汇市场等；④按金融工具的发行和流通特性不同可分为初级市场和次级市场；⑤按交易的交割方式不同可分为现货市场与衍生市场；⑥按交易的场所不同可以分为有形市场和无形市场。

4. 金融工具，亦称为信用工具，是以书面形式发行和流通，用来证明金融交易金额、期限、价格等债权债务或所有权与使用权之间的权利义务关系的合法书面凭证或文件。它具有法律约束力，一般具有偿还性、流动性、风险性和收益性四个基本特征。目前，市场上主要的信用工具有票据、股票、债券和投资基金等。

5. 金融工具可按不同标志分类。①按期限不同金融工具可分为短期金融工具和长期金融工具；②按发行机构的特征不同，金融工具可分为直接金融工具和间接金融工具；③按对发行者要求的偿付权不同，金融工具可分为所有权凭证和债权凭证；④按流动性不同金融工具可分完全流动性金融工具和有限流动性金融工具。

6. 票据是由出票人无条件地承诺由自己或者委托他人向持票人支付一定金额的有价证券。广义的票据包括各种有价证券和商业凭证，如股票、股息单、国库券、发票、提单和仓单等，狭义的票据仅指汇票、本票和支票。

7. 股票是股份公司发给出资人的股份资本所有权书面凭证。它有三个主要特点：①不返还性；②风险性；③流通性。股票可以按不同的标准分类，但基本的种类是按股东的权利划分为普通股和优先股。

8. 债券是政府、金融机构、工商企业等机构直接向社会借债筹措资金时，向投资者发行的、承诺按一定利率支付利息并按约定条件偿还本金的债权债务凭证。债券的本质是债务证明书，具有法律效力。债券发行人为债务人，投资者（或债券持有人）为债权人。按发行主体不同债券可分为政府债券、金融债券和企业债券。

9. 证券投资基金是一种利益共享、风险共担的集合投资制度，它通过发行基金证券集中投资者的资金，交由基金托管人托管，由基金管理人管理，主要投资于股票、债券等金融工具。它的基本特征有：①专家理财。②组合投资，分散风险；③是一种间接的证券投资方式；④投资小、费用低；⑤流动性强，买卖程序非常简便。

10. 货币市场是指融资期限在一年以内（含一年）的短期资金交易市场。它具有期限短、风险小、流动性强的特点。货币市场一般包括银行同业拆借市场、票据市场、短期债券市场、回购协议市场和共同基金市场等。现在许多国家把银行短期存贷款也包括在货币市场的业务范围内。

11. 资本市场是指融资期限在一年以上的长期资金交易市场。它具有期限长、风险较大、流动性较差的特点。资本市场一般包括长期资金借贷市场、股票市场、债券市场、证券投资基金市场等。

思考与练习

一、名词解释

金融市场　金融工具　票据　银行本票　银行汇票　商业汇票　商业承兑汇票　银行承兑汇票　支票　同业拆借　股票　优先股　普通股　债券　国库券　企业债券　金融债券　证券回购协议　投资基金　货币市场　资本市场

二、简答题

1. 如何理解金融市场的特征？
2. 金融市场的构成要素有哪些？
3. 金融市场主要有哪些分类？
4. 金融市场的功能有哪些？
5. 金融工具的基本特征是什么？它有哪些分类？
6. 什么是票据？目前我国有哪些票据？
7. 股票与债券的主要区别是什么？
8. 简述证券投资基金的特点。
9. 货币市场的特点是什么？它有哪些构成内容？
10. 资本市场的特点是什么？它有哪些构成内容？

第四章　金融机构与金融机构体系

本章要点：

本章主要介绍金融机构与金融体系相关的基础知识和基本理论。讲述金融机构的含义与分类，以及设立金融机构的必要性和重要意义；介绍以银行为主体的多种金融机构，阐述金融体系的构成及其中银行、非银行金融机构的性质和职能。

学习目标：

- 掌握金融机构的含义与分类
- 掌握各种金融机构的性质与职能
- 了解金融机构体系的构成
- 了解我国金融机构体系的形成、发展与演变
- 了解国际金融机构体系的构成

基本概念：

银行机构　非银行金融机构　政策性银行　保险公司　证券公司　信托投资公司　财务公司　国际货币基金组织　世界银行集团

随着我国金融改革的不断深化，以银行为主体的多元化金融机构体系逐渐形成，在国民经济中发挥着至关重要的作用。在此背景下，了解各种金融机构的性质与职能，以及金融机构体系的发展与演变，更凸显其重要性。

第一节　金融机构的含义与分类

在现代经济背景下，金融机构是开展金融业务的主体，这就要求我们了解各种金融机构的具体含义与特点。

一、金融机构的含义

金融是各种融通资金活动的总称，其中包括货币流通、信用活动以及与之相关的各种经济活动。与此相应，金融机构一般是指经营货币与信用业务，从事各种金融活动的组织机构。

银行是现代金融业的代表机构，也是现代金融机构中的主体。随着社会经济的发展变化，银行也在不断发展变化。早期的银行主要是存款银行，即吸收存款、发放贷款，为客户办理结算汇兑的银行，这类银行通称为商业银行。在商业银行之外，又出现了专门吸收长期资金（主要以债券形式），发放长期投资贷款的银行，即投资银行。随着社会分工的发展，要求有专门为某种产

业、行业或某项专业金融业务提供服务的专业银行，如农业银行、外汇银行、储蓄银行等。随着银行和非银行金融机构的发展，金融活动越来越复杂，对社会经济发展的影响越来越大。因此，需要把某些金融业务集中起来加以管理，如对银行业和其他金融业根据国家利益、社会整体利益或宏观利益需要进行监督管理。于是，在众多银行之上成立了中央银行，中央银行成为唯一货币发行银行、银行的银行和政府的银行。逐渐形成了包括商业银行、专业银行、投资银行、中央银行在内的较完整的银行体系。

除了银行之外，根据经济发展的需要，还逐渐建起了许多其他的金融机构。这些机构主要包括：信托投资公司、证券公司、证券交易所、信用合作社、保险公司、租赁公司、各种基金会、财务公司等。

二、金融机构的分类

（一）银行类金融机构与非银行类金融机构

1. 银行类金融机构

银行类金融机构是对经营货币和信用业务的银行机构的总称，主要从事存款、贷款和结算业务。银行类金融机构按照其在经济中的功能可划分为商业银行、中央银行、专业银行三种类型。商业银行是办理各种存款、放款和汇兑业务的银行，且是唯一能接受活期存款的银行。中央银行是在商业银行的基础上发展形成的，是一国的金融管理机构，被称为“发行的银行”、“国家的银行”、“银行的银行”。专业银行是集中经营指定范围业务并提供专门性金融服务的银行，包括：投资银行、不动产抵押银行、开发银行、储蓄银行、进出口银行等。现代银行制度中，中央银行处于核心地位，商业银行居主导地位，其他专业银行仍然有存在和发展的余地。此外，在我国按银行业务的地域划分可分为全国性银行和地方性银行；按资本来源划分可分为股份制银行、合资银行、独资银行。

2. 非银行金融机构

非银行金融机构主要包括：保险公司、信用合作社、消费信用机构、证券公司、财务公司、信托投资公司、租赁公司等。非银行金融机构是整个金融体系的重要组成部分，其发展状况是衡量一国金融体系是否成熟的重要标志之一。

金融体系的分工与组成也是在不断变化的。长期以来大多数国家的金融机构体系中，商业银行与非银行金融机构有较明确的业务分工，如美国、英国等国家在20世纪30年代后开始采用的分业经营模式，就是以长短期信用业务分离，一般银行业与信托业务和证券业务分离为特点。80年代以来，由于金融创新的大量涌现，商业银行和非银行金融机构的上述区别已日益模糊，非银行金融机构已越来越多地介入银行服务的领域，从而与银行展开了更为直接的竞争。而银行也正向自由化、综合化方向发展，普遍经营证券业务、信托业务、保险业务、代理业务等。金融机构的分业经营模式逐渐被打破，各种金融机构的业务不断交叉，原有的差异日趋缩小，综合性经营与多元化发展的趋势日益明显，但直到现在仍没有消除银行和非银行金融机构的分工。

（二）存款性金融机构和非存款性金融机构

为达成中介的功能，金融机构通常发行各种证券，如定期存单、保险单等，以换取资金。因为各种金融机构所发行证券的差异很大，因此，经济学家即以这些差异作为对金融机构分类的依据。一般而言，发行货币性证券如存折、存单等的金融机构称为存款性金融机构，而这些由存款性金融机构发行的证券不但占存款性金融机构负债的大部分，一般而言，也是属于货币供给的一部分；至于非存款性金融机构所发行的证券如保险单等，则占非存款性金融机构负债的大部分，而且这些证券也不属与货币供给的范围。

存款性金融机构是主要依靠吸收各类存款作为资金来源的金融机构，包括商业银行、储蓄银行、信用合作社等；非存款性金融机构是指以接受资金所有者根据契约规定缴纳的非存款性资金为主要资金来源的金融机构，包括保险公司、投资银行、养老基金会、金融公司等。

（三）营利性金融机构和政策性金融机构

金融活动是在经济发展或运行中自然产生的，开始产生的金融机构都是为了盈利而经营货币与信贷。后来随着商品经济的发展，金融机构发生了分化，大部分金融机构活动的目的仍然是为了盈利，但有的金融机构已为国家所控制，作为干预和调节经济活动的杠杆了。这些由国家控制的金融机构，有的完全不以盈利为目标，有的则在盈利中为国家担负着一定的经济调控任务。政策性金融机构是指那些专门从事政策性金融活动，支持政府发展经济，促进社会全面进步，配合宏观经济调控的金融机构。主要具有如下特征：经营目标是实现政府的政策目标；资金主要来自国家预算拨款、在国内发行金融债券和发行国外债券等；资金运用以中长期贷款为主；贷款重点是政府产业政策、社会经济发展计划中重点扶植的项目。

第二节 金融机构体系

金融机构体系是指一国金融机构按照一定的结构形成的整体。现代金融机构十分复杂，金融机构体系如何划分没有一个统一的标准。本节按银行和非银行两类金融机构，简要介绍一下它们的体系结构及各种机构的基本职能。

一、银行类金融机构

现代银行种类繁多，名称各异，概括起来主要有中央银行、商业银行、投资银行、专业银行、政策性银行等几类。

（一）中央银行

中央银行是一国金融机构的核心和领导，它集中全国的货币发行，执行国家的货币金融政策，集中经营性银行和其他金融机构的支付准备，对经营性银行等进行资金支持，故中央银行又被称为货币发行银行、政府的银行和银行的银行。

中央银行因为地位和作用比较特殊，故在银行体系中自成一类，但大多数国家的中央银行都是集中和单一制的，即一国只有一家这种银行。个别国家也采取复合制度，如美国设有 12 家联邦储备银行，都起中央银行作用，在其上设有联邦储备委员会。中央银行在各国金融业管理及国家宏观经济、金融调控上都起到重大作用。

（二）商业银行

传统的商业银行也称存款银行或存款货币银行，它是各国金融体系中的骨干力量。这类银行由于集中了社会上工商企业绝大部分的活期存款，有些国家的商业银行还集中了定期存款和居民储蓄作为自身放款的资金来源，同时起着创造存款货币的作用，故被称为存款货币银行。

商业银行在各国银行体系中机构数量最多，业务量最大，始终处于其他金融机构所不能代替的重要地位，在社会经济运转中发挥着特别重要的作用。

一般意义上讲，商业银行的组织形式主要有单一银行制、分支行制、控股公司制和跨国银行制等。

（三）投资银行

投资银行是专业银行的一种，之所以把它从专业银行中分立出来，主要是与商业银行相对应。投资银行是专门经营长期投资业务的银行。投资银行不能办理传统的商业银行业务，也不同于信托投资公司或投资公司。

商业银行到目前为止，仍然以吸收企业短期存款，发放短期贷款，为企业日常生产和商业活动服务。与商业银行截然不同的是，投资银行是对工商企业办理长期投资、长期贷款、包销或代销其发行的有价证券业务的专业银行，这类银行又称"长期投资信贷银行"。这类银行有各种各样的形式和名称。主要有：投资银行、长期信贷银行、金融银行、实业银行、开发银行、证券公司、持股公司等。

投资银行在19世纪后期即已出现，而且很快成为银行体系的新环节。其原因主要是因为随着生产发展对投资需求的急剧扩大，同时西方国家货币资本积累也日渐增多，形成强大的资本力量。投资银行的出现为使工业资本和银行资本更好地结合起来提供了一个有力的工具。

投资银行的资金主要来源于发行自己的股票和债券，一般不吸收存款，有的国家准许投资银行吸收存款，也只能吸收定期存款。另外，投资银行也可以从其他金融机构或其他渠道筹资，但只是辅助性的资金来源。投资银行的主要业务包括：①对工商企业的股票和债券进行直接投资；②对工业公司提供长期贷款；③包销或代理发行工商企业新股票和债券；④参与企业的创建和改造活动；⑤包销本国政府和外国政府的公债券等。此外，有的投资银行也兼营一些短期贷款业务和其他业务。

（四）专业银行

随着社会分工的发展，要求银行必须具备某一方面的专门知识和专门职能，为社会提供专门的金融服务，于是从事专门性金融业务的银行就应运而生。专业银行是指专门从事某项金融业务和提供专门金融服务的银行机构。这类银行一般都有自己特定的客户。专业银行按其服务对象和借贷资金运动特点的不同，可划分为许多种，如开发银行、储蓄银行、不动产抵押银行、农业银行、进出口银行及外汇银行等，下面简要介绍几种：

1. 储蓄银行

储蓄银行是专门吸收居民储蓄存款，并以此为资金来源为居民个人提供金融服务的银行。具体来说其业务主要包括：为居民提供消费信贷和其他贷款；在可靠的债券市场投资，如购买国债等。

储蓄银行与一般银行所经营的储蓄业务不同，各国一般都有专门的管理法律，旨在保护小额储蓄人的利益，同时也限制其所集聚的资金的投资方向。

2. 抵押银行

抵押银行，又称不动产抵押银行，是专门经营以土地、房屋及其他不动产为抵押的长期贷款的专业银行。

抵押银行的资金主要来源于发行不动产抵押证券筹资，吸收存款不是其主要资金来源。抵押银行的资金运用主要有两个方面：①以土地为抵押的长期贷款，贷款对象主要是土地所有者或购买土地者;②以城市不动产为抵押的长期贷款,贷款对象主要是房屋所有者或建筑业的经营者。此外,有些抵押银行还经营以股票、债券和黄金为抵押的贷款业务。

因目前各国商业银行大量经营不动产抵押贷款业务,致使很多贷款银行除经营抵押贷款业务以外,也开始涉足一般信贷业务。

3. 开发银行

开发银行是专门为满足经济建设长期投资需要而设立的专业银行。开发银行开展的投资具有开发性特征,即投资数量大、周期长、见效慢、风险大,一般商业银行不愿承担,有时也无力承担。所以开发银行多为政府创办,不以营利为目的,经营那些社会效益显著而经济效益难以预料的工程投资项目,如新经济区的基础设施建设、新产业开发、全国性公共设施的建设等。有些国家把开发银行划分为政策性银行。

(五)政策性银行

政策性银行是政府创办的以扶持特定的经济部门或促进特定地区经济发展为主要任务、在特定的行业领域从事金融活动的专业银行。政策性银行的资金主要来源于创办时的财政拨款以及发行的债券或吸收的定期存款。政策性银行的经营一般不以盈利为目的。根据各国实际情况不同,政策性银行的种类也有所不同,一般意义上的政策性银行主要包括农业银行和进出口银行。

1. 农业银行

农业银行是指在政策指导和资助下设立的专门经营农业信贷业务的银行。因为农业受自然因素影响大,农业部门担保和收益能力都较低,农户分散,资本需求的期限长且具有季节性,这些都决定了农业信贷的特征,即期限长、收益低、风险性大。因此一般商业银行和其他金融机构都不愿经营农业信贷业务,从而使农业信贷具有了政策性金融的性质,需要由政府设立专门的金融机构为之服务。目前,世界上许多国家均设有农业政策性银行,如美国的联邦土地银行、法国的农业信贷银行、德国的农业抵押银行、日本的农林渔业金融公库以及我国的农业发展银行等。

2. 进出口银行

进出口银行是政府为支持本国对外贸易而专门设立的经营对外贸易信用业务的专业银行。由于国际贸易领域中竞争十分激烈,为了增强本国企业在进出口业务中的竞争优势,特别是为本国商品的出口提供信贷服务,许多国家设立了为从事对外贸易活动的企业提供资金和信息服务的进出口银行。它是政府通过金融渠道支持进出口贸易以及加强国际间金融合作的手段和方式,因此在经营方针、贷款利率等方面具有较强的政策性融资特征,如美国的进出口银行、日本的输出入银行、法国的对外贸易银行以及我国的进出口银行等。

除上述银行机构以外,在各国的银行体系中还有来自于国外的外资(合资)银行。随着金融业的全球化的不断推进,外资银行已成为各国银行体系中的重要组成部分。

二、非银行金融机构

20世纪80年代以来,随着各国金融自由化进程的加快,非银行金融机构的发展非常迅速,在金融体系中,非银行金融机构的重要性和地位不断提升。非银行金融机构主要包括保险机构、投资信托机构、养老或退休基金会、租赁公司、信用合作社等。

(一)保险机构

保险是以社会互助的形式，对因各种自然灾害和意外事故造成的损失进行补偿的一种方式。保险公司是指依法成立的、专门经营各种保险业务的金融机构。保险公司主要是依靠投保人缴纳保费和发行人寿保险单等方式筹集资金，对发生意外灾害和事故的投保人予以经济补偿，是一种以经济补偿为特征的特殊信用融资方式。保险公司筹集的资金除保留一部分以应付赔偿所需外，其余部分主要投向有稳定收入的政府债券、企业债券和股票，以及发放不动产抵押贷款、保单贷款等。在一些西方国家，如美国，保险公司的资金已成为借贷资本市场上最大的资金来源之一。在现代信用经济中，保险公司已成为一种重要的金融机构，经常在长期资金市场上投资，成为重要的机构投资者。

在市场经济发达国家，保险业也十分发达，所以保险公司的机构种类和数量也很多，业务种类也较为复杂，可按不同的标准进行分类。按保险标的的不同，可分为财产保险和人身保险两大类，其中财产保险又包括财产损失保险、责任保险、信用保险等，人身保险又包括人寿保险、健康保险、意外伤害保险等。此外，按保险人是否承担全部责任，可分为保险和再保险；按保险经营的性质，可分为社会保险和商业保险；按保险实施方式，可分为自愿保险和强制保险。

保险公司形式很复杂，主要有以下几种：

1. 国有(营)保险公司

这类公司是由国家投资经营的保险公司，它既是保险业的经营机构，又是国家保险事业的管理机构。它往往是办理国家强制保险或某种特殊保险，以达到社会经济保障的目的。

2. 股份制保险公司

这是多数国家保险经营机构的主要组织形式。具体可分为两种情况：一是私人股份制保险公司，这是主要形式，在美国90%以上的人寿保险公司是以股份公司形式组织起来的；二是公私合股保险公司，即由国家和私人共同投资经营。

3. 合作保险公司

合作保险公司也称互济公司，是指保险需要者采取互助合作的形式来满足全体成员对保险保障的需求。这类公司按其经营方式，可分为摊收保费制和永久保险制等类型。在美国，最大的保险公司是以合作形式组织而成的。

4. 自保险公司

自保险公司是指某些大企业集团为节省保费、减少或免除税负而设立的旨在为本系统内提供保险服务的保险公司。

5. 个人保险公司

个人保险公司即以个人名义承担保险业务，目前只在英国盛行。

(二) 信托机构

信托是指财产的所有者(自然人或法人)为本人或他人的利益，将其财产交与受托人，委托受托人根据一定的目的对财产作妥善的管理和有利的经营的一种经济行为。其运作的基本程序是：委托人依照契约的规定，为自己或第三者(受益人)的利益，将财产的权利转让给受托人，由受托人依据谨慎人原则(即像一个小心谨慎的人处理自己的财产那样)占有、管理和使用信托财产，并处分其收益。信托公司则是以资金及其他财产为信托标的，根据委托者的意愿，以受托人的身份管理及运用信托资产的金融机构。信托公司受委托人的委托，为受托人的利益管理、支配信托财产。经营风险由委托人或受益人承担，收益一般归受益人，公司收取手续费。由于信托公司在经营信托业务的过程中，表现出来的突出特征在于其投资性，而且信托投资、委托投资等属于信托公司的传统业务，所以一般的信托公司又都称为信托投资公司。

信托公司的业务主要分为货币信托和非货币信托两大类。货币信托包括：信托贷款、养老金信托、有价证券信托投资、养老金和投资基金信托、其他货币信托等。非货币信托包括；有价证券信托、债券信托、不动产信托、动产信托、担保权信托等。此外，信托公司为了吸引中小投资者的投资，往往设立多种基金。

除信托业务外，一般国家的信托公司还兼营银行业务，大多数国家的信托公司兼营信托之外的其他服务性业务，如财产保管、不动产买卖及货币借贷的中介，公债、公司债及股票的募集，债款、息款及税款的代收代付，股票过户等。

（三）信用合作社

信用合作社是由个人集资联合组成，以互助为主要宗旨的合作金融组织。信用合作社成员之间一般具有共同联系的基础，如同属于某一社会团体、同为某一公司雇员、居住在同一地区等。目前，这类机构的规模一般仍不大，但数量众多，分布广泛，种类多样。

信用合作社是一种互助合作性金融组织，在发达的市场经济国家普遍存在。信用合作社一般可分为农民信用合作社和城市手工业者信用合作社。信用合作社一般规模不大，其资金主要来源于合作社成员所交纳的股金和吸收的存款，其贷款主要以信用合作社的成员为对象。最初信用合作社主要发放短期生产贷款和消费贷款，目前一些较大的信用合作社已开始为解决生产设备更新、技术改造等提供中长期贷款，并逐步采取了以不动产或有价证券为担保的抵押贷款方式。

（四）租赁公司

租赁公司是通过购买大型设备再将该设备以租赁的形式出租给需要使用设备的企业的一种金融中介机构。这种金融运作方式具有灵活融通资金、成本较低且可以获得税收上的一些优惠等特点，是非银行金融机构中的一个重要组成部分。

按国际通行的划分标准，租赁业务分为融资租赁、经营租赁及综合租赁三大类。融资租赁是指当企业需要添置某些设备而又缺乏资金时，由出租人代其购进或租进所需设备，然后再出租给承租单位使用的租赁方式，其具体形式有直接购买租赁、回租租赁、转租赁和杠杆租赁四种。经营租赁又称操作性租赁或服务性租赁，是通过为承租方提供临时性使用的租赁物件来获得资金收入，其特点是：租赁物件的保养、维修、管理等工作归出租方负责；承租人提前通知后，可以中途解约；出租人由于承担经营风险，租金一般较高。综合性租赁是租赁与合资经营、补偿贸易、来料加工和产品的返销等贸易方式相结合，由承租人以产品偿付租金的租赁方式。

（五）基金组织

基金组织是指筹集、管理、运用某种专门基金的金融机构。基金组织起源于19世纪的英国，盛行于20世纪，特别是第二次世界大战后以来的美国。目前，世界各国，尤其是主要西方国家，基金组织是其现代金融机构体系的重要组成部分。比较重要的基金组织主要有三类，即养老（退休）基金组织、共同基金组织和货币市场互助基金。

1. 养老（退休）基金组织

养老（退休）基金组织是一种向参加养老计划者以年金形式提供养老金的非银行金融机构，其资金来源主要是雇主或雇员交纳的退休基金及其投资收益。养老（退休）基金的投资运用主要是投资于有价证券,如政府债券、企业债券、金融债券、股票等,另外也可用于委托投资。

2. 共同基金组织

共同基金组织也可称为投资基金组织或投资公司,它是一种间接的金融投资机构或工具,在不同的国家也有不同的称谓,如在美国称为共同基金、互助基金或互惠基金,在英国称为单位信托基金,在日本、韩国则称为证券投资信托基金等。它是一种收益共享、风险共担的金融投资机构或工具。其运作方式是通过发行基金单位集中许多小投资者的资金投资于多种有价证券,投资者按投资的比例分享其收益并承担相应的风险。其优势是:投资组合、分散风险、专家理财、规模经济。由于共同基金具有多种投资功能,可以用来积累个人财富,可以作为价值储藏的工具,同时也是一种追求高收益的手段。参加共同基金投资的最低金额一般都不是很高,所以极受小投资者的欢迎。共同基金具有的独特优势,使其在市场经济发达的国家发展十分迅速。

3. 货币市场互助基金

货币市场互助基金是在美国出现的一种新型基金组织,它既具有一般共同基金组织的特征,又在一定程度上发挥着存款机构的功能。像大多数共同基金一样,它依靠出售股份获取资金,然后把资金投资于既安全又富有流动性的货币市场金融工具,如短期国债等,再把这些资产的收益付给股份持有者。货币市场共同基金的一个关键特征是,股份持有者可以根据他们的股份持有额的价值来签发支票。基金股份就如同支付利息的支票存款,只是在签发支票的特权方面有些限制,如通常签发支票金额不得低于一个规定的下限,如500美元。最初开设账户时,还要求存入相当数量的资金。

(六) 金融(财务)公司

金融公司也称财务公司,是指以经营消费信贷及工商企业信贷为主的非银行金融机构。其业务主要有发放贷款、投资、经营耐用品租赁或分期付款的销货业务。其资金来源有:向银行借款,出售商业票据,推销企业股票、债券和发行本公司证券(大额存款证),多数金融公司还接受定期存款。金融公司是近几年发展最快的金融机构,发达国家的金融公司在发放消费信贷方面占有重要位置。

除以上所述的几种机构以外,非银行金融机构还包括资产管理公司、消费信贷机构、邮政储蓄机构及典当行等。

第三节　我国金融机构体系的发展与演变

随着我国经济体制改革的不断深化,金融机构的体系构成也随着时代的变迁经历了深刻的变化,下面主要介绍新中国成立以来我国金融机构体系的发展与演变。

一、计划经济时期"大一统"的金融机构体系

在完成生产资料社会主义改造后,我国照搬苏联模式建立了高度集中的计划经济体制。与此相适应,金融机构也按照当时苏联的银行模式进行了改造,撤销、合并了除中国人民银行以外的其他银行及非银行金融机构,建立了高度集中统一的国家银行体系,即后来所谓的"大一统"的银行体系。

"大一统"的银行体系中,中国人民银行是全国唯一的一家银行,它的分支机构按行政区划设于全国各地,它既是金融行政管理机关,又是具体经营银行业务的经济实体,"一身兼二任";同时

实行高度集中的信贷管理体制，信贷资金统收统支、集中管理。

“大一统”的银行体系是高度集中的计划经济体制的必然产物。它适应了计划经济管理的要求，尤其在第一个五年计划期间和20世纪60年代初发挥了应有的作用。但是这种金融体系缺乏活力，其弊端随着经济体制的转变而暴露无遗。所以，党的十一届三中全会以后，为适应我国经济体制改革的需要，我国对“大一统”的银行体系进行了大规模的改革。

二、金融机构体系的改革

我国对金融机构体系的改革大致可分为以下几个阶段：

（一）建立多元化的金融机构体系

1. 恢复和设立各银行机构

1979年2月，我国恢复了中国农业银行，由其专营农村金融业务，同年从中国人民银行中分设出专营外汇业务的中国银行，中国人民建设银行（现中国建设银行）也从财政部分设出来。1984年，从中国人民银行中分设出中国工商银行，专营全部工商信贷业务和城镇储蓄业务。1986年重新组建交通银行。

2. 增设非银行金融机构

1979年10月，我国成立中国国际信托投资公司；1981年2月，成立中国投资银行；1982年，中国人民保险公司从中国人民银行中独立出来；1984年以后，全国各大中城市相继成立城市信用合作社，还恢复了集体所有制性质的农村信用合作社。1990年和1991年上海和深圳证券交易所相继建立之后，证券机构和基金组织不断增加。

3. 中国人民银行成为中央银行

1983年9月，国务院决定中国人民银行专门行使中央银行的职能，脱离具体的银行业务，成为独立的国家金融管理机关。这一改革是我国金融机构体系的重大变革，标志着以中央银行为领导、多种银行和非银行金融机构并存的多元化金融体系开始建立并逐步发展起来。

（二）现代金融体系的建立

从1994年开始，为适应社会主义市场经济发展的需要，我国对金融机构体系进行了深化改革：一是强化了中央银行的宏观调控职能，加强了货币政策的独立性；二是建立政策性银行，使得政策性金融和商业性金融相分离，保证了国家专业银行实现完全商业化经营，完成其向国有商业银行的转轨，直至完成国有商业银行的股份制改造；三是进一步发展以保险业为代表的非银行金融机构，同时从1996年起对外资银行有限地开放人民币业务，直至2007年全部放开，外资银行开始成为我国金融机构体系的组成部分。

经过上述改革，我国建立起了以中央银行为领导、国有独资商业银行为主体、多种金融机构并存的、适应市场经济发展需要的现代金融体系。

三、我国现行的金融机构体系

我国现行的金融机构体系由中央银行、商业银行、政策性银行、非银行金融机构及在华外资金融机构等构成。

（一）中央银行

中国人民银行是我国的中央银行，是我国金融机构体系的核心，其具体职责主要有：发布与履行其职责有关的命令和规章；监督管理银行间同业拆借市场和银行间债券市场；发行人民币，管理人民币流通；依法制定和执行货币政策；实施外汇管理，监督管理银行间外汇市场；监督管理黄金市场；持有、管理、经营国家黄金、外汇储备；经理国库；维护支付、清算系统的正常运行；负责金融业的统计、调查、分析和预测；指导、部署金融业反洗钱工作，负责反洗钱的资金监测；作为国家的中央银行，从事有关的国际金融活动；负责国务院规定的其他职责。2003 年，我国成立了中国银行业监督管理委员会，负责对全国银行业金融机构及其业务活动监督管理的工作。

中国人民银行的分支机构根据总行的授权履行各自的职责。1998 年底，中国人民银行改变了过去按行政区划设置分支机构的做法，重新按经济区划在全国设立上海、广州、济南、南京、武汉、沈阳、西安、天津、成都九大分行及中国人民银行营业管理部和重庆营业管理部，并于 2005 年设立了中国人民银行上海总部，这种分支机构设置的改革有利于按经济发展需要实施中央银行的宏观调控职能。

（二）商业银行

国有控股商业银行是我国金融机构体系的主体，包括中国工商银行、中国银行、中国建设银行、交通银行。目前国有控股商业银行无论在人员总数、机构网点数量，还是在资产规模及市场占有份额上都在我国整个金融领域中处于绝对的优势地位。截至 2007 年止，我国国有控股商业银行都已成功上市，国有独资的中国农业银行也在筹备上市，使其真正成为现代意义上的商业银行。

我国还有全国性和地方性的股份制商业银行。全国性的股份制商业银行可在全国设立分支机构并开展经营业务，如中信银行、中国光大银行、华夏银行等。地方性的股份制商业银行是指在一定区域范围内经营金融业务的商业银行。一些原有的地方性股份制商业银行因经营规模扩大，超出了经营地域的界限逐渐转为全国性的股份制商业银行，如广东发展银行、深圳发展银行、兴业银行、招商银行、上海浦东发展银行等。从 1998 年起，由城市信用社合并成立的城市合作银行陆续改组为城市商业银行，成为由城市企业、居民和地方财政投资入股组成的地方性股份制商业银行，构成我国地方性股份制商业银行的主体。

（三）政策性银行

1994 年，本着政策性金融和商业性金融相分离的原则，我国设立了三家政策性银行，即国家开发银行、中国农业发展银行和中国进出口银行。专门从事原中国建设银行、中国农业银行和中国银行的政策性业务。

1. 国家开发银行

国家开发银行成立于 1994 年 3 月，其主要任务是筹集、引导境内外资金，向国家基础设施、基础产业和支柱产业的大中型基本建设和技术改造等政策性项目及其配套工程发放贷款。

2. 中国进出口银行

中国进出口银行成立于 1994 年，其主要职责是为扩大我国机电产品、成套设备和高新技术产品出口，推动有比较优势的企业开展对外承包工程和境外投资，促进对外关系发展和国际经贸合作，提供政策性金融支持。中国进出口银行也发行政策性金融债券。除此之外，它还可以从国际金融市场上筹集资金。

3. 中国农业发展银行

中国农业发展银行成立于 1994 年，其主要资金来源是中国人民银行的再贷款，并发行少量的金融债券。其主要任务是以国家信用为基础，筹集农业政策性信贷资金，承担国家规定的农业政策性和经批准开办的涉农商业性金融业务，代理财政支农资金的拨付，为农业和农村经济发展服务。

（四）非银行金融机构

1. 保险机构

改革开放以来，我国的保险业得到了迅猛发展，机构数量不断增加。1988 年以前，我国的保险业由中国人民保险公司独家经营。1996 年，中国人民保险公司改建为中国人民保险集团，简称中保集团。1998 年，中保集团宣布撤销，旗下原有的三家全资子公司独立为中国人民保险公司、中国人寿保险公司、中国再保险公司。随着我国保险业的发展和保险市场的主体逐渐增加，中国太平洋保险公司、中国平安保险公司、华泰财产保险有限公司、新华人寿保险有限公司、泰康人寿保险有限公司及一些外资保险公司不断加入进来。

为加快发展，我国国有保险公司明确了进行股份制改革的方向。2003 年 7 月 19 日，中国人民保险公司率先完成了股份制改革，成立中国人民保险集团公司，下设中国人民财产保险股份有限公司（简称中国人保财险）、中国人保资产管理股份有限公司、中国人民健康保险股份有限公司等数家公司。中国人保财险于 2003 年在香港上市。人寿保险公司也重组为中国人寿保险（集团）公司，旗下的中国人寿保险股份有限公司已在纽约、香港、上海三地上市。中国再保险公司也已完成股份制改革，组建了中国再保险（集团）公司，下设中国财产再保险股份有限公司等多家公司。

现今，我国的保险市场已初步形成了国有控股商业保险公司为主，中外保险公司并存，多家保险公司竞争的新格局。

2. 证券机构

证券公司是专门从事有价证券买卖的金融机构，它受托办理股票、债券的发行业务，受托代理单位及个人的证券买卖，也可自己从事有价证券的买卖活动。按照《中华人民共和国证券法》（简称《证券法》）的规定，证券公司可经营的业务范围是：证券经纪业务；证券投资咨询；与证券交易、证券投资活动有关的财务顾问；证券承销与保荐；证券自营；证券资产管理；其他证券业务。

随着我国国有企业股份制改造及众多公司的上市需要，证券公司将会得到迅速的发展。目前，我国已上市的证券公司有中信证券、海通证券等公司。

3. 信托机构

改革开放以来，信托业虽然得到了较快的发展，但存在着功能定位不清、发展方向不明等不规范问题。1998 年，中国人民银行对信托业进行了全面的清理整顿，规范后的信托投资公司主要经营资金、动产、不动产信托，基金管理及兼并重组，企业财务顾问等业务。信托投资公司以手续费、佣金等为主要收入来源，从而使信托真正成为受人之托、代人理财的非银行金融机构。2001 年《中华人民共和国信托法》的施行为我国信托机构的发展打下了较好的法律基础。

由于经营范围的广泛性，产品种类的多样性，经营手段的灵活性和服务功能的独特性，信托机构可以全方位满足各类市场需求，具有较明显的综合优势，信托公司在中国将有较广阔的发展空间。

4. 财务公司

当代发达国家的财务公司一般以消费信贷、企业融资和财务、投资咨询等业务为主。我国的财务公司一般是由企业集团内部集资组建的，为企业集团内部提供融资服务，其主要业务有存款、贷款、结算、票据贴现、融资性租赁、代理发行有价证券等。我国目前的财务公司有数十家，如华能集团财务公司、中石化工财务公司、中国有色金属工业总公司财务公司等。因我国目前的财务公司业务限定于企业集团内部，所以在非银行金融机构体系中并不占有重要位置。

除以上机构以外，我国还存在其他一些非银行金融机构，如金融租赁公司、邮政储蓄机构及专门处理银行不良资产的金融资产管理公司等。

（五）在华外资金融机构

随着改革开放的不断深入，外资金融机构已逐步进入我国。在华外资金融机构的数量及业务规模不断扩大，已成为我国金融机构体系的重要组成部分。尤其在我国加入 WTO 以后，外资金融机构更多地进入我国，并在促进我国金融业竞争与发展、支持中国经济建设等方面发挥重要作用。

目前，在我国境内设立的外资金融机构主要分为两类：一类是外资金融机构在华的代表处，进行工作洽谈、联络、咨询、服务等，不从事任何直接营利性业务活动。另一类是外资金融机构在华设立的营业性机构，包括独资银行、外国银行分行、合资银行、外资非银行金融机构等。这些外资金融机构经办的业务范围将根据我国加入 WTO 的有关协议加以拓展，我国已取消外资法人银行经营人民币业务的地域和业务范围限制，最终经过过渡期，外资银行将享有与中资银行同等的国民待遇，而且外资非银行金融机构也将在其经营的业务领域内享受国民待遇，外资金融机构在规模、体制、数量上将得到更快的发展。

第四节　国际金融机构体系

随着经济全球化的进程加剧，国际金融机构在国际经济和国际金融领域中将发挥更为重要的作用。形成了以国际货币基金组织为核心，以世界银行集团为主，区域性国际金融机构并存的体系。

一、国际货币基金组织

（一）国际货币基金组织的建立

在第二次世界大战即将结束时，英、美等国家为了整顿、重建战后世界经济，感到世界各国的合作是十分必要的。因此，1944 年 7 月，在英、美等国策划下，美、英、中、苏、法等 44 个国家在美国新罕布什尔州的布雷顿森林召开了联合国货币与金融会议。在这次会议上，决定成立国际货币基金组织（International Monetary Fund，IMF）与国际复兴开发银行。1945 年 12 月 IMF 正式成立，1947 年 3 月正式开始办理业务。截至 2007 年 1 月，IMF 共有成员国 185 个。按照规定，一个国家（或地区）只有首先成为 IMF 的会员，才有资格成为世界银行集团的会员。我国是 IMF 的创始国之一，并于 1980 年 4 月 17 日正式恢复了在 IMF 的合法席位。

（二）国际货币基金组织的组织机构

IMF 的机构是由理事会、执行董事会、总裁和若干业务职能机构组成。IMF 的最高权力机构是理事会，理事会的主要职能是接纳新会员、决定或调整会员国的份额、分配特别提款权及其处理国际货币制度的重大问题。理事会下设执行董事会。执行董事会是 IMF 负责处理日常事务的常设机构，总裁由执行董事会推选举产生，任期五年，负责 IMF 的业务工作。

（三）国际货币基金组织的宗旨

IMF 的宗旨是为会员国国际货币问题的磋商和协作提供方法，促进国际货币合作；促进国际贸易的扩大与均衡发展，借以提高和维持会员国的高水平就业和实际收入，并增强会员国的生产资源开发能力；促进汇率的稳定，保持会员国之间有条不紊的汇兑安排，避免竞争性的货币贬值；为会员国经常性交易建立一个多边支付和汇兑制度，并设法消除妨碍国际贸易发展的外汇管制；在适当的保障下，向会员国提供临时性资金融通，以增强其信心，使其有机会在不采取危害本国和国际经济繁荣措施的情况下，纠正国际收支的失衡；争取缩短会员国国际收支失衡的持续时间，减轻其失衡程度。

（四）国际货币基金组织的资金来源

IMF 的资金来源主要是会员国所缴纳的份额。份额类似于股金，凡参加基金组织的会员国都必须认缴一定的份额。每个会员国的认缴份额的多少，是根据会员国国民收入、黄金外汇储备总量、平均进口额、出口变化率、出口占国民收入的比例等变量所构成的复杂的公式计算而得出的。

在《牙买加协议》生效以前，份额的 25%是以黄金缴纳的，其余的 75%以本国货币缴纳。《牙买加协议》后生效后，黄金的地位发生了变化，份额的 25%不再以黄金支付，而以 IMF 规定的储备资产（特别提款权或可兑换货币）缴纳，其余的 75%仍以本国货币缴纳。

（五）国际货币基金组织的职能

1. 汇率监督

IMF 是通过多边基础上和个别基础上对会员国汇率政策实行监督。近年来，IMF 扩大了汇率监管范围，更关注会员国经济数据的质量和这些数据的适时公布，关注会员国金融制度的效率和能力以及私人资本的流动，并通过对可能出现的问题提出警告来防止金融危机和经济危机的发生。

2. 磋商与协调

为了能够履行监督会员国汇率政策的责任，了解会员国的经济发展状况和采取的政策措施，以便及时向会员国提出有关的政策建议和劝告，IMF 与会员国进行磋商与协调。从 20 世纪 80 年代以来，IMF 都把协调会员国经济政策和货币政策作为年会的主要议题。

3. 资金融通

IMF 主要对会员国发放以下几类贷款：

（1）普通贷款。普通贷款也称普通提款权，是基金组织最基本的贷款形式，主要用于会员国弥补国际收支逆差的短期资金需要。

（2）补充和扩大贷款。该类贷款于 1977 年 8 月正式发放，用于补充普通贷款的不足，贷款资金由产油国及发达国家提供。

（3）中期贷款。这是为解决会员国较长时期的国际收支逆差于 1974 年 9 月设立的一种专项贷款。

（4）补偿与应急贷款。这是 IMF 对初级产品出口国因出口收入下降或谷物进口支出增大而发生国际收支困难时提供的一项专用贷款。

（5）缓冲库存贷款。这项贷款用于支持初级产品出口国稳定国际市场初级产品价格、建立国际缓冲库存的资金需要。

（6）信托基金贷款。此项贷款按优惠条件提供给低收入的发展中国家（1973 年人均国民收入不超过 300 特别提款权）。

（7）结构调整贷款。该贷款设立于 1986 年 3 月，旨在帮助低收入发展中国家通过宏观经济调整，解决国际收支长期失衡问题。

(8) 体制转轨贷款。设立于1993年4月,旨在帮助前苏联和东欧国家克服从计划经济向市场经济转轨过程中出现的国际收支困难,以及其他同这些国家有传统的以计划价格为基础的贸易和支付关系的国家克服因贸易价格基础变化而引起的国际收支困难。

延伸阅读

你知道国际货币基金组织吗?

国际货币基金组织不是国际中央银行,也不是开发银行,而是一个类似于国际合作社的机构。它现在共有182[①]个成员,总部设在华盛顿。所有的成员国都赞成确定该基金组织使命的章程:借助于一个负有协商和合作使命的常设机构促进国际货币合作;为国际贸易的协调发展提供便利条件;维护成员国之间有序的兑换制度;帮助制定一个多边的日常交易结算制度和消除外汇限制;通过临时向成员国提供大笔资金来帮助它们树立信心;缩短借款期限和缩小国际收支不平衡的范围。

国际货币基金组织的由来要追溯到1929年华尔街股市暴跌引起的30年代大危机。失业、工业生产下降、银行倒闭导致人们对纸币、国内贸易和国际贸易产生了极大的怀疑。人们从这场危机中看到了成立一个负责维护国际间合作的机构的必要性。第二次世界大战结束时,有44个国家参加了在美国新罕布什尔州的布雷顿森林召开的会议,会议决定成立国际货币基金组织和世界银行。

国际货币基金组织的政策和战略是由理事会制定的。理事由成员国的财政部长担任。执行董事会里有他们的代表,执行董事会平均每周召开三次会议。执行董事会共有24名成员——美国、法国、英国、德国、日本、俄罗斯、沙特阿拉伯和中国分别有一名常驻代表。其他成员国分布在16个小组里,每个小组由一名执行董事代表。

每个成员国在加入基金组织时要认缴一定的份额。认缴份额最多的是美国,占总份额的18%(大约410亿美元);认缴份额最少的是马绍尔群岛,为360万美元。

基金组织的政策由被任命的总裁来执行,总裁任期为五年,另外还有三名副总裁。该组织集中了来自125个国家的约2 300名经济学家、统计学家、金融和税法专家、编辑和行政人员。

国际货币基金组织受权制造一种特殊的货币,人们称之为特别提款权,它被纳入国家外汇资产中。特别提款权具有一种人为的价值,它是根据世界上五种主要货币的平均值计算出来的。因此,流通中的214亿特别提款权价值超过了340亿美元,占世界储备金的3%。

资料来源:你知道国际货币基金组织吗[EB/OL].(2002-11-28)[2007-10-10].
http://pep.mofcom.gov.cn/article/gebte/bx/bp/200306/20030600100761.html

二、世界银行集团

世界银行集团目前由国际复兴开发银行、国际开发协会、国际金融公司、多边投资担保机构

---

① 如前所述,截至2007年1月IMF成员数为185,编者注。

和解决投资争端国际中心五个会员机构组成。国际复兴开发银行主要向发展中国家提供中长期贷款,国际开发协会专门向低收入国家提供长期贷款,国际金融公司是世界银行对发展中国家私人部门投资的窗口,以上三个机构都是金融机构。

(一) 国际复兴开发银行

1. 国际复兴开发银行的成立

国际复兴开发银行简称世界银行,于1945年12月建立,1946年6月开始营业,1947年11月成为联合国的一个专门机构,其总部设在华盛顿。根据布雷顿森林协定,只有国际货币基金组织的会员国才有资格申请加入世界银行。我国于1980年5月恢复在世界银行的合法席位。

2. 国际复兴开发银行的组织结构

理事会是国际复兴开发银行最高权力机构;执行董事会是国际复兴开发银行负责日常事务的机构,行使由理事会授予的职权;行长是世界银行的最高行政长官,由执行董事会选举。

3. 国际复兴开发银行的宗旨

国际复兴开发银行的宗旨是对生产性目的的投资提供便利,以协助会员国的复兴与开发;以担保或参加私人贷款和私人投资的方式,促进私人的对外投资;用鼓励国际投资以开发会员国生产资源的方式,促进国际贸易的长期的均衡发展,并维持国际收支平衡;与其他方面的国际贷款配合提供贷款担保。

4. 国际复兴开发银行的资金来源

国际复兴开发银行的资金主要来自四个方面:会员国缴纳的股本、借入资金、出让债权、净收益。

5. 国际复兴开发银行的贷款业务

一般来说,国际复兴开发银行的贷款条件是相当严格的。

国际复兴开发银行贷款有如下特点:贷款的重点是各种基础设施;贷款期限长,贷款利率低;贷款手续严密;贷款数额不受认缴股份数额的限制,但借款国要承担汇率变动的风险。

国际复兴开发银行贷款有以下几类:

(1) 项目贷款。又称为投资项目贷款,是国际复兴开发银行最主要的贷款,用于帮助会员国某个具体的发展项目。

(2) 部门贷款。由部门投资及维护贷款、部门调整贷款和中间金融机构贷款组成。

(3) 结构调整贷款。此贷款用于帮助借款国在宏观经济、部门经济和结构体制等方面进行必要的调整和改革,更有效地利用资金和资源。

(4) 联合贷款。指国际复兴开发银行与借款国以外的其他贷款者联合起来为其贷款资助的某一项目共同融资。

(5)"第三窗口"贷款。该贷款条件介于国际复兴开发银行的一般性贷款和国际开发协会的优惠贷款之间,即比国际复兴开发银行的一般性贷款条件宽,但不如国际开发协会的贷款条件优惠。这种贷款主要发放给低收入的发展中国家。

(二) 国际开发协会

国际开发协会是世界银行的附属机构,它的组织机构与管理方式与世界银行(国际复兴开发银行)相同,它的经营管理由世界银行的人员负责,实际上是两块牌子、一套人马。但是国际开发协会又是一个独立的实体,它有自己的股本、资产和负债业务,有自己的协定、法规和财务系统。国际开发协会不能向世界银行借款。只有世界银行的会员国才可成为协会的成员。

国际开发协会的资金来源于会员国认缴的股本、工业发达国家会员国提供的补充资金、世界银行从净收益中拨给的资金和协会本身业务经营的净收益。

国际开发协会的贷款只提供给低收入国家。协会的贷款称为信贷，以区别于世界银行的贷款，其最大的特点是具有高度的优惠性。协会对发展中国家提供的贷款是长期无息的优惠贷款，统称为“软贷款”（世界银行的贷款称为“硬贷款”），贷款主要用于发展农业、工业、运输和电力、电信、城市供水以及文教卫生和计划生育等。目前，国际开发协会是向低收入国家提供优惠贷款最多的多边国际金融机构，其贷款差不多占各类机构提供的优惠贷款的50%。

（三）国际金融公司

世界银行的贷款是以会员国政府为对象的，这在一定程度上限制了世界银行业务的发展。为了促进对私人企业的国际贷款的发展，1956年7月国际金融公司正式成立。国际金融公司是专门向经济不发达国家私营企业提供无需政府担保的贷款和投资的国际性金融机构。根据《国际金融公司协定》，它的宗旨是“鼓励会员国，特别是不发达地区会员国的生产性私营企业的增长来促进经济发展，并以此补充国际复兴开发银行的各项活动。”1957年，国际金融公司与联合国签订协议，成为联合国的一个专门机构。

国际金融公司除了一些机构、人员也由世界银行相应的机构和人员兼任以外，还设有自己的办事部门和工作人员。国际金融公司的组织系统同世界银行一样，只有世界银行的会员才有资格成为该公司的会员国。该公司的最高权力机构是理事会，日常业务的组织机构是董事会，由总经理、若干副总经理和工作人员组成的办事机构负责处理公司的日常业务。

国际金融公司的资金来源于会员国认缴的股本、从世界银行和通过发行债券从国际金融市场借入的资金、公司历年经营所得利润收入。

三、区域性国际金融机构

除了上述全球性的国际金融机构外，还有很多区域性国际金融机构。

（一）亚洲开发银行

亚洲开发银行成立于1966年，是一个类似于世界银行但只面向亚洲和太平洋地区的地区性国际金融机构。亚洲开发银行的组织机构由理事会、董事会和总部组成。理事会是亚洲开发银行的最高权力机构，理事会下设董事会负责的日常运作，行使亚洲开发银行章程和理事会所授予的权力。行长是亚洲开发银行的合法代表及最高行政负责人，在董事会指导下处理日常业务并负责官员和工作人员的任免。

亚洲开发银行的资金来源主要有普通资金和特别基金。普通资金是亚洲开发银行开展业务的主要资金来源，它由股本、普通储备金、特别储备金、净收益等组成。亚洲开发银行的特别基金包括亚洲开发基金、技术援助特别基金和日本特别基金。

亚洲开发银行的主要业务活动是提供贷款、股本投资和提供技术援助。

（二）非洲开发银行

非洲开发银行成立于1964年9月，是一个区域性政府间国际金融组织。日前，非洲开发银行成员国除了区内国家以外，还有25个区外国家。非洲开发银行经营的业务分普通贷款业务和特别贷款业务。

为了解决贷款资金的来源，非洲开发银行先后建立了以下四个机构：非洲开发基金、尼日利亚信托基金、非洲投资开发国际金融公司和非洲再保险公司。

本章小结

1. 银行是金融业的代表机构，是金融机构体系的基础和主体。银行业是从货币经营业而来的，经过了高利贷性质的信用机构阶段发展为现代银行。

2. 金融是各种融通资金活动的总称。金融机构是指经营货币信用业务，从事各种金融活动的组织机构，一般分为银行类金融机构和非银行金融机构两大类。

3. 在众多的银行机构中，中央银行是特殊的国家宏观金融管理机构，是发行的银行、政府的银行、银行的银行，不开办普通信贷业务；商业银行以追求利润为目标，开展各种金融业务，是多功能、综合性的金融企业；专业银行是为了不同的需要专门经营指定范围内某项信用业务的金融机构，其中包括部分为政策性融资需要服务的政策性银行。

4. 非银行金融机构包括保险公司、信托投资公司、养老或退休基金会、租赁公司、信用合作社及其他金融机构。非银行金融机构越来越成为金融机构体系中的重要组成部分。

5. 我国的金融机构体系在计划经济时期是“大一统”国家银行体系。改革开放以后，经过各项改革现已形成了以中央银行（中国人民银行）为核心，国有控股商业银行和各股份制商业银行为主体，政策性金融与商业性金融相分离，多种非银行金融机构并存的现代金融机构体系。

6. 国际货币基金组织是进行国际金融协调的主要国际金融机构。国际货币基金组织的份额对其成员国来说具有重要意义。国际货币基金组织的主要职能是进行汇率监督与资金融通。

7. 世界银行集团目前由国际复兴开发银行、国际开发协会、国际金融公司、多边投资担保机构和解决投资争端国际中心五个会员机构组成。国际复兴开发银行主要向发展中国家提供中长期贷款，国际开发协会专门向低收入国家提供长期贷款，国际金融公司是世界银行对发展中国家私人部门投资的窗口。

8. 亚洲开发银行是类似于世界银行但只面向亚洲和太平洋地区的地区性国际金融机构。

思考与练习

一、名词解释

银行类金融机构　非银行金融机构　政策性银行　保险公司　证券公司　信托投资公司　财务公司　国际货币基金组织　世界银行集团

二、简答题

1. 金融机构的一般构成包括哪些内容？

2. 试述银行类金融机构与非银行金融机构的区别和联系。

3. 专业银行与商业银行有何区别？具体包括哪些类型？

4. 什么是政策性银行？我国有哪些政策性银行，它们的职能分别是什么？

5. 简述我国现行金融机构体系。这一体系是怎样建立起来的？

6. 简述国际货币基金组织和世界银行的职能。

第五章　商业银行及其业务

本章要点：

本章主要介绍商业银行及其业务构成相关的基础知识和基本理论。明确商业银行的概念，介绍商业银行的起源与发展、性质与职能，介绍商业银行的业务构成及其主要业务的基本内容，介绍商业银行经营管理的原则、主要理论和方法。

学习目标：

- 掌握商业银行的概念
- 了解商业银行的性质、职能及业务构成
- 了解商业银行主要业务种类及其简要操作规程
- 掌握商业银行经营管理原则
- 了解商业银行经营管理理论的演变过程和方法

基本概念：

商业银行　负债业务　资产业务　中间业务　资产管理理论　负债管理理论
资产负债综合管理理论　资金集中法　资产分配法　线性规划法

第一节　商业银行的起源与发展

一、商业银行的起源

意大利是银行的发源地。“银行”一词，来自意大利语“banco”，原意是商品交易所使用的桌椅——因为金融企业要设立一些特殊的柜台接待顾客。英语转化为“bank”，原意为存放钱币的柜子。最早的货币业务是公元前2000年巴比伦寺庙和公元前6世纪希腊寺庙经营的货币兑换业务，而公认的比较有近代意义的银行是1587年建立的威尼斯银行。当时的威尼斯凭借其优越的地理位置而成为著名的世界贸易中心，各国商人云集于此。为了顺利地进行商品交换，各国商人需要把各自携带的大量各地货币兑换成威尼斯的地方货币，于是就出现了专门从事货币兑换业务的货币兑换商。随着商品经济的发展，货币兑换商收付货币的规模不断扩大，各地商人为了避免因长途携带大量货币而带来的不便和危险，便将用不完的货币委托给货币兑换商保管，后来又发展到委托货币兑换商办理货币支付和汇兑，货币兑换商则借此汇集了大量货币资金。而后货币兑换商发现其所保管的资金余额其实是相当稳定的，可以用来发放高利贷，获取高额利息收入。货币兑换商便从原来被动地为客户保管货币转而变为积极主动地揽取货币保管业务，通过逐渐降低保管费吸收更多的货币资金。后来，货币兑换商不仅不收取保管费，还要给委托保管货币的客户一定好处，这时货币保管业务就演变为存款业务了，而货币保管业也就演变为集存款、贷款、汇兑、结算等业务于一身的早期银行。世界上第一家近代意义上的银行——威尼斯银行也就由此诞生了。

从17世纪开始，银行这一新型的金融机构开始由意大利传播到欧洲其他国家，在英国出现了由金匠业等演变为银行业的过程。1653年，英国建立了资本主义制度，英国的工商业迅速发展，工商业对货币的大量需求要求有可以提供大量融通资金的专门机构与之相适应。于是，英国的金匠业便在原来为统治者提供融资服务、债券经营、办理贴现等业务的基础上，以自己的信誉作为担保，开出代替金条(块)进入货币流通领域的融资票据，并得到人们的广泛接受。这种具有流通价值的信用票据就是最早的银行券。至此，更具近代意义的银行便在英国产生了。

早期产生的银行具有高利贷性质，在贷款和贴现中收取较高的利息，这与资本主义工商业的发展要求不相适应。1694年，英国政府为了同高利贷现象作斗争，维护新生资产阶级的利益，适应资本主义工商业的发展要求，决定成立一家股份制银行——英格兰银行，并规定英格兰银行向工商业发放较低利率(5%～6%)的贷款。英格兰银行是历史上第一家股份制银行，它的成立也是现代银行业产生的标志。

我国早在11世纪就出现了“银行”一词。当时，人们习惯称各类从事商业活动或小商品生产的机构为“行”，即行业、行当之意，从事银器铸造与买卖的行业便被称为“银行”。鸦片战争之后，外国金融机构开始侵入我国，由于我国长期以来使用白银作为货币材料，故人们将当时从事货币存放等信用业务的外国金融机构“bank”称为“银行”。

二、商业银行的发展

(一) 商业银行的发展模式

虽然各国商业银行产生的条件不同，称谓也不一致，但商业银行的发展基本上遵循着两种模式：

1. 英国式融通短期资金发展模式

这种模式的主要做法是融通短期商业资金，不发放中期和长期贷款，不做中长期投资贷款业务。至今，英、美国家商业银行的贷款仍以短期商业性贷款为主。这种业务经营方式的优点是银行能较好地保持清偿能力，经营的安全性较高。缺点是银行的业务发展受到限制。世界上的许多国家，尤其是资本市场发达的国家，其商业银行的发展基本上都沿着英国式发展路径，以提供短期资金融通业务为主。

2. 德国式综合性银行发展模式

按照这一传统发展的商业银行，除了提供短期商业性贷款外，还提供长期贷款，甚至直接投资于企业股票与债券，为企业包销证券，参与企业的决策与发展，并成为向企业并购提供财务支持和财务咨询的投资银行。这种模式的优点是有利于银行展开全方位的业务经营活动，充分发挥商业银行在国民经济活动中的作用。缺点是加大了银行的经营风险，对银行经营管理提出更高的要求。至今，不仅德国、瑞士、奥地利等少数国家仍一直坚持这一传统，而且美国、日本等国的商业银行也在开始向这种综合性银行发展，特别是在混业经营已成为金融业发展趋势的今天，越来越多的商业银行朝着综合性银行方向发展。

（二）商业银行经营发展趋势

信息技术的发展以前所未有的广度和深度对银行业务经营产生意义深远的影响，商业银行发展呈现出以下趋势：

1. 银行经营智能化

银行经营智能化的基础是全面电子化，以电子化方式自动处理日常业务，包括电子计算机、数据库、网络通信、电子自动化金融工具和商业结算机构联网组成的电子银行业务处理系统。一切可程序化的业务都可以并不断以创新的形式纳入电子化处理和服务体系。

2. 经营方式网络化

网络银行利用国际互联网，一方面为客户提供开销户、查询、支付、转账、查询对账单、定购和支付支票、个人理财、信用卡等业务；另一方面为自己发布消息、搜集信息、新产品创新提供便利。它能够为客户提供超越时空的"3A"式服务，即任何时间（Anytime）、任何地点（Anywhere）、任何方式（Anyhow）。随着经济社会的发展，网络银行占银行业总利润的比重将越来越大。

3. 机构网点虚拟化

随着银行业务处理自动化、电子化、网络化，一大批电子化的金融服务机构逐渐取代人工成为银行前台服务的主要形式。这就导致传统的银行网点朝两个方向发生变化——无人化和无形化，最终实现完全虚拟化。

4. 业务综合化和全能化

主要是指商业银行在传统的存贷款及汇兑业务方面实行了多样化经营。在金融电子化和金融产品创新的推动下，传统商业银行正迅速向综合服务机构转变，业务服务范围扩展至社会生活的各个领域。在商业银行与其他金融机构进行合并、兼并或收购控股的条件下，商业银行逐渐发展成为集银行、证券、投资、保险等业务于一身的金融集团，真正成为无所不能的"金融百货公司"。

5. 金融活动全球化

金融活动全球化是经济全球化的组成部分，使资金在全球范围内流动，体现了金融机构的跨国经营、金融市场的全球联动、金融产品的全球运用和货币的全球一体化趋势。可以预见，在不久的将来，全球银行业可以通过互联网的公共商务系统实现联网，实现商业银行的全球化服务。

6. 组织体系集中化

这种集中化有几方面体现：一是集中的速度越来越快；二是大银行之间强强联合、并购的规模越来越大；三是商业银行与其他金融服务机构跨行业并购盛行，双方实现优势互补；四是银行跨国界的并购活动不断增加，引起商业银行国际化、全球化趋势。

第二节　商业银行的性质与职能

一、商业银行的性质

商业银行是以追求利润为目标、以经营金融资产和负债为对象的综合性多功能金融企业。商业银行的性质可从以下几个层面来理解：

（一）商业银行是企业

商业银行拥有业务经营所必需的自有资本，且大部分资本来自于股票发行。商业银行实行独立核算、自负盈亏，其经营目标是利润最大化。商业银行对利润的追求体现在从创立到所有的业务活动当中。商业银行的创立，不是外部力量强制的结果，而是由创办者为了获得利润而自发设立的；商业银行经营某项业务和办理某笔业务，无不以能否为其带来盈利作为选择标准；商业银行是否接受某个客户，也主要看这一客户能否为其带来现实的或潜在的盈利。因此，商业银行这种对利润的追求，决定了它从产生起就是作为企业出现，具备企业的特征。

（二）商业银行是一种特殊的企业

商业银行作为金融企业，与一般工商企业不同。一般工商企业经营的对象是有一定使用价值的商品，所从事的是一般商品的生产和流通。而商业银行经营的对象则是特殊的商品——货币和货币资金，它所从事的是金融资产、金融负债和金融服务业务。商业银行经营对象和经营业务的特殊性决定了它是一种特殊的企业，它对整个社会经济的影响要远远大于任何其他类型的企业，同时商业银行受整个社会经济的影响比任何一类企业更为明显。

（三）商业银行是一种特殊的金融企业

商业银行既有别于代表国家行使金融管理职能的中央银行，又有别于其他的金融企业。中央银行是国家的金融管理当局和金融体系的核心，具有较高的独立性，它不对存户办理具体的金融业务、不以营利为目的。商业银行作为最典型意义的银行，它又与其他金融企业有着明显的区别。其他金融企业，如专业银行、其他金融机构，往往集中经营指定范围内的业务和专门性的服务，而商业银行的业务则是综合性、全功能的，它可以经营金融零售业务和批发业务，为客户提供所有的金融服务。这就使得商业银行在整个金融体系乃至整个国民经济中处于特殊的地位。

（四）商业银行是金融体系的主体

由于具有综合性、多功能的特点，商业银行成为国民经济中间接融资的主体，成为工商企业中短期资金的主要供给者。同时商业银行通过直接进入短期货币市场和长期资本市场成为直接融资的主体。正因为商业银行具有上述的特征，它客观上承担了特殊的社会责任，成为中央银行宏观调控的主要环节。这是因为中央银行在运用其宏观调控手段对经济进行调控时，商业银行对中央银行的调控手段反应最灵敏，中央银行的货币政策直接影响商业银行的经营和运作。与此同时，商业银行通过执行中央银行的宏观调控政策，调整自身的经营和运作，间接发挥了宏观调控的作用，也保证了中央银行货币政策的实施，从而客观上履行了其特殊的社会责任。因此，商业银行是现代经济的核心和国民经济的命脉。

二、商业银行的职能

商业银行作为经营货币信用业务的特殊企业，在其业务经营活动中，发挥着以下五种职能：

（一）信用中介职能

信用中介是指商业银行通过负债业务，把社会上的各种闲散货币资金集中到银行，通过资产业务，把它投入到需要资金的部门，充当资金闲置者和资金短缺者之间的中介机构，实现资金的融通。商业银行在发挥这一信用中介职能时，充当了买卖“资本商品使用权”的商人的角色。一方面，商业银行通过支付利息吸收存款，借入款项；另一方面，商业银行又通过贷放货币资本、购买有价证券等投资活动获取利息及投资权益。这种收入与支出之间的差额便形成了商业银行的利润。只不过商业银行买卖的不是资本商品本身的所有权，而是资本商品的使用权，所以把商业银行的这种买卖活动称为信用中介。

（二）支付中介职能

支付中介是指商业银行以存款账户为基础，为客户办理货币结算、转移存款、货币兑换、收付货币的行为。支付中介职能是银行作为货币经营业的传统职能，通过这一职能，商业银行成为工商企业、团体和个人的货币保管者、出纳者和支付代理人，商业银行也因此成为经济过程中的支付链条和债权债务关系的中心。

（三）信用创造职能

在信用中介和支付中介职能的基础上，客观上又使商业银行具备了信用创造的职能。信用创造的职能，是指商业银行所具有的创造信用流通工具并扩大放款和投资的能力。

在现代部分准备金制度下，商业银行利用其吸收的存款，以贷放借款户活期存款的方式发放贷款，在这些存款没有完全取走的情况下，它成为银行新的资金来源，银行又可据此发放贷款。如果借款人以转账形式支取，它又会成为另一家银行的资金来源，银行在缴足法定准备金之后，又可发放贷款并形成新的存款。如此继续下去，最后整个银行体系就会形成数倍于原始存款的派生存款。在不断创造派生存款的过程中，商业银行发挥着信用创造的职能。

（四）金融服务职能

金融服务职能，是指商业银行利用所处的经济枢纽的特殊地位，凭借联系面广、信息灵通的独特优势，运用电子计算机等先进手段，为客户提供多方面的金融服务，赚取手续费。商业银行的金融服务职能是在市场经济不断发展，工商企业、个人要求其提供服务，以及金融竞争不断加剧的情况下发展起来的。目前，商业银行的金融服务日趋多样化。它大致可分为结算服务、信托服务、租赁服务、代理融通、现金管理和咨询服务等类别。

（五）调节经济的职能

商业银行是国家调节经济的重要力量。它可以通过对中央银行货币政策的传递来调控社会信用量，从而调节经济；可以通过放款和投资引导资金流向，调节企业的生产经营活动；可以通过办理消费信贷来调节和引导消费，从而引导生产。另外，它还可以通过在国际市场上融资来调节本国的国际收支状况。

第三节　商业银行的业务构成

商业银行经营的业务种类繁多，随着时间的推移和信息化以及金融混业经营的发展，金融产品和金融服务的种类将越来越多。因此，一些大型商业银行被形象地称为“金融百货公司”。从资金的吸收借入到具体运用，商业银行的业务大体上可分为负债业务、资产业务和中间业务三大类。

一、负债业务

负债业务是商业银行筹集资金、借以形成资金来源的业务。商业银行的资金来源分为自有资本和外来资金两部分，外来资金包括存款及借入资金。负债业务是商业银行资产业务和中间业务的基础。

（一）自有资本

自有资本是商业银行自身所拥有的资金，是商业银行所有者的权益，包括实收资本、资本公积、盈余公积和未分配利润。

1. 实收资本

实收资本是商业银行投资者实际投入到商业银行经营活动中的各种财产物资，即商业银行所有者对商业银行的原始投入。实收资本反映了资金的本身属性，表明了商业银行所有者对商业银行应负担的义务和享有的权利。

2. 资本公积

资本公积是商业银行在非经营业务中发生的资产增值。它包含一些属资本属性，但不列入实收资本的项目，主要有商业银行在筹集资金中的资本溢价、股票溢价、法定资产重估增值以及接受捐赠的资产价值等。

3. 盈余公积

盈余公积是商业银行按照有关规定，从税后利润中提取的公积金，它既可以用于弥补亏损，又可以转增资本。

4. 未分配利润

未分配利润是商业银行在经过各种形式的利润分配后剩余的利润。这部分利润尚存于商业银行中，是银行增加自有资本的重要方法，特别是对那些难以进入股市筹资的银行。在经济发展缓慢、资金紧张、所得税税率较高时，商业银行也往往选择这种方法增加自有资本。

自有资本是商业银行可独立运用的最可靠、最稳定的资金来源。虽然自有资本一般只占商业银行资金来源的极小比重，但它却起着极为重要的作用。它不仅是银行存在和发展的先决条件，而且是客户存款免遭偶然损失的保障，同时它还是银行正常经营的保障和衡量银行实力的重要标准。

（二）存款

存款是商业银行最主要的资金来源，一般占总资产来源的70%以上，因此吸收存款成为商业银行最重要的负债业务。根据不同的标准，可以将存款划分为不同的种类。通常商业银行的存款按其性质和支取方式划分为活期存款、定期存款和储蓄存款三种类型。

1. 活期存款

活期存款是指存款客户可以随时提取和支付的存款。存入这种存款账户的资金主要适用于交易和支付用途的款项。这种存款在使用时一般使用支票，因而又有支票存款之称。活期存款一般都没有利息，企业、个人、政府机关、金融机构都能在商业银行开立活期存款账户。开立这种存款账户的目的是为了通过商业银行进行各种支付结算。虽然活期存款可随时存取，流动性很强，但存取错综交替之中总会在商业银行形成一笔相当稳定、数量可观的余额，这是商业银行用于贷款的重要资金来源。

2. 定期存款

定期存款是指事先约定存款期限，到期才能提取的存款，如需提前支取存款者将蒙受利息损失。存入这种存款账户的资金是近期暂不使用和作为价值储存的款项。定期存款存入时，银行一般向存款者出具存单，也有采用存折形式的。由于定期存款的期限既定且一般较长，所以银行要给付利息，一般情况下其利率的高低与期限的长短正相关。

3. 储蓄存款

储蓄存款主要是针对居民个人积蓄货币和取得利息收入之需而开办的一种存款业务。它可以进一步分为活期和定期两类。这种存款通常由银行发给存户存折或存单以作为存款和取款的凭证，一般不能签发支票，支取时只以提取现金或转入活期存款账户。储蓄存款的储户通常限于个人和非营利组织，近年来，也有逐渐放宽到允许某些企业、公司开立储蓄账户的。储蓄存款定期居多，但无论定期、活期，都支付利息，只是利率高低有所区别。

延伸阅读

商业银行办理个人储蓄存款业务应当遵循的原则

《商业银行法》第29条规定："商业银行办理个人储蓄存款业务，应当遵循存款自愿、取款自由、存款有息、为存款人保密的原则。"所谓"存款自愿"是指储蓄必须出于存款者的自愿，任何单位和个人都不得强制其他人参加储蓄。个人是否储蓄，选择哪一家储蓄机构，选择何种储蓄方式，存储数额、期限等都由储户个人来选择决定。"取款自由"是指储户什么时候取款，提取多少存款，都由储户自己决定，银行和其他人都不得干预和查问。即使未到期的存款，储户也可以根据自己的需要按规定手续提前提取，银行不得以任何理由拒绝或限制。"存款有息"是指存款人对于其存入银行的储蓄存款有按照规定利率和实际存期获取利息的权利。这说明银行和存款人之间是一种平等互利的经济关系。"为存款人保密"是指商银行业对存款人的姓名、住址、存款金额、储蓄种类、存款次数、提取情况、印鉴以及其他各种情况都要严格保守秘密，不得披露。对个人储蓄存款，商业银行有权拒绝任何单位或者个人查询、冻结、扣划，但法律另有规定的除外。这一原则是保护存款人合法权益的最基本要求，是商业银行在办理个人存款业务时必须遵循的原则。

资料来源：商业银行办理个人储蓄存款业务应当遵循哪些原则[EB/OL].(2007-01-30)[2007-10-10]. http://www.yxdoor.com/falv/108402.html

（三）借入资金

借入资金是商业银行一种持久地增加资金来源的手段。商业银行的借入资金主要包括中央银行借款、银行同业借款、国际货币市场借款、发行金融债券等。

1. 中央银行借款

商业银行资金不足时，可以向中央银行借款。一般说来，商业银行向中央银行借款主要的、直接的目的在于缓解资金暂时不足，而非用于牟利。向中央银行借款主要有两种形式：

（1）再贴现，即商业银行把自己办理贴现业务所买进的未到期商业票据再转卖给中央银行。

（2）再贷款，即商业银行向中央银行申请的直接贷款。它可以是信用贷款，也可以是商业银行以自己持有的合格票据、银行承兑汇票、政府公债等有价证券作为抵押品向中央银行取得的抵押贷款。这种方式比再贴现更为灵活、简便。当商业银行资金紧张时可以向中央银行申请借款，取得相应的贷款。

2. 银行同业借款

银行同业借款主要包括下列几种类型：

（1）同业拆借。同业拆借是商业银行之间的短期资金融通活动。商业银行在每天营业结束或在票据交换结算结束时，总会出现有的银行头寸不足、有的银行头寸多余的情况。为了实现资金平衡、保持资金正常周转，头寸不足的银行就需从头寸多余的银行临时拆入资金轧平头寸并支付利息，而头寸多余的银行也愿意将暂时盈余的资金拆出以取得利息，这样就发生了银行同业拆借活动。同业拆借具有期限短、数额大、利率适中等特点。目前，许多大银行都把拆入资金作为一项经常性的资金来源。

（2）抵押、质押贷款。商业银行在资金紧张、周转不畅的情况下，也通过抵押、质押的方式向其他金融机构取得资金。作为抵押、质押的资产大部分是客户的担保资产。

（3）转贴现借款。当银行资金发生周转困难时，可将通过办理贴现买进的未到期票据向其他商业银行或贴现机构进行转贴现以获得资金。

（4）国际货币市场借款。第二次世界大战以后，特别是近二三十年来，商业银行尤其是大的商业银行在国际货币市场上广泛地通过办理定期存单、发行大额定期存单、出售商业票据以及发行债券等方式筹集资金。

（5）发行金融债券。发行金融债券是指商业银行经批准，通过向社会公众推销债务凭证的方式筹集资金的业务。它通常具有可及时、足额筹集资金且资金稳定程度高等特点。

在我国，根据《中华人民共和国商业银行法》（简称《商业银行法》）的规定，借款业务一般可分为两大类：一类是商业银行发行金融债券或到境外借款；另一类是同业拆借。

二、资产业务

商业银行的资产业务是指商业银行将通过负债业务所积聚起来的货币资金加以应用的业务。

（一）现金资产

所谓现金资产，是指商业银行持有的现金，也可称为现金头寸，主要包括库存现金、在中央银行的存款、存款准备金、存放同业款项和在途资金等五个项目。

1. 库存现金

库存现金是指商业银行保存在金库中的现钞（纸币）和硬币。商业银行经营必须以满足债权人的支付要求和银行其他的日常零星开支为前提条件，因此需经常保持一定数额的库存现金。由于库存现金是银行的非营利性资产，并且保存库存现金还需要花费各种大量的相关费用，因此，如果银行的库存现金太多，可以将其存放到中央银行的存款账户或是同业存款账户中，或者将其用于其他用途。

2. 在中央银行的存款

在中央银行的存款是指商业银行存放在中央银行的资金，也称为存款准备金。商业银行在中央银行开立的存款账户，是用于支票清算、资金转账等的基本存款账户。商业银行由于同业拆借、回购、向中央银行借款等业务而出现的资金划转以及库存现金的增减等，均需要通过这个账户进行。

3. 存款准备金

存款准备金包括以下两部分：

(1) 法定存款准备金是指商业银行依据法定存款准备金制度，对吸收的存款按照中央银行规定的准备金比率缴存中央银行的款项。目前，法定存款准备金已经作为中央银行调节信用规模的一种政策手段与工具，具有强制性，正常情况下一般不得动用。

(2) 超额准备金有两种含义：①广义的超额准备金是指商业银行吸收的存款中扣除法定准备金以后的余额，即商业银行可用资金；②狭义的超额准备金则是指在存款准备金账户中超过了法定存款准备金的那部分存款。这部分存款是商业银行在中央银行账户上拥有的用于日常支付和债权债务清算的资金。由于超额准备金是商业银行的可用资金，因此，其数量的多少也直接影响着商业银行的信贷扩张能力。在银行准备金总量不变的情况下，超额准备金与法定存款准备金之间存在此消彼长的关系。即当存款准备金率提高时，法定存款准备金增加，商业银行的超额准备金相应减少，其信用或信贷的扩张能力下降；反之，存款准备金率下降，超额准备金就相应增加，商业银行的信贷扩张能力就增强。因此，超额准备金是货币政策的近期中介指标，直接影响社会信用总量。

4. 存放同业款项

存放同业款项也称为在其他商业银行的存款，是指商业银行存放在代理行和相关银行的存款。其目的是为了便利同业之间的票据清算和代理收付以及委托代理行提供服务的需要。同业间开立的存款账户一般为活期账户，这部分款项是可以随时支用的，故视同现金资产。

5. 在途资金

在途资金也称托收未达款或托收中的现金。商业银行在为客户办理票据支付清算的过程中，会产生需要向其他付款银行托收但尚未收妥的款项，是一笔他行占用的资金，在途时间较短，收妥后即成为存放同业款项。因此，在途资金是在银行之间票据支付清算过程中自然形成的，它也属于非营利性资产，银行一般将其视为现金资产。

(二) 贷款业务

贷款业务的种类很多，从不同角度可划分为不同的类型：

1. 按贷款是否有担保可划分为信用放款和担保放款

(1) 信用放款是指银行单纯凭借款人的信誉发放的贷款。这种贷款的风险很大，因此除了对一些资信特别好、资金实力雄厚的客户外，一般不对其他客户发放。

(2) 担保贷款按照借款人所提供的担保方式不同又可分为保证贷款、抵押贷款和质押贷款。保证贷款是指以第三方承诺在借款人不能偿还贷款时，按约定承担一般保证责任或连带偿付责任而发放的贷款；抵押贷款是指银行以借款人或第三方的财产作为抵押物发放的贷款；质押贷款是指银行以借款人或第三方的动产或权利作为质押物发放的贷款。抵押物或质押物必须是流动性强、容易在市场上出售变现的资产。如果贷款到期时借款人因各种原因无力偿还贷款本息，银行可以取消抵押物和质押物的赎回权并将其处理。

2. 按贷款期限是否既定分为定期贷款和活期贷款

(1) 定期贷款是指银行与借款人事先约定偿还期，在到期时偿还的贷款。定期贷款按期限的长短又可分为短期贷款、中期贷款和长期贷款。短期贷款系指贷款期限在1年以上内(含1年)的贷款；中期贷款系指贷款期限在1年以上5年以下(含5年)的贷款；长期贷款系指贷款期限在5年以上的贷款。

(2) 活期贷款又称通知贷款，是指商业银行与借款人事先并不约定偿还期，借款人可以随时偿还，商业银行也可随时通知借款人偿还的贷款。

3. 按还款方式的不同可分为一次偿还的贷款和分期偿还的贷款

(1) 一次偿还的贷款是在贷款到期时一次性偿还本金，但利息则根据约定，在整个贷款期间分期支付，或在贷款到期时一次性支付。

(2) 分期偿还的贷款包括按年、按季、按月以相等或不等的金额还本付息。

4. 按风险程度高低或贷款质量好坏划分为正常贷款、关注贷款、次级贷款、可疑贷款和损失贷款。

我国《贷款风险分类指导原则》规定：正常贷款指借款人能够履行合同，没有足够理由怀疑贷款本息不能按时足额偿还的贷款；关注贷款指尽管借款人目前有能力偿还贷款本息，但存在一些可能对偿还产生不利影响因素的贷款；次级贷款指借款人的还款能力出现明显问题，完全依靠其正常营业收入无法足额偿还贷款本息，即使执行担保，也可能会造成一定损失的贷款；可疑贷款指借款人无法足额偿还贷款本息，即使执行担保，也肯定要造成较大损失的贷款；损失贷款指在采取所有可能的措施或一切必要的法律程序之后，本息依然无法收回，或只能收回极少部分，而贷款的大部分或全部要发生损失的贷款。

一般将正常贷款和关注贷款称为正常贷款，而将次级、可疑和损失类贷款合称为不良贷款。

(三) 投资业务

投资与贷款相比，具有较强的主动性和独立性，不像贷款那样有时受客观条件或人为因素的影响。而且由于投资证券的流动性较强，即变现能力较强，加之购买证券时银行不是唯一债权人，所以风险较小。

商业银行投资的目的一般主要是为了增加收益和增加资产的流动性，因此，证券投资的主要对象是信用可靠、风险较小、流动性较强的政府及所属机构的证券，如公债、国库券等。此外，一些财力雄厚、信誉较高的公司发行的债券也是商业银行投资的对象。商业银行投资于债券，一方面为其暂时多余的资金找到投资途径，从而取得收益；另一方面，需要资金时又可在证券市场上迅速售出变现，其灵活调度资金的性能大大优于贷款。

随着20世纪80年代金融自由化趋势和金融业国际竞争的加剧，尤其在1999年美国"金融服务现代化法案"颁布和施行后，金融混业经营已成为大势所趋，相应地，各国对商业银行投资的限制也开始放松。但我国目前金融业仍是分业经营，按照《商业银行法》的规定，商业银行不得在我国境内从事信托投资和证券经营业务，因此，目前它们的证券投资业务对象主要是政府债券和中央银行、政策性银行发行的金融债券，且规模都不大。

延伸阅读

我国商业银行的投资业务有哪些限制？

《中华人民共和国商业银行法》第43条规定："商业银行在中华人民共和国境内不得从事信托投资和证券经营业务，不得向非自用不动产或向非银行金融机构和企业投资，但国家另有规定的除外。”对于商业银行投资业务做出上述限制，主要基于如下考虑：

（1）控制基本建设规模。允许商业银行投资信托投资公司后，信托投资公司可以向企业投资，这样将增加投资渠道，容易扩大基本建设规模。

（2）有利于商业银行开展基本业务。国家提供给商业银行资本金的主要目的是办理存款、贷款、结算等基本业务，以促进经济的发展。如果商业银行用自有资本向非银行金融机构和企业投资，将影响商业银行向工商企业发放贷款等基本业务。

（3）有利于保护存款人的利益。商业银行投资非银行金融机构特别是投资证券公司，从事证券经营、房地产等业务，将增加银行的风险。

（4）有利于银行业、信托业和证券业的分业经营和中央银行的金融监管。如允许商业银行从事上述投资业务，不利于商业银行和已投资的非银行金融机构脱钩，不利于进行分业经营的金融体制改革，也容易造成商业银行业务混乱，违章经营，破坏金融秩序，不利于中央银行对金融业的监管。

需注意的是，上述限制是指在中华人民共和国境内，在中国境外能否从事信托投资业务和证券经营业务，本条并未限制。此外，上述限制是指不允许向非银行金融机构和企业投资，但对银行之间的投资未加限制。

资料来源：商业银行的投资业务有哪些限制[EB/OL].(2007-01-30)[2007-10-10].http://www.yxdoor.com/falv/108423.html

三、中间业务

商业银行的中间业务是指不构成商业银行表内资产、表内负债，形成商业银行非利息收入的业务。这种业务是商业银行在办理资产负债业务的过程中衍生出来的，它是商业银行资产负债之外、占用商业银行资产较少、商业银行资产负债表上一般不能直接反映出来的业务。商业银行在办理中间业务的时候不直接作为信用活动的一方出现，即不直接以债权人或债务的身份参与。这是中间业务同负债业务和资产业务的最根本区别。

（一）商业银行中间业务分类

在我国，根据《商业银行中间业务暂行规定》，商业银行中间业务主要分为实施审批制的中间业务和实施备案制的中间业务两类。

1．适用审批制的中间业务品种

适用审批制的业务主要为形成或有资产、或有负债的中间业务，以及与证券、保险业务相关的部分中间业务，具体包括：①票据承兑；②开出信用证；③担保类业务，包括备用信用证业务；④贷款承诺；⑤金融衍生业务；⑥各类投资基金托管；⑦各类基金的注册登记、认购、申购和赎回业务；⑧代理证券业务；⑨代理保险业务；⑩中国人民银行确定的适用审批制的其他业务品种。

2．适用备案制的中间业务品种

适用备案制的业务主要为不形成或有资产、或有负债的中间业务，具体包括：①各类汇兑业务；②出口托收及进口代收；③代理发行、承销、兑付政府债券；④代收代付业务，包括代发工资、代理社会保障基金发放、代理各项公用事业收费（如代收水电费）；⑤委托贷款业务；⑥代理政策性银行、外国政府和国际金融机构贷款业务；⑦代理资金清算；⑧代理其他银行银行卡的收单业务，包括代理外卡业务；⑨各类代理销售业务，包括代售旅行支票业务；⑩各类见证业务，包括存款证明业务；⑪信息咨询业务，主要包括资信调查、企业信用等级评估、资产评估业务、金融信息咨询；⑫企业、个人财务顾问业务；⑬企业投融资顾问业务，包括融资顾问、国际银团贷款安排；⑭保管箱业务；⑮中国人民银行确定的适用备案制的其他业务品种。

（二）商业银行的主要中间业务及其操作规定

1. 票据承兑

票据承兑业务主要是由商业银行为客户开出的商业汇票提供承兑服务，即承诺兑付，经银行承兑的票据可贴现流动。汇票到期后，承兑行成为票据的第一支付人，承兑行付款后再向客户收取款项。银行提供承兑业务可获得收入，同时也必须承担客户的信用风险，一旦客户支付困难，银行将无法收回已支付的款项。

2. 开出信用证

信用证是一种支付保证书，在国际贸易中使用最为普遍。它是指银行根据进口商的请求，对出口商发出的承诺只要交来符合条款规定的汇票单据必定承兑和付款的一种书面保证文件。信用证多数在国际贸易结算中使用，少数在非贸易中使用。

3. 担保类业务

担保类业务是指商业银行为客户的债务清偿能力提供担保，承担客户违约风险的业务。主要有备用信用证、各类保函等。

(1) 备用信用证。备用信用证是银行应客户要求为其开立的信用保证书，属于一种信用担保。当客户与其受益人达成某种协议，表明客户对受益人负有偿付义务时，客户为确保自己的信誉，可要求银行为其开立备用信用证，保证客户无力支付时，由银行代客户向受益人进行偿付，银行为此支付的款项变成了向客户的贷款。银行开立备用信用证可赚取手续费。

(2) 各类保函业务。保函又称保证书，是商业银行应债务人（申请人）要求，向债权人（受益人）开出的担保申请人履行职责的书面文件。当申请人不能及时完成对其受益人承诺的责任又拒不付款或无力付款时，由开立保函的商业银行向受益人做出偿付。保函是建立在基础合约如销售、借贷及租赁等合约基础上的附属文件，是商业银行的或有责任。保函一经开出，商业银行就承担了付款的法律责任，因此商业银行对开立保函的申请必须严格审查。

4. 贷款承诺

贷款承诺是指商业银行与借款客户达成的一种具有法律约束力的正式契约，商业银行承诺在契约有效期内，按照双方约定的金额、利率，随时准备应客户的要求提供贷款。商业银行提供这种承诺的同时，要按一定比例向客户收取承诺费，即使在规定期间内客户没有申请贷款，也须交纳承诺费。因为其据此获得的是一种融资便利，应该为这种便利支付相应的费用。

5. 金融衍生业务

金融衍生业务主要包括金融互换、期货、期权及远期交易等。

(1) 金融互换又称掉期业务，是与信贷、跨国公司海外投资密切相连的金融服务业务。按照互换对象的不同，金融互换可分为货币互换、利率互换和资本互换三大类，其中以货币互换和利率互换应用广泛。

(2) 期货。现货是现实的商品，交易的准则是当面交易，钱货两清；而期货是一种远期合同，买卖双方在期货市场（期货交易所）签订期货合同，按约定时间、价格和货色完成交易。金融期货是指买卖双方在期货市场上买卖某些标准化金融资产的合约。与其他期货不同的是，金融期货的标的物不是一般商品，而是外汇、债券、存款单、股票等金融资产。

(3) 期权。期权又称选择权，是持有者在一定条件下买入或卖出某种商品的权利。这种权利可以到期执行，也可以随时放弃。它是金融衍生工具市场中的另一重要工具。金融期权是期权的一种，是持有者在一定条件下买入或卖出特定金融资产的权利。金融期权可分为买入期权和卖出期权。

(4) 远期交易。远期交易是指有关双方同意在将来某个确定的时间、地点按照事先约定的价格买卖一定数量的某种商品或者金融资产的交易。交易合同中约定的价格称远期价格，约定的交易时间称为到期日，愿意按约定价格在到期日买入一定数量基础资产的一方称为买方，处于多头的地位；而愿意到期按合约规定卖出相等数量基础资产的那一方称为远期交易的卖方，处于空头的地位。

6. 代理证券业务

代理证券业务是指商业银行接受委托办理的代理发行、兑付、买卖各类有价证券的业务，包括接受委托人代理债券还本付息、代发股票红利、代理证券资产清算等业务。此处有价证券主要包括国债、公司债券、金融债券、股票等。

7. 代理保险业务

代理保险业务是指商业银行接受保险公司委托代其办理保险业务。商业银行代理保险业务，可以受托代理个人或法人投保各险种事宜，也可以作为保险公司的代表，与保险公司签订代理协议，代保险公司承接有关的保险业务等。

8. 信息咨询业务

信息咨询业务是指专门办理提供信息、回答询问、可行性研究和专题研究的营业性事务。由于具有信息灵通、网络四通八达的特点和处理信息的能力，商业银行可以向客户提供各种信息资料，进而为客户投资、经营决策提供可行性研究论证，预测市场行情，为企业在制定生产、销售计划时提供依据。信息咨询业务主要包括资信调查、企业信用等级评估、资产评估业务、金融信息咨询等。

9. 信用卡业务

信用卡具体包括严格意义上的信用卡、借记卡、支票卡等。信用卡是商业银行或银行信用卡公司为客户提供消费信用而发行的在指定地点支取现金、购买商品、支付劳务的信用凭证。卡上印有发行银行名称、有效日期、号码、持卡人姓名等内容。信用卡的持有人可以为单位或个人，但目前以个人为主。

信用卡按性质不同可分为借记卡和贷记卡。

(1) 借记卡(记账卡、支付卡、存款卡)：先存后用，持卡人必须在银行有存款才能够支用。

(2) 贷记卡(狭义信用卡)：先消费后还款，持卡人无须或只需有少量存款，就可以在一定时期、一定信用额度内透支。信用卡透支实质是发卡行向持卡人发放的一种消费信贷，透支的利息按银行公布的利率计收，透支利率高于同期限标准银行贷款利率。

信用卡业务与银行传统业务相比有技术含量高、一次性投资大、具有一定风险、具有多重功能等特点。发展信用卡业务对于方便持卡人与特约用户的购销活动、减少社会现金流通量、节约社会劳动具有非常重要的意义。

第四节 商业银行的经营管理

一、商业银行经营管理原则

在长期的经营实践中，商业银行的管理者们形成了三条基本的银行管理原则，即盈利性、安全性和流动性原则，简称“三性”原则。

（一）盈利性原则

盈利性是指商业银行在业务经营过程中获取利润的能力。盈利性原则则是指商业银行要以实现利润最大化为经营目标。商业银行作为经营性的企业，获取利润既是其最终的目标，又是其生存的必要条件，因为只有获得足够的利润，商业银行才能扩大其自身的规模，巩固自身的信誉，提高自身的竞争能力。影响银行盈利性的主要因素有：资产收益、资产损失、经营成本、其他业务支出等。

提高商业银行的盈利能力，就是要在扩大负债规模的基础上，尽量扩大资产规模，合理安排资产结构，在保持流动性的前提下，尽量减少非盈利资产，增加高盈利资产比重，从放款和投资中获得最大限度的收入。在银行业竞争日益激烈的情况下，中间业务的收入已经成为各家商业银行的必争业务。除此之外，降低经营成本，也是提高盈利性的一个不容忽视的方面。

（二）安全性原则

安全性原则是指商业银行要努力避免各种不确定因素对正常业务经营的影响，保证资金安全。安全性原则要求商业银行在经营活动中，必须保持足够的清偿能力，经得起重大风险和损失，能随时应付客户提存，使客户对银行保持坚定的信任。

商业银行之所以必须坚持安全性原则，是因为商业银行经营的特殊性：

(1) 商业银行自有资本较少，经受不起较大的损失。

(2) 商业银行经营条件的特殊性，尤其需要强调它的安全性。一方面，商业银行以货币为经营对象，以负债的形式把居民手中多余的货币集中起来再分散投放出去，从中赚取利润。对商业银行来说，对居民的负债是有硬性约束的，既有利息支出方面的约束，也有到期还本的约束。另一方面，在现代经济条件下，商业银行是参与货币创造过程的一个非常重要的媒介部门。如果由于商业银行失去安全性而导致整个银行体系混乱，则会威胁整个宏观经济的正常运行。

商业银行在经营过程中会面临各种风险，因此，保证安全性经营就必须控制风险。概括起来，商业银行面临的风险主要有：国家风险、信用风险、利率风险、汇率风险、流动性风险、经营风险、购买力风险等。

资金的绝对安全是不可能的，其安全性与风险性是相对的。在其他条件允许的情况下，为保证银行资金的安全，应选择那些风险较小的资产，避开那些风险较大的资产是安全性的基点。商业银行避免和减少风险的方法主要有规避风险、预防风险、转移风险、分散风险和补偿风险等方面。

（三）流动性原则

流动性是指银行能随时应付顾客提取存款的支付能力。保持流动性即要求银行保持一定的清偿力。商业银行为高负债企业，客户去存款是以其保证随时支付为前提的。如果做不到这一点，那商业银行就很难经营下去。因此，对商业银行来说，保持足够的流动性始终是头等大事。

商业银行的流动性包括资产的流动性和负债的流动性两个方面。资产的流动性是指资产在不受价值损失的条件下迅速变现的能力。负债的流动性是指银行以较低的成本随时获取资金的能力。因此，商业银行提高自身流动性也应从资产和负债两方面来考虑。从资产方面讲，银行应持有足够的流动性资产，以便在必要时能迅速变现；从负债方面看主要是要开拓尽可能多的低价获取资金的渠道。同时银行需根据各种资产负债不同程度的流动性，保持资产负债比例结构合理，使资产的流动性与负债的流动性相匹配。

商业银行经营管理的三性原则从根本上说是统一的，它们共同保证了商业银行经营活动的正常进行。其中，安全性是前提，只有保证了资金安全无损，才能获得正常盈利；流动性是条件，只有保证了资金正常流动，才能确立信用中介的地位，商业银行各项业务活动才能顺利进行；盈利性是目的，之所以经营商业银行，强调安全性和流动性，其目的就是为了获得盈利。但这三性之间并不总是统一的。它们之间又存在一定的矛盾。一般来说，盈利性与安全性呈反向变化，盈利水平高的资产风险大，而安全性高的资产盈利水平较低。盈利性与流动性之间也呈反向变化，盈利性高的资产流动性差，而流动性强的资产盈利水平较低。安全性与流动性之间呈同向变化。“三性”都高的资产很少，商业银行经营管理的主要内容就是寻求资产安全性、流动性和盈利性三者之间的最佳平衡，统筹兼顾、协调安排，实现三者的最佳组合。

二、商业银行经营管理理论

资产负债管理理论是现代商业银行管理的基础和核心，商业银行其他方面的管理都是在这一基础上进行的。随着各个历史时期经营条件的变化，西方商业银行经营管理理论在不断变化和创新的过程中大致经历了三个阶段，即资产管理、负债管理和资产负债综合管理。

（一）资产管理理论

资产管理理论产生于商业银行产生初期，一直到20世纪60年代，它都在商业银行管理领域中占据着统治地位。资产管理理论是以商业银行资产的流动性为侧重点的一种管理理论。这种理论认为，由于商业银行资金的来源大多是活期存款，提存的主动权在客户手中，商业银行管理起不了决定作用；但是商业银行掌握着资金运用的主动权，于是商业银行侧重于资产管理，争取在资产上协调流动性、安全性与盈利性问题。随着经济环境的变化和商业银行业务的发展，资产管理理论的演进经历了三个阶段，即商业贷款理论、转移理论和预期收入理论。

（二）负债管理理论

负债管理理论盛行于20世纪五六十年代的西方商业银行。当时，伴随着经济的稳定增长和金融体系的长足进步，商业银行间的竞争日趋激烈。同时，众多非银行金融机构和各种基金茁壮成长，商业银行不再具有利息优势。此外，通货膨胀的日益普遍和严重以及各国政府对商业银行存款利率的管制，也使得商业银行吸收资金的能力日益下降。这使得商业银行一方面面临资金来源的不足；另一方面为了维持与客户的良好关系，又必须满足客户对贷款的要求，保持商业银行的流动性。在这种情况下，商业银行不得不以创新的方式去获得新的资金来源。负债管理理论在很大程度上缓解了商业银行流动性与盈利性的矛盾。

负债管理理论认为：商业银行资金的流动性不仅可以通过强化资产管理获得，还可以通过灵活地调剂负债实现。商业银行保持资金的流动性无须经常保有大量的高流动性资产，通过发展主动型负债的形式，扩大筹集资金的渠道和途径，也能够满足多样化的资金需求，以向外借款的方式也能够保持商业银行资金的流动性。

负债管理理论意味着商业银行经营管理思想的创新，它变被动的存款观念为主动的借款观念，为银行找到了保持流动性的新方法。根据这一理论，商业银行的流动性不仅可以通过调整资产来保证，还可以通过调整负债来保证，变单一的资产调整为资产负债双向调整，从而减少持有的高流动性资产，最大限度地将资产投入到高盈利的贷款中去。而且，商业银行根据资产的需要调整和组织负债，让负债适应和支持资产，也为商业银行扩大业务范围和规模提供了条件。

负债管理理论也存在缺陷。由于它建立在对吸收资金保有信心并能如愿以偿的基础上，因而在一定程度上带有主观色彩。通过借款融资保持银行的流动性，不仅提高了银行的融资成本，而且不利于银行稳健经营。所以，运用负债管理理论时必须谨慎，应当经常注意一些基本指标，如存贷款比率、资本充足率、流动资产比率等，并随时注意防范经营风险。

（三）资产负债综合管理理论

20 世纪 70 年代后期，伴随着金融创新的不断涌现，各种新型金融工具和交易方式以各种形式抬高资金价格，市场利率大幅上升，使得负债管理理论在提高负债成本和增加商业银行经营风险等方面的缺陷越来越明显地暴露出来，单纯的负债管理已经不能满足商业银行经营管理的需要。同时，随着西方各国对商业银行管制的放松和金融自由化浪潮的涌现，商业银行在金融市场上主动融资的能力增加，吸收存款的压力减少，这一切使商业银行由单纯的负债管理转向资产负债综合管理。

资产管理理论过于注重流动性和安全性，而忽视了盈利性；负债管理理论虽然较好地解决了盈利性和流动性之间的矛盾，但过多的负债又会给商业银行带来更大的经营风险。资产负债综合管理理论总结了资产管理理论和负债管理理论的优缺点，通过资产与负债结构的全面调整，实现商业银行流动性、安全性和盈利性管理目标的均衡发展。

这一理论的产生是银行管理理论的一大突破，它为银行乃至整个金融业带来了稳定和发展，对完善和推动商业银行的现代化管理具有积极的意义。

资产负债管理理论的主要内容包括以下几点：

1. 流动性问题

流动性问题是该理论应首要解决的核心问题，它要求从资产和负债两个方面去预测流动性问题，同时又要从这两个方面去寻找满足流动性需要的途径。

2. 风险控制问题

通过有效的资产和负债管理防范各种经营风险，商业银行只有在保证安全经营的基础上才能取得利润和发展。在控制经营风险方面，明确规定自有资本比例，根据不同的经营环境制定各类资产的风险度标准和控制风险的方法，以资产收益率和资本收益率作为考察商业银行收益性的主要评估标准。

3. 资产与负债的对称

通过调整各类资产和负债的搭配，使资产规模与负债规模、资产结构与负债结构、资产与负债的偿还期限相互对称和统一平衡，保持一定的对称关系。这种对称是一种原则和方向上的对称，而不是要求商业银行资产与负债逐笔对应。

三、商业银行资产负债管理的基本原则与方法

(一) 资产负债管理基本原则

1. 规模对称原则

所谓规模对称原则，是指商业银行资产规模与负债规模在总量上必须保持相互对称的关系以及统一动态平衡关系的原则。资产负债管理理论认为，商业银行的资金来源与资金运用在客观上存在着相互联系、相互依赖与相互制约的辩证统一关系。虽然从资产负债表上看，商业银行的资产总额与负债总额始终是平衡的，但资产负债管理所要求的规模对称并不是这种表面的或者简单的对等关系。资产负债管理所要求的规模对称是一种建立在经济合理增长基础上的动态平衡或者实质平衡，即商业银行资产的增长必须建立在负债合理增长的基础上。

2. 结构对称原则

所谓结构对称原则，是指商业银行资产结构与负债结构之间必须保持相互对称的关系以及统一的动态平衡关系的原则。资产负债管理理论认为，实现商业银行资产负债全面管理的目标，不仅需要资产负债规模对称，而且还需要资产负债结构对称，因为规模与结构是一个事物的两个方面。没有资产负债的结构对称，就没有资产负债的规模对称。商业银行贯彻结构对称原则，就是要坚持以负债来制约资产，即坚持长期负债用于长期资产，短期负债用于短期资产，尽量避免出现大量"长存短贷"与"短存长贷"的现象。

3. 速度对称原则

所谓速度对称原则又称偿还期对称原则，是指商业银行资产的分配运用必须由资金来源的流转速度来决定，即资产的偿还期与负债的偿还期必须在一定程度上保持对称关系的原则。商业银行贯彻速度对称原则的一般做法是：根据资金来源的流转速度将负债划分为活期存款、定期存款与银行资本，同时根据资金运用的流转速度将银行资产划分为现金资产、中长期贷款与固定资产；然后以现金资产对应活期存款，以中长期贷款资产对应定期存款，以固定资产对应银行资本。

4. 目标统一原则

所谓目标统一原则又称目标互补原则，是指商业银行经营管理所强调的安全性、流动性与盈利性统一协调的原则。虽然商业银行的安全性、流动性与盈利性之间客观存在着矛盾，但它们之间也客观存在着共同的东西——效用，而且商业银行的总效用通常就是其安全性、流动性与盈利性效用的总和。

资产负债管理理论认为，商业银行资产负债全面管理所追求的目标是其总效用。既然商业银行的总效用是由三方面内容构成的，那么安全性、流动性与盈利性之间在客观上就能够产生相互替代或者相互补充的关系。例如，商业银行可以通过盈利性的提高来补偿安全性与流动性的降低，同时也可以通过降低盈利性来提高安全性与流动性。因此，在不改变总效用的前提下，商业银行可以利用安全性、流动性与盈利性之间客观存在的替代性或者互补性来均衡与协调这三者之间的矛盾。同时商业银行还可以利用安全性效用、流动性效用与盈利性效用的不同组合来满足在不同时期实现总效用的目标。

5. 资产分散化原则

所谓资产分散化原则，是指商业银行为了保证其整体经营管理的安全性、流动性与盈利性，

必须根据资产多样化的要求来安排资产结构与确定具体资产业务的经营对象，即保持商业银行资产形式多样化与资产业务对象多样化，并控制单项资产业务金额的原则。资产负债管理理论认为，金融市场的需求是不断发展变化的，如果商业银行要保持其市场地位并扩大市场份额，客观上要求其必须做到资产分散化以适应不同客户的资金需求。商业银行的经营风险是客观存在的，如果要实现在保证资产负债安全性与流动性的前提下，尽最大的可能来获得银行利润的经营目标，客观上要求商业银行必须做到资产分散化从而将经营风险降到最低程度。

商业银行贯彻资产分散化原则的重点在于分散其经营风险。在资产分散化条件下，即使产生了资产损失，商业银行也可以将经营风险控制在其能够承受的范围之内，同时还可以运用其他资产业务的盈利来弥补资产损失，从而保证整体经营管理的安全与稳定。在一般情况下，商业银行贯彻资产分散化原则必须以规模经营为前提。商业银行贯彻资产分散化原则的基本要求是：必须尽最大可能来选择各类彼此相关系数比较小的资产进行组合，目的是使高风险资产的风险向低风险资产扩散，从而有效地降低全部资产的风险程度。

（二）资产负债管理的基本方法

1. 资金集中法

所谓资金集中法又称资金汇集法，是指商业银行根据资产负债管理的要求，首先确定其流动性管理目标与盈利性管理目标，同时按照流动性管理目标与盈利性管理目标的具体要求确定资金运用的先后顺序，然后将不同来源的资金集中起来，并根据资金运用的先后顺序来分配资金运用或者安排资产的方法。

资金集中法能够充分满足商业银行资产方面的流动性需求以及部分满足负债方面的流动需求，因此它可以直接用于流动性管理。在一般情况下，商业银行可以按照以下资金运用的先后顺序来安排资产：第一，考虑将一部分资金来源用于法定存款准备金与库存现金而构成一级准备。第二，考虑将一部分资金来源用于购买短期证券资产而构成二级准备。第三，在确保拥有一定流动性与安全性的条件下，可以考虑将一部分资金来源用于短期银行贷款与中期证券资产。第四，在满足正常合理的贷款需求的条件下，如果仍然存在剩余资金来源，可以考虑将这部分资金来源用于流动性与安全性都相对比较低而盈利性相对比较高的长期贷款资产或者长期证券资产。第五，对于资金来源中的自有资本，一般只能用于银行本身的固定资产投资。

2. 资产分配法

所谓资产分配法又称资金匹配法，是指商业银行按照资产负债管理的要求来确定资产流动性需求与负债流动性需求，然后根据不同来源的资金在稳定性方面的差异、对法定存款准备金要求的差异与对流动性需求的不同配置资产的方法。

资产分配法能够有效地保持资产流动性需求与负债流动性需求的对应关系，因此它可以直接用于商业银行流动性管理。具体运用资产分配法进行商业银行资产负债管理的一般做法是：首先将不同来源的资金按照其稳定性的不同划分为活期存款、定期存款、债券资金与自有资本等四个部分，同时将不同的资产按照流动性的强弱划分为一级准备、二级准备、贷款资产、证券资产与固定资产等五个部分，然后再根据每一部分资金来源的稳定性不同及其对资产流动性的具体要求，将不同来源的资金分配到相应的资产形式中去。

3. 线性规划法

资金集中法或者资金分配法所反映的实际上只是商业银行资产负债管理的一般性原则或者

策略性思想。从商业银行资产负债管理的实际过程来看，资金集中法或者资产分配法的最大缺陷在于它们不能提供商业银行需要的具体操作方法与资产分配比例。随着计算机在商业银行业务经营管理过程中的广泛运用，商业银行有可能将计算多种变量的数学方法引入资产分配的决策中来，以寻求资金的最优配置方案。

所谓线性规划法，是指商业银行根据资产负债管理的要求以及现代管理科学的要求，运用数学方法与计算机技术手段来建立线性规划模型，并按照所求出的线性规划模型的解来决定资产分配比例的方法。线性规划法是一种比较有效的定量分析方法，它经常被银行用来解决在一些经济变最受到约束时如何取得最优线性函数值的问题。

运用线性规划进行商业银行资产负债管理时，一般应该经过以下四个步骤：①建立目标函数；②选择与确定目标函数变量；③确定限制性因素；④求出线性规划模型的解。

运用线性规划法进行商业银行资产负债管理，可以使管理人员在理解资产负债管理一般性原则的基础上掌握各种具体的操作方法，从而提高资产负债管理的精确度。

本章小结

1. 商业银行是指以经营工商企业存、贷款为主要业务，并以营利为经营目的的货币信用经营企业。

2. 商业银行是商品经济发展到一定阶段的产物，主要通过由旧式的高利贷银行转变而来和根据资本主义经济发展的需要以股份公司的形式组建两种途径形成。英格兰银行是历史上第一家股份制银行，它的成立也是现代银行产生的标志。

3. 商业银行的发展主要有英国式融通短期资金的银行和德国式综合性银行两种模式。

4. 商业银行经营智能化、经营方式网络化、机构网点虚拟化、业务综合化和全能化、金融活动全球化、组织体系集中化成为商业银行的发展趋势。

5. 商业银行从性质上讲，是一种特殊的金融企业，是金融体系的主体。

6. 商业银行在其业务经营活动中发挥着信用中介、支付中介、信用创造、金融服务、调节经济等五种职能。

7. 商业银行的业务大体上可分为负债业务、资产业务和中间业务三大类。负债业务是商业银行筹集资金、借以形成资金来源的业务。商业银行的资金来源分为自有资本和外来资金两部分，外来资金包括存款及借入资金。负债业务是商业银行资产业务和中间业务的基础。资产业务是指商业银行将通过负债业务所积聚起来的货币资金加以应用的业务。中间业务是指不构成商业银行表内资产、表内负债，形成商业银行非利息收入的业务。在办理业务时不直接以债权人或债务的身份参与，是商业银行中间业务同负债业务和资产业务的最根本区别。

8. 盈利性、安全性和流动性原则，是商业银行的管理者们在长期的经营实践中总结形成的三条基本的管理原则，简称“三性”原则。这三个原则从根本上说是统一的。安全性是前提，流动性是条件，盈利性是目的。但这三者之间并不总是统一的，它们之间又存在一定的矛盾。一般来说，盈利性与安全性和流动性之间呈反向变化，安全性与流动性之间呈同向变化。“三性”都高的资产很少，商业银行经营管理的主要内容就是寻求资产安全性、流动性和盈利性三者之间的最佳平衡，统筹兼顾、协调安排，实现三者的最佳组合。

9. 资产负债管理理论是现代商业银行管理的基础和核心，商业银行其他方面的管理都是在这一基础上进行的。随着各个历史时期经营条件的变化，西方商业银行经营管理理论在不断变化和创新的过程中大致经历了资产管理、负债管理和资产负债综合管理三个阶段。资产负债管理的方法有资金集中法、资产分配法和线性规划法等。

思考与练习

一、名词解释

商业银行　商业银行负债业务　商业银行资产业务　商业银行中间业务

二、简答题

1. 商业银行是怎样产生和发展起来的？
2. 怎么理解商业银行的性质？它在业务经营中具有哪些职能？
3. 商业银行借入资金的渠道有哪些？它与吸收存款筹集资金相比有何特点？
4. 商业银行资产业务主要由哪几个部分构成？各自又可以分为哪些种类？
5. 商业银行中间业务与资产负债业务的根本区别在哪里？主要有哪些业务种类？
6. 商业银行经营管理的“三性”原则具体内容是什么？
7. 商业银行经营管理理论经历了哪些阶段？
8. 商业银行资产负债管理的基本方法有哪些？

第六章　投资银行及其业务

本章要点：

本章主要介绍投资银行相关的基础知识和基本理论。立足基本概念，包括投资银行、证券发行与承销、证券交易、证券的私募、兼并与收购，介绍投资银行的产生与发展、性质与类型、主营业务等，介绍我国投资银行的发展历程、现状、存在的主要问题及其对策，最后介绍并分析投资银行的业务。

学习目标：

- 掌握投资银行的概念
- 掌握投资银行的业务
- 了解投资银行的性质与类型
- 了解投资银行的产生及其发展
- 了解我国投资银行的现状

基本概念：

投资银行　证券承销　证券交易　证券私募　兼并与收购　基金管理

第一节　投资银行的产生与发展

一、投资银行的定义

投资银行是个日新月异的行业，因此，对于投资银行的界定实际上变得极为困难，这也是到目前为止世界上还没有一个关于投资银行的权威定义的原因。但是绝大多数人都认同这样一个理念，即今天的投资银行概念除了传统的证券承销和融资的含义外，还涵盖了证券经纪、证券交易、投资管理、收购兼并、财务顾问、金融创新、衍生工具、项目融资、杠杆收购等众多领域。基于此，罗伯特·库恩也提出了两个广义的投资银行定义：①任何经营华尔街金融业务的银行，都可以称作投资银行。这是投资银行最广义的定义，它不仅包括从事证券业务的金融机构，甚至还包括保险公司和不动产经营公司。②只有经营一部分或全部资本市场业务的金融机构才是投资银行。这里所说的资本市场是与货币市场相对的，即指期限在一年或一年以上的中长期资金市场。因此，证券包销、公司资本金筹措、兼并与收购、咨询服务、基金管理、创业资本及证券私募发行等都应属于投资银行业务；而不动产经纪、保险、抵押等则不应属于投资银行业务。库恩认为，第二种观点最符合美国投资银行的现实状况，因而是目前投资银行的最佳定义。

从现代投资银行的业务活动出发，我们认为：投资银行是经营全部资本市场业务的非银行金融机构，主要从事证券发行、承销与交易代理，策划企业并购与资产重组，基金管理与投资以及为企业融资进行咨询、顾问服务等业务。一个投资银行不一定经营上述的所有业务，这与它的规模、信誉、在市场中的表现和客户基础有关。投资银行是资本市场中最重要的媒介，是市场经济机制的组织者和有机组成部分，是现代金融系统的核心要素。

投资银行虽然冠之以“银行”二字，但并不是一般意义上的商业银行。因为就商业银行而言，它最主要的业务是存款、贷款和结算等，而这些业务投资银行都没有，硬是把不做存贷与结算业务的证券公司称作银行的确有点不可思议。投资银行之所以还被称之为“银行”，一方面是它的确是金融体系中的重要的一员，另一方面有其历史原因。在1933年美国《证券法》颁布以前，投资银行与商业银行是相互融合、相互渗透的，该法颁布后导致了两者的分离，投资银行专事证券经纪而不再办理存贷业务，但仍然保留了“银行”的名称。实际上，具体的投资银行并不被称为“银行”或“投资银行”，而往往被称为“公司”，如美林公司、摩根士丹利公司、高盛公司等，美国12家投资银行巨头的正式名称中，除了“谨慎证券公司”(Prudential Securities Inc)外，其他各家的名称上都无“投资银行”或“证券”字样，而它们却恰恰是全球投资银行业的真正霸主。这些公司的名称说明，并非投资银行就要冠以“投资银行”四个字；反过来，名称叫做“投资银行”的金融机构并不一定是真正意义上的投资银行。例如我国曾有一家专营外国对华贷款的“中国投资银行”(已经被中国光大银行收购)，从其业务活动看，其实是一家商业银行。

投资银行的称谓在其他国家各有不同。在英国，投资银行习惯上被称为“商人银行”，但最近几年，许多大投资银行为了减轻自身的家族特色并开拓全方位的业务，纷纷宣布自己为“国际投资银行”。实力最雄厚的英国著名投资银行有华宝、罗斯柴尔德、罗伯特·佛莱明及施罗德等。在日本，投资银行一般被称做“证券公司”。居于日本投资银行第一层次的野村、日兴、山一、三和四家证券公司规模最大，是日本证券业的支柱。在我国投资银行也被称作证券公司。

二、投资银行的产生与发展

(一) 投资银行的起源

投资银行在西方经历了几百年的发展，它起源于欧洲，并于19世纪传入美国，在欧洲与美国分别发展起来。投资银行萌芽于欧洲，其历史可追溯到15世纪欧洲的商人银行。早在商业银行发展之前，一些商人就开始为他们自身和其他商人的短期债务进行融资，这一般是通过承兑贸易商的汇票对其进行资金融通。由于这些金融业务由商人提供，因而这类银行就被称为商人银行。之后“商人银行”一词一直被沿用下来，目前从事投资银行业务的机构在欧洲仍被称为商人银行。在商人银行发展之初，投资银行业务还只是非主营业务。渐渐地，一些商人认识到此类业务的高盈利性而逐渐过渡到专门从事此类业务，这才出现了专门从事投资银行业务的商人银行。欧洲的工业革命扩大了商人银行的业务范围。随着时间的推移，个别商人银行也逐渐开始从事一些新的金融业务，如帮助公司筹集股本金、充当投资顾问等。

欧洲早期的投资银行业务主要源自于国际贸易的发展，其经营相对较简单：一是提供承兑与担保服务；二是以抵押品作担保发放一部分贷款，与当时商业银行业务有相似之处。此外，一些主要的家族也承销经营债券。

在美国,投资银行的发展比西欧要晚许多年,到19世纪后半叶美国的投资银行才开始从证券承销中逐渐发展起来。19世纪后半叶兴起的铁路、钢铁行业和自来水系统的建设需要大量的资金,这些公司便通过发行股票来筹集资金。此时,一些人看到以规范的方式帮助正在发展中的行业推销它们发行的股票是一个可以赚大钱的机会,于是他们开始包销企业发行的股票,保证股票发行公司可以按预定的价格出售并承担股票在市场上再出售的风险。投资银行这一业务活动的开展使许多企业成功地通过发行股票筹措了大量资金,同时也扩大了投资者的范围,增加了市场需求。他们的业务活动有效地促进了美国资本市场的发展。美国的投资银行与其欧洲同行的不同之处在于,它们是在与证券业的互动发展中壮大起来的。在政府信用扩张和工业大量筹资的情况下,美国投资银行迅速拓宽了业务领域,不仅从事承兑、持有汇票为贸易融资等交易,而且紧跟美国经济发展占领了大批证券承销的业务领域。

(二) 投资银行业的初期繁荣

第一次世界大战结束前,一些大银行就已开始着手为战争的结束做准备。战后大量公司开始扩充资本,投资银行业从此开启了其真正意义上的、连贯发展的序幕。虽然有1864年《国民银行法》的严格规定,禁止商业银行从事证券承销与销售业务,但美国商业银行想方设法绕过相关的法律规定,仍然可以通过控股的证券公司将资金投放到证券市场上。美国的J.P.摩根、纽约第一国民银行、库恩-洛布公司都是私人银行与证券公司的混合体。1927年的《麦克法顿法》则取消了禁止商业银行承销股票的规定,这样在20世纪20年代,美国银行业的两个领域终于会合起来。同时,20世纪20年代美国进入了产业结构调整期,新行业的出现与新兴企业的崛起成为保持经济繁荣的支撑力量。由于通过资本市场筹集资金成本低、期限长,导致许多公司的融资途径发生了变化。新兴企业在扩充资本时减少了对商业银行贷款的依赖,这使美国的债券市场和股票市场得到了突飞猛进的发展。由于证券市场业务与银行传统业务的结合,以及美国经济的繁荣,投资银行业的繁荣也真正开始了。

这一时期投资银行业主要有以下两个特点:

第一,主营业务是证券承销与分销,商业银行与投资银行混业经营;债券市场取得了重大发展,公司债券成为投资热点,同时股票市场引人注目。

第二,银行业的强势人物影响巨大,在某种程度上推动了混业经营的发展。

(三) 20世纪30年代确立分业经营框架

1929年10月,华尔街股市发生大崩盘,引发金融危机,进而导致了20世纪30年代的经济大萧条。在大萧条期间,美国众多银行倒闭,占银行总数的1/3,极大地损害了存款者的利益,企业也由于贷不到款而大量破产。对大萧条的成因,调查研究的结论是,商业银行业、证券业、保险业在机构、资金操作上的混合是大萧条产生的主要原因,尤其是商业银行将存款大量贷放到股票市场导致了股市泡沫,混业经营模式成为罪魁祸首。由此得出的结论是:为避免类似金融危机的再次发生,证券业必须从银行业中分离出来。

在此背景下,美国通过了一系列法案,其中,1933年通过的《证券法》和《格拉斯-斯蒂格尔法》对一级市场产生了重大的影响。这两部法律严格规定了证券发行人和承销商的信息披露义务,以及虚假陈述所要承担的民事责任和刑事责任,并要求金融机构在证券业务与存贷业务之间做出选择,从法律上规定了分业经营。1934年通过的《证券交易法》不仅对一级市场进行了规范,而且对交易商也产生了影响;同时,美国证券交易委员会取代了联邦贸易委员会,成为证券监管机构。而1937年成立的全美证券交易商协会则加强了对场外经纪人和证券商的管理,并对会员制定了业务标准。这些法案的通过使投资银行业与商业银行在业务上严格分离,逐步形成了分割金融市场的金融分业经营制度框架,奠定了美国投资银行业的基础,并对其他国家银行业的管理模式产生了重大影响。在20世纪30年代的大多数年份,新证券的发行非常少,主要业务是为以前发行的债券换新;第二次世界大战期间则是由政府主导证券市场的发展,国库券成为投资热点。

(四)分业经营下投资银行业的业务发展

20世纪60年代以来,美国金融业及其面临的内外环境已经发生了很大的变化:工商业以发行债券、股票等方式从资本市场筹集资金的规模明显增长,资本市场迅速发展,资本商品日新月异,交易商、经纪人、咨询机构等不断增加,保险业与投资基金相继进入这个市场,资本市场在美国金融业中的地位日益上升;由于银行储蓄利率长期低于市场利率,而证券市场则为经营者和投资者提供了巨额回报,共同基金的兴起吸收了越来越多的家庭储蓄资金,甚至证券公司也开办了现金管理账户为客户管理"存款",这使得商业银行的负债业务萎缩,出现了所谓的"脱媒"现象;技术进步提高了金融交易的效率,降低了成本,更加复杂的衍生金融交易可以使用计算机程序安排;欧洲市场兼容型的金融业务使其竞争力更强。在20世纪60年代,获得较大发展的是市政债券一级互助基金的销售;进入70年代以后,越来越多的公司开始转向债券市场筹集资金,同时金融创新与金融自由化的序幕也被拉开,新产品层出不穷;到了80年代,公司债券的发展与金融品种的创新活动达到高峰。值得注意的是,80年代"垃圾债券"成为一个引人注目的现象。面对这种变化,美国商业银行越来越觉得有必要绕过分业经营的制度框架,银行控股公司也就应运而生并得到迅速发展,成为绕过监管,从事包销证券、代理保险、房地产经纪管理咨询的有效途径。但是美国《证券法》和《格拉斯-斯蒂格尔法》仍然是美国商业银行发展的壁垒。为此,1986年美联储通过了一项允许部分美国商业银行提供有限投资银行业务的政策,放松了对银行控股公司和其证券公司的监管;1989年美联储甚至批准J.P.摩根公司重返证券业,此后许多大商业银行也纷纷设立了证券机构;1997—1998年,美国国会取消了商业银行、证券公司、保险公司互相收购的限制,允许其进入金融业,对商业银行在经营保险业方面也有类似放松。20世纪80年代至20世纪末,美国金融业开始逐渐从分业经营向混业经营过渡。

(五)20世纪末期以来投资银行业的混业经营

20世纪八九十年代,日本、加拿大及西欧等国相继经历了"金融大爆炸",银行几乎可以毫无限制地开展投资银行业务,这也是美国放松金融管制的外在原因。在内外因素的冲击下,到了20世纪末期,1933年《证券法》和《格拉斯-斯蒂格尔法》等制约金融业自由化的法律已经名存实亡。作为持续了20余年的金融现代化争论的结论,1999年11月《金融服务现代化法案》先后经美国国会通过和总统批准,成为金融业经营和管理的一项基本性法律。

《金融服务现代化法案》对美国20世纪60年代以来的有关金融监管、金融业务的法律规范进行了突破性的修改,标志着现代金融法律理念已经由最早的规范金融交易行为发展到强调对风险的管理和防范之后,再深入到放松金融管制以法律制度促进金融业的跨业经营和竞争。

《金融服务现代化法案》意味着20世纪影响全球各国金融业的分业经营制度框架的终结,并标志着美国乃至全球金融业真正进入了金融自由化和混业经营的新时代。

三、我国投资银行业的发展历史

(一) 证券公司的萌芽时期(1981—1990 年)

1981—1990 年是我国证券公司的萌芽时期,其主要特征是国家和企业开始试行以发行国债、企业债券和股票的方式从社会筹措资金,这种投融资方式的变化,催生了现代中国的证券市场。随着证券市场的逐步形成与发展,一些机构从银行中分化出来专营证券业务,由此诞生了现代中国的证券公司。

我国自 1979 年实行改革开放政策以来,有中国特色的社会主义市场经济逐步发展起来,这就为中国证券市场的产生和发展提供了必要的前提,同时也为中国证券公司的产生和发展提供了现实基础。

沈阳市信托投资公司是我国第一个经营证券转让业务的金融机构,该公司于 1986 年在沈阳市试办有价证券转让业务,从此揭开了我国证券业发展的序幕。1987 年 9 月,由深圳 12 家金融机构合资创办的我国第一家证券公司——深圳特区证券公司经中国人民银行总行批准试办,其主要业务是办理各种有价证券买卖和转让,为证券投资提供咨询服务。到 1988 年底,全国共有证券公司 34 家,证券交易柜台 100 多个,初步形成了证券专营和兼营机构共存的证券公司格局。到 1990 年底,经中国人民银行总行批准在全国主要城市成立的专业证券公司有 34 家,兼营证券业务的信托投资公司有 300 多家。

1990 年年底,经国务院批准,新中国第一家证券交易所——上海证券交易所正式宣告成立并正式营业。至此,我国投资银行业的框架基本形成,即以证券公司为主、证券交易营业部为辅、证券交易代办点作为补充的证券公司体系。但这时的证券公司主要经营债券业务,只有少数证券公司开办股票业务。

(二) 证券公司的发展时期(1990—1996 年)

1990—1996 年是我国证券公司的发展时期,这一时期上海证券交易所和深圳证券交易所正式成立,证券市场规模迅速扩大,证券公司得到快速发展。

1990 年 12 月上海证券交易所正式成立,与此同时深圳证券交易所也在 1990 年经过试营业后于 1991 年正式开业。沪、深两个交易所的诞生,是我国证券业在经过长期艰难的探索和实践后迈出的历史性的一步,是现代中国证券发展史上的一个里程碑,它标志着我国证券市场从此进入了有组织的证券交易市场阶段。例如,采用了现代电子通信技术实现了无纸化发行和交易;证券市场从场外柜台交易转向场内交易;建立了全国性的集中统一市场;促进证券交易符合公平、公正、公开原则;证券市场规模迅速扩大。

在这一时期,证券公司业务范围迅速扩张,开始全面承做投资银行业务。

(三) 证券公司调整和规范时期(1996 年至今)

1996 年至今是证券公司调整和规范发展时期,其主要特征是:国民经济处于调整时期,证券市场和上市公司在调整和规范中发展;《证券法》的颁布为证券公司的规范和发展指明了方向。

第二节 投资银行的性质与类型

一、投资银行的性质与职能

(一) 投资银行的性质

从各国和不同地区的金融业发展历史来看,英国基于商业、海外贸易的发展需要产生了商人银行及商人银行业;美国顺应经济基础设施建设的需要和大公司、大企业的融资服务要求出现了投资银行业;而日本则是由于证券市场的产生和发展而兴起了证券公司。20 世纪 70 年代,东南亚国家以及许多第三世界国家和地区出于发展金融市场或证券承销的目的纷纷创建了投资银行。此后,中国香港、新加坡相继发展成为亚洲新的国际投资银行中心。尽管各国和各地区投资银行产生的经济因素、发展历程不尽相同,对从事投资银行业务的金融机构称谓也有所差别,各国投资银行所从事的业务也不完全一样,但是,西方金融界普遍认为它们在性质上相同,本质上一致,这些银行的性质基本上是充当证券发行公司和证券投资者中介人的角色。换句话说,投资银行的实质就是证券推销商(Merchandiser of Securities)。

(二) 投资银行的职能

从对投资银行在经济发展中扮演的重要角色和投资银行性质的分析可以归纳出投资银行具有以下几个方面的职能:

1. 经济促进职能

投资银行的经济促进职能主要表现在它能够促进长期资本的形成,为经济的发展提供源源不断的动力。投资银行是证券市场的核心和中间环节,它联系着筹资者和投资者。离开了它,证券的发行、交易就失去了必要的金融投资工具,长期资本市场就会萎缩。相反,正是因为投资银行提高和扩大了储蓄转化为投资的几率,尤其是长期投资的效率和市场范围,开辟了投资渠道,扩大了资金来源,降低了筹资成本,从而促进了国民经济的发展。

2. 中介人职能

投资银行是证券发行公司和证券投资者的中介人。它要组织、承购、分销新证券的发行。它对一级市场效率的提高、成本降低、规范发展起着推动作用。同时投资银行又是二级市场的中介人和重要的参与者。这对于提高二级市场的流动性,活跃二级市场交易,起到了不可缺少的作用。

3. 培育企业家队伍的职能

在经济发展过程中,往往缺乏一个活跃的私人部门或企业家阶层来扮演发展过程中的重要角色,也缺少一个能在某种程度上替代企业家阶层的金融部门,因而在经济发展、金融业演进中遇到重重阻力。而投资银行的优势就在于其灵活性、创新精神和企业家精神,正是这些特点培育了企业和企业家的成长。

4. 促进金融资本与产业资本融合的职能

这种职能在美国表现得比较明显。许多美国投资银行本身拥有雄厚的资产,有的超过百亿美元,这些投资银行逐渐加强向企业的渗透:一方面通过董事席位和企业顾问来加强企业经营的监督和控制;另一方面又通过收购股票来控制持股公司。同样,实力雄厚的公司也收购投资银行的股票，使金融资本与产业资本相互渗透。

二、投资银行的类型

当前世界上主要有以下几类投资银行：

（一）独立的专业型投资银行

这种形式的投资银行在规模、市场实力、客户数量、客户实力、信誉等方面均达到一流水平。美国的高盛公司、美林公司、所罗门兄弟公司、摩根士丹利公司、瑞士信贷第一波士顿公司，日本的野村证券、大和证券、日兴证券、山一证券，英国的华宝公司、宝源公司等均属于此种类型，并且它们都有各自擅长的专业方向。

（二）商业银行拥有的投资银行（商人银行）

这种形式的投资银行主要是商业银行对现存的投资银行通过兼并、收购、参股或建立自己的附属公司形式从事商人银行及投资银行业务。这种形式的投资银行在英、德等国非常典型。

（三）全能型银行直接经营投资银行业务

这种类型的投资银行主要在欧洲大陆，它们在从事投资银行业务的同时也从事一般的商业银行业务。

（四）一些大型跨国公司兴办的财务公司

随着经济全球化的发展，一些跨国公司兴办自己的财务公司专门从事投资银行业务。

第三节 投资银行的业务

一、证券承销

证券承销是投资银行的基本业务。在直接融资的资本市场中，投资银行的承销活动使筹资活动高效、正规、快速进行。投资银行承销的范围很广，不仅承销本国政府所发行的债券、企业所发行的债券和股票以及外国政府与外国公司发行的证券，甚至还承销世界银行、亚洲开发银行等国际金融机构发行的证券。证券承销包括下列几个步骤：

（一）发行准备

发行准备阶段要选择最佳发行方案，以最小成本、最短时间、最便捷程序、最吸引投资人的方式，就证券发行的种类、时间、条件等进行评估决策。投资银行在明确发行公司的发行目的与兴趣后，收集相关资料，包括宏观经济分析、行业分析、同类公司股票状况等，凭借其经验确定发行结构和证券定价，并进行风险评估和市场预测、准备法律和会计分析表格与文件、编制申请上市登记表。

（二）申请发行

申请发行阶段要向有关证券交易管理部门，如美国的证券交易委员会（SEC）、中国证券监督管理委员会（CSRC）等，申报发行证券的种类和发行条件。

（三）批准后进行承销

在获得有关证券交易管理部门批准后，发行者与投资银行签约，开始承销工作。许多发行项目，特别是政府、公用事业、国外上市的证券经常采用竞争性投标的方式确定包销银行。当证券发行量大时，由主承销商组织若干家合伙人组成辛迪加，共同担负承销任务。承销方式有以下三种。

1. 全额包销

承销团按承销价买下发行的全部证券再进行分销。发行者可短时间内获得其预定筹款额，投资银行获买卖差价。

2. 代销

投资银行仅作为发行代理人推销证券，不承担每股定价和筹集总额度的风险。未售出证券由发行者收回，投资银行收取手续费作为报酬。

3. 余额包销

投资银行先作为代理尽力推销，未售出的证券由投资银行承担购买，负有限责任。

（四）证券分销

在证券分销过程中，投资银行要组织一个规模庞大的销售集团，不仅包括辛迪加成员，还包括非辛迪加成员。通过投资银行良好的信誉、与投资者良好的关系和广泛的宣传完成分销任务。

二、证券交易

证券交易是证券承销的继续。绝大多数投资银行具有强大的交易能力。由于一级市场和二级市场的互动作用，投资银行参与证券交易既是二级市场交易的需要，也是维护其在一级市场地位的需要。在证券承销完毕后，投资银行要为证券创造一个流动性较强的二级市场，并维持市场稳定，防止证券上市之后的价格低于发行价过多。这样既维护了发行者的声誉，以防止其日后再发行证券受阻；又有助于维护投资银行自身的利益。这是赚取价差的需要，也是保持其在投资者心目中地位的需要，以免影响以后承销业务。

投资银行在二级市场中对不同的证券执行不同的交易功能，既做经纪业务，又做自营业务。

作为经纪人，投资银行充当客户（买方或卖方）的委托代理人，接受客户指令，促成客户的买入或卖出交易。其自身不拥有证券，在价格变更或利率变动时不承担风险，收益来自于委托佣金。

作为自营商，投资银行自己拥有证券，参与证券投资。由于投资银行管理受客户（养老基金、共同基金等）委托的大量资产，加之其自身拥有的资产，可通过证券组合投资获取投资收益（证券利息收益和价差），但同时承担价格风险。

此外，投资银行在二级市场还经常进行风险套利活动。例如，在企业并购中，购买被并购公司的证券，并购开始后股价上升投资银行可获取价差，但要承担并购失败证券价格下跌的风险。

三、证券的私募

私募是相对于证券的公开发行而言的。为了规避公开发行的种种限制或满足快速筹资的需要，发行者不公开发行证券，只将其售给特定投资者，如共同基金、保险公司等。私募需要投资银行为发行者寻找投资人，或将其证券包销后再推销给机构投资者。

由于私募发行不受公开发行的章程限制，就证券发行的种类、价格和条件等，发行者和机构投资者可在投资银行的安排下进行协商。私募市场因此成为许多金融创新的诞生地和试验场所。

在投资银行的中介下，私募市场的规模不断扩大，养老基金和保险基金等机构投资者的储备已成为私募市场资金的一个巨大来源。在其不断投资于私募市场的同时，为发行者提供了选择特殊融资方式的自由。

四、兼并与收购

企业的并购是经济发展中产业重组以促进效率和竞争的需要。并购涉及资本结构的改变和大量融资，必然要求投资银行的参与。并购与反并购已成为现代投资银行业务领域中最激烈复杂、引人入胜的部分，并且成为核心部分。

投资银行参与并购业务，其业务范围不仅包括狭义的企业兼并与收购，而且包括广义的除企业兼并、收购和接管以外的公司杠杆收购、公司结构调整、资本充实和重新核定、破产与困境公司的重组等筹划与操作。投资银行的作用有两方面：一是提供信息，二是筹集资金。

在并购中，投资银行的行为包括：①寻求并购机会，即寻找并购对象；②定价，即为兼并公司和目标公司分别提供关于交易价格和非价格条件的咨询，或者帮助目标公司抵御非友善的并购企图；③融资，即帮助兼并公司筹集必要的资金以实现购买计划。

五、基金管理

基金管理包括投资基金及保险基金、养老基金等金融机构的基金管理。投资基金在美国称为共同基金或互惠基金，在英国称为信托单位，在日本称为证券投资信托基金，近些年来得到广泛的发展和普及。作为一种集合投资，基金受到广大投资者青睐。投资银行可以作为基金的发起人、管理人和托管人，更多的是由于其在证券市场中的特殊地位及丰富的理财经验和专业知识，接受基金发起人的委托管理基金，进行组合投资。对于养老基金和保险基金这些机构来说，近年来资金储备急剧增长，这也需要投资银行参与其资金投资管理工作。

投资银行管理基金，一方面可以凭借其人才优势、信息优势，在分散和降低风险的基础上获取较高收益；另一方面可以通过理性投资平抑证券市场的价格涨落，防止过度投机。

六、风险资本筹集

风险资本又称创业资本，指新兴公司在创业期和拓展期所融通的资金。新兴公司一般选用新技术或新发明生产新产品，或是专门从事新资源的开发、投资于热门的投资领域等。这些公司既存在着高额的潜在收益，也面临极大的倒闭、破产、失败的可能性。这些公司由于规模小、资信差、风险大，难以贷款筹资或是公开发行股票，往往由投资银行通过私募的办法为其融资。当这些公司发展顺利，实力壮大，信誉提高后，投资银行再帮助其上市。相对于私募时的股价来讲，将有数十倍甚至上百倍的收益。

故从风险资本的筹集到证券的公开上市，投资银行参与了各种层面的业务。其对于风险基金的管理办法有两种：①只参与风险资本筹集活动并收取一定佣金。②如新兴公司前景看好，投资银行往往设立专门机构从事风险资本的投资。

七、金融工程

金融工程是利用金融技术的发展和创新解决金融问题，并利用融资机会使资产增值。

（一）资产证券化

投资银行参与资产证券化,使流动性差的资产能够转化为可以公开买卖的证券,成为融资市场又一次重大的创新。进行资产转化的公司,即资产证券发起人把其持有的流动性较差的金融资产,如住房抵押贷款、信用卡应收款等,经过组合出售给投资银行,投资银行再以其为担保发行资产支持证券,以收回购买资金。作为证券发行依据的资产属于发起人的各类贷款或应收款,这样就使不能以任何方式进行买卖的消费者小额贷款通过滚雪球似的积累而变成能在公开市场进行交易的巨额金融票据。

资产证券化不仅实现了融资,还分散了借贷风险,是对投资人和发起人均有益的业务。投资银行在包销资产证券时获取佣金,同时如由其购买抵押资产再将其证券化,可以在购买资产与销售证券的价差中实现利润。

(二)金融工具创新

投资银行是进行金融工具创新的主力军。通过创立金融新产品,使筹资、融资灵活便利,控制了投资风险,也使投资银行扩大了业务、增加了收入。金融工具创新——衍生工具,是从一些基础资产的价格变化派生出其价值的有价证券,如期货、期权、远期合同、掉期等。目前投资银行的金融工具创新有数百种。

使用衍生工具的目的可以是为了套期保值,也可以是为了增加回报或是改进有价证券投资管理。投资银行使用衍生工具大大增加了业务发展的灵活性,可以同时获得三方面的收益:①为客户买卖衍生工具的佣金收入。②在衍生工具交易市场中,投资银行为促成交易,有时会成为交易的一方当事人。为避免资本损失或套利,主要为交易找另一方,从而获取买卖价差收入。③运用衍生工具为自身进行套期保值,回避风险,控制交易中的风险收益比,保证其业务操作的稳妥性,优化其自身金融结构。

八、金融咨询

投资银行还为广大投资者提供咨询服务,帮助其进行市场调查、法规咨询、材料汇编,确定投资方案、评估风险收益,及时传输信息,解决金融难题。同时投资银行与企业联合日益紧密,成为企业的战略顾问,对财务管理和经营管理提供咨询策划。投资银行不仅是在证券承销、并购中担当重要角色,而且在企业常规运营及改革创新中也起了一定的作用。

金融咨询使投资银行与投资者建立了良好、稳定的关系,掌握了来自客户经营管理发展的第一手资料,丰富了投资银行的信息关系网,为其主营业务寻找投资者开通了道路。特别是在信息时代,金融咨询业务为投资者和投资银行都带来了巨大的无形效益。

本章小结

1. 投资银行是经营一部分或全部资本市场业务的非银行金融机构。投资银行的实质就是证券推销商(Merchandiser of Securities)。

2. 投资银行具有以下几个方面的职能:经济促进职能,中介人职能,培育企业家队伍的职能,促进金融资本与产业资本融合的职能。

3. 当前世界的投资银行主要类型:独立的专业型投资银行,商业银行拥有的投资银行(商人银行),全能型银行直接经营投资银行业务,一些大型跨国公司兴办的财务公司。

4. 投资银行的业务广泛,其主要业务有:证券承销、证券交易、证券的私募、兼并与收购、基金管理、风险资本筹集、金融工程和金融咨询。

5. 证券承销包括下列几个步骤:发行准备,申请发行,批准后进行承销,证券分销。

思考与练习

一、名词解释

投资银行　证券承销　证券交易　证券私募　基金管理

二、简答题

1. 投资银行与商业银行的区别。
2. 试述投资银行的性质与职能。
3. 投资银行具体有哪些类型?
4. 投资银行经历了哪几个发展阶段?
5. 简述投资银行有哪些主营业务。

第七章　保险与保险公司

本章要点：

本章主要介绍保险与保险业务，立足基本概念的阐述；介绍保险中介的含义、主要特征及作用。

学习目标：

- 掌握保险的定义
- 掌握保险的分类
- 了解保险公司的发展和基本业务
- 了解保险中介业的发展情况

基本概念：

风险　保险　保险公司　保险代理人　保险经纪人　保险公估人

第一节　保险概述

一、风险的概念

众所周知，自从有了人类社会，各种各样的自然灾害和意外事故就一直伴随着人们。从远古的森林大火、洪水、战争到今天出现的航天飞机坠毁、核电站泄漏，这些灾害事故严重地威胁着人们的生产和生活，阻碍着人类社会的发展进程。这些灾害事故带来的损失具有极强的不确定性，这种损失的不确定性就叫做风险。风险是普遍、客观存在的，而且从总体上看，风险的发生具有必然性。各种各样的风险不仅破坏着人们的生产，摧毁着人们的物质财富，甚至对人们的生命也形成了严重的威胁。人类社会时时刻刻都面临着形形色色的风险。例如，2004 年 12 月 26 日，印尼苏门答腊岛附近海域发生里氏 8.7 级地震，引发巨大海啸，造成印度洋沿岸国家 20 多万人死亡，150 多万人流离失所，海啸造成的损失超过 100 亿欧元。震惊世界的“9.11 事件”给纽约市带来的各种直接和间接经济损失高达 1 050 亿美元，死亡 3 000 多人。虽然人类社会目前还不能彻底消除风险，但可以通过自己的活动尽量减少风险的发生，降低风险导致的损失。我们把人们为减少风险发生、降低损失程度而进行的活动称作“风险管理”。所谓风险管理，是指人们通过对自己所面临的风险进行识别、估测和评价，对风险实施有效控制并妥善处理风险所导致的损失，期望达到以最小的成本获得最大安全保障的管理活动。人们进行风险管理的方法很多，包括控制性风险处理方法(避免风险、分散风险、预防和抑制风险)和财务型风险处理方法(自留风险、转移风险)。转移风险中,最重要的措施是保险。保险具有分散风险、分摊损失的基本职能,但并不是所有的风险都可以进行保险,商业可保风险有着其特殊的条件或要求。商业保险是营利性的,所以有些风险还需要社会保险和政策性保险来处理。

二、保险的概念

《中华人民共和国保险法》(简称《保险法》)第二条对保险下了一个明确的定义:保险是指投保人根据合同约定,向保险人支付保险费,保险人对于合同约定的可能发生的事故因其发生所造成的财产损失承担赔偿保险金责任,或当被保险人死亡、伤残、疾病或者达到合同约定的年龄、期限时,承担给付保险金责任的商业保险行为。保险的定义可以从两个方面来解释。从经济角度上看,保险是分摊损失的一种财务安排。投保人参加保险实质上是将他的不确定的大额损失变成确定的小额支出,即保险费。而保险人通过向所有投保人收取保险费建立起保险基金,用以补偿少数被保险人受到的意外事故损失。因此,保险是一种有效的财务安排,并体现了一定的经济关系。从法律角度来看,保险又是一种合同行为,体现的是一种民事法律关系。根据合同约定,投保人承担支付保险费的义务,换取保险人为其提供的经济补偿或给付的权利。

三、保险的分类

保险业务名目繁多,通常有以下几种分类方式:

1. 按实施的方式可以分为强制保险和自愿保险

(1) 强制保险是以国家法律形式强制实施的,凡属于保险范围内的有关单位和人员必须参加的保险。

(2) 自愿保险是投保人与保险人自愿签订保险合同而结成的保险关系,投保人根据自己的实际需要和承担保险费的能力决定是否参加保险以及选择险种。

2. 按保险标的的保障范围分为财产保险、人身保险、责任保险、信用和保证保险

(1) 财产保险是以财产为保险对象,对被保险人因自然灾害或意外事故所造成的物质财产损失实行经济补偿的保险。这里所说的财产保险是以物质形态所存在的财产保险,通常成为财产损失保险,具体包括企业财产保险、家庭财产保险、工程保险、运输工具保险、货物运输保险等几大类。

(2) 人身保险是以人的寿命和身体为保险对象,在被保险人死亡、伤残、疾病、年老丧失劳动力或保险期满时给付保险金的保险,包括人寿保险、健康保险和意外伤害保险。

(3) 责任保险是以被保险人的民事损害赔偿责任为保险对象。被保险人依法或根据合同约定应对他人的损害负经济赔偿责任的,由保险人依据保险合同代为赔偿。

(4) 信用和保证保险是保险人向债权人提供的一种担保业务。保险人对债权人因被保险人的不法行为(如盗窃、诈骗)或不履行合同而遭受的损失负经济赔偿责任。

3. 按保险的政策性分为社会保险和商业保险

(1) 社会保险是指国家通过立法,采取强制手段对国民收入进行分配和再分配,形成一种专门的消费基金,当劳动者暂时或永久丧失劳动能力以及失去工作机会时,在物质上给予社会帮助以保障其基本生活的制度。社会保险主要有工伤保险、失业保险、生育保险、养老保险等。

(2) 商业保险指采用商业化经营的原则，收取保险费建立保险基金，对财产损毁或人身伤亡实行经济补偿或给付的一种企业行为。

4. 按风险转嫁方式分为原保险和再保险

(1) 原保险指投保人与保险人之间直接签订保险合同而结成的保险关系。

(2) 再保险指保险人避免风险过于集中而因一次灾害事故影响自身财务的稳定，将其所承保的业务的一部分或全部再次向另一保险人投保的经济行为。

四、保险的职能

1. 保险的基本职能

保险的基本职能包括分摊风险、补偿损失或给付保险金。

保险是将在一定时期内可能发生的自然灾害和意外事故所导致的经济损失，在所有有共同风险的投保人之间平均化了，使少数人的经济损失由所有的投保人分担，从而使个人难以承受的损失变成多数人可以承担的损失。通过这种分摊方式，给予受损的被保险人经济补偿。分摊风险是补偿损失的前提和手段，补偿损失是分摊风险的目的。在人寿保险中，补偿损失的职能体现为给付保险金。

2. 保险的派生职能

保险的派生职能包括投资职能和防灾防损职能。

由于保险收费和补偿(或给付)的发生具有一定的时间间隔，这就为保险人进行投资活动提供了可能；同时，保险人为了使保险经营稳定，必须保证保险基金保值增值。这就派生了保险投资的职能。从国外的经验来看，投资是保险公司收益的重要来源。保险是承担风险的，作为保险经营者，为了稳定经营，则要通过人为的事前预防减少损失的发生以降低赔偿或给付。由此，保险又派生了防灾防损的职能。保险公司通常是以提供损失管理服务来实现防灾防损职能的。损失管理服务的内容主要是分析潜在的损失风险、评价保险标的的风险管理计划、提出费用合理的替代方案和损失管理措施等。

第二节 保险公司与保险业务

保险公司也是金融机构的一种。这是因为从表面上看，保险公司在某些方面具有与银行等金融机构相似的特点，特别是保险公司也具有融资的功能。但是作为提供保险服务的组织，保险公司的业务活动及经营管理还有其自身的特殊性。

一、保险公司的产生和发展

从经济学角度来说，保险是保险人向被保险人提供的服务劳动形成的一种服务商品，而保险公司就是经营保险业务、提供保险商品的一种组织形式。保险公司的产生和发展与保险的产生和发展密不可分，保险公司的分类与职能在某种程度上也体现保险的分类与职能。

(一) 保险及保险公司的产生

海上保险在各类保险中起源最早，历史最长。共同海损分摊原则是海上保险的萌芽，而海上贸易的发展带来的船舶抵押借款和货物抵押借款制度则可看做是早期形态的海上保险。现代意义的海上保险产生于14世纪的地中海地区，那里是当时西欧和东方进行贸易的中心，已开始了正式的保险经营，有的国家还制定了海上保险法规，产生了具有现代意义的保险单。15世纪以后，海上贸易中心转移到英国。16世纪下半叶，英国伦敦皇家交易所内建立了保险商会，专门办理一切保单的登记事宜。1720年，英国的“皇家交易保险公司”(Royal Exchange Assurance Corporation)和“伦敦保险公司”(London Assurance Corporation)两家保险公司正式成为经营海上保险的专业公司。

火灾保险起源于1118年冰岛设立的Hrepps社，该社对火灾及家畜死亡损失负赔偿责任。现代火灾保险则起源于德国。17世纪初，德国实行了互助性质的火灾保险协会制度，并于1676年成立了第一家公营保险公司——汉堡火灾保险局。在1666年伦敦发生了历时五天的大火以后，1667年牙医巴蓬独资设立营业处，办理住宅火险，并于1680年成立了火灾营业所，1705年更名为凤凰(Phoenix)火灾保险公司。17世纪到18世纪，德国和英国逐渐形成了多家火灾保险公司。这是具有真正意义的火灾保险的开始。

人寿保险思想的萌芽产生于人类早期的各种互助制度。在欧洲，以中世纪产生的基尔特制度(Guid)为基础形成的各种互助组织，如英国的友爱社、德国的救济金库、法国的相互救济会等，已接近现代的保险组织。1689年法国实行了“联合养老保险办法”(简称“佟蒂法”)，这是一种年金形式的养老保险。17世纪第一张完全的生命表的编制和18实际下半叶“均衡保费”理论的提出，极大促进了人寿保险的发展。

随着人寿保险理论的确立发展，人寿保险企业也应运而生。英国是最早将人寿保险企业化的国家。皇家交易保险公司和伦敦保险公司两家保险公司也于1721年开始兼营人寿保险业务。1762年成立的伦敦保险公平社是第一家真正依生命表制定费率的人寿保险组织。

(二) 保险公司的发展

第一次产业革命后，保险业仅在英、法等少数资本主义国家得到了发展。如上所述，英国是保险业产生和发展最早的国家之一，很早就成立了现代意义的海上保险、火灾保险和人寿保险组织。1720年英国通过“欺诈法案”，专门对保险公司的组织形式作了限制性规定。1820年制定的《寿险公司法》要求寿险与其他保险业务分离。19世纪初，全世界只有30多家保险公司，其中英国占了近一半。1809年成立的宾夕法尼亚人身和年金保险公司是美国的一家商业性保险公司。19世纪上半期日本和德国也成立了多家寿险股份公司。到了19世纪中叶，保险公司扩大到360家，这时的主要险种仍是海上保险，只有少数公司开办了其他业务，如人身险和火灾保险等。除此之外，1857年德国还创办了世界上第一家独立的专业再保险公司。19世纪下半叶由于市场需求产生了许多新险种，各类保险公司也相应产生。1863年美国成立了旅行者保险公司，提供疾病和意外保险保障；1875年又成立了第一家忠诚保证保险公司。工业革命后，机械化程度提高，雇主承担责任增加。1886年，英国保险公司美国分公司开始提供雇主责任保险业务。1896年英国签发了第一张汽车保单，提供人身意外险、汽车损坏险和第三者责任保险。到19世纪末，保险公司的业务已分成寿险、火险、水险、意外险和保证保险几大类，保险公司的形式也相应地基本固定下来了。这时世界上26个国家已有1 200多家保险公司。

进入20世纪后，保险业发展进入黄金时代，保险公司的数量大大增加，险种也日益增多，出现了航空保险，医疗保险也进入保险市场。保险公司数量的增加引起激烈竞争，1909年和1946年英国制定了《保险公司法》加强对保险公司的管理。20世纪五六十年代是保险业高速发展的时期,保险公司的数量激增,保险公司的跨国合并活动也活跃起来。1945 年美国有 470 多家寿险公司,到 1960 年激增到 1 500 多家;1938 年英国开业的保险公司共 240 家,1950 年增加到 337 家,1960 年达到 571 家。20 世纪 80 年代各国由于市场环境的限制,保险市场的保险公司数量已趋饱和,保险公司之间竞争激烈,出现了同行业的兼并浪潮,保险公司的数量有所减少。在保险公司合并与收购的同时,银行与保险业相互融合的趋势也与日俱增,银行与保险公司合作或相互并购,增强了保险公司的竞争力。进入 90 年代,在新一轮大规模购并浪潮之后,各国加强了对保险公司的监管,以防范和化解日益激烈的国际竞争给保险业带来的风险。

二、保险公司的种类

依据不同的划分标准,保险公司可分为不同类型。

(一) 按资本构成和企业组织形式分类

1. 国有保险公司

国有保险公司是由国家或地方政府投资经营保险业务的组织形式。各国都开办了国有保险公司,但国有保险公司在各个国家的性质、地位及职能各不相同,大致可分为三种情况:一是完全垄断型,即该国有保险公司完全垄断一国的所有保险业务,并且具有保险管理和经营保险业务的双重职能。如我国的中国人民保险公司在 1979 年恢复保险业务初期就属此类国有保险公司。二是社会政策型,即由国有保险公司专门经营某些强制型或特定保险业务,如美国联邦存款保险公司专营存款保险业务,其他保险公司不得开办。三是平等竞争型,指该国有保险公司与其他商业保险公司一样平等参与保险市场上的竞争,自负盈亏,自我约束。如我国现在的中国人民保险集团公司、中国人寿保险(集团)公司和中国财产再保险(集团)公司等。

2. 股份制保险公司

股份制保险公司是由股东认购股金份额并以营利为目的的保险公司组织形式。股份制保险公司的所有权与经营权相分离,经营效率高;财力雄厚,有益于业务扩展;风险分散,经营更加安全,保障性较强。在美国,股份制保险公司经营大约 2/3 的财产及责任保险任务,经营寿险业务的机构中约有 90%都是股份保险公司。股份制保险公司已成为当今世界各国经营保险业务的主要组织形式。

3. 合作形式的保险公司

合作形式的保险公司主要是相互保险公司,它是保单持有人所有的非营利性保险组织。这种公司是为了给其成员提供保险服务而成立的,其参与人并非股东,仅是合同当事人(社员)。

相互保险公司的所有社员都必须是保单持有人,同时又是保险人。当公司有盈余时,可以分享公司的红利;一旦出现灾损,则由全体社员共担责任。相互保险公司一般经营保险合同期长、投保人变动不频繁的业务,主要是人寿保险,在欧美国家比较盛行。

(二) 按保险公司经营的业务分类

按照这一标准,不同国家对保险公司有不同的划分方式。西方国家大都把保险公司分为寿险公司和非寿险公司。对于寿险公司,各国的规定比较一致,它主要经营各类人寿保险业务。对非寿保险公司,各国有不同的规定。例如,在美国保险市场上,保险公司分为三类。一类是保险公司,办理各种人寿保险及年金保险业务。其他两类一类是财产及责任保险公司,办理所有财产及责任保险业务;另一类是健康及意外保险公司,专门办理健康和意外保险。而在日本,按照其

《保险业法》规定，其国内的保险公司直接分为生命保险（人寿保险）公司和损害保险（非寿险）公司两大类，分别经营寿险和非寿险业务。在英国和新加坡等国，还有兼营寿险和非寿险的综合性保险公司。

目前，我国《保险法》规定，保险公司按业务种类可分为人身保险公司和财产保险公司。前者经营人寿保险、意外伤害保险、健康保险等保险业务，后者经营财产损失保险、责任保险、信用保险等保险业务。这种划分与西方国家有所不同，即把健康保险、意外伤害保险等补偿性的业务也交由人寿保险公司经营。随着社会经济发展和人们价值观的变化，对保险的需求日益多样化，而在银行业务与保险业务之间、寿险与非寿险业务之间、各险种之间、保险与其他相关业务之间，也发生着相互渗透与交叉。保险险种会逐步朝多样化发展，以保险公司经营业务为标准划分保险公司将更为复杂。

（三）按承担风险的层次分类

按这一分类标准，保险公司可分为原保险公司和再保险公司。原保险公司是指开展原保险业务，与投保人直接订立保险合同接受保险业务的保险公司。再保险公司则是接受原保险公司分保业务的保险公司。大多数保险公司都是原保险公司。目前，英国和德国的再保险业比较发达，再保险公司的数量多、规模大。我国国内的再保险业务都由中国再保险（集团）公司垄断经营，是一家国有独资性质的再保险公司。

三、保险公司的职能

保险公司作为金融企业，在经营保险商品的过程中，也体现了金融企业的某些职能，主要有以下几种：

（一）经济补偿

保险的基本职能就是经济补偿，与此相对应，保险公司也具有这一基本职能。现代保险采取预交保费的形式来集中保险基金以用于损失补偿。各个有相同风险的投保人所缴纳保费之和与投保人的总体中可能遭受的损失额一致。保险公司通过承保业务，收取保费，把被保险人的风险集中到自身，同时又对受到损失的被保险人进行赔付，在投保人之间合理均摊损失，实现风险分散。保险公司这一分散风险、均摊损失的过程，也是其组织经济赔偿的过程。保险公司为社会提供保险这种服务商品，就是行使其经济补偿的职能。

（二）保险资金的运用

保险公司的这一职能就是指保险公司把累积的或暂时不用于赔付的各项准备金用于各项投资活动，实现保险资金的保值和增值。一方面，保险资金的运用是实现保险补偿职能的重要经济保证。如果保险基金不加以运用，或保险资金的运用未达到预期收益率，就难以满足保险公司未来赔偿与给付的要求，这不但会影响经济补偿职能的实现，而且也会危及保险公司的经营安全。另一方面，保险公司是经营保险商品的企业，其经营是以营利为目的，保险公司对保险资金的合理运用不但是保险经营分散风险的必要措施，而且也是企业谋求自身生存发展的必要手段之一。保险公司如果能很好地行使对保险资金运用的职能，就能有效地扩大承保能力和偿付能力，不断扩大企业效益，增强保险公司的竞争能力。由此可见，保险公司在经营保险商品的过程中，为了履行未来的赔偿或给付义务，实现经济补偿的职能，同时保证自身的安全经营和长期发展，就必须把聚集起来的资金转化为保险基金，使其保值并且增值，保持良好的财务状况。保险公司的这一职能在具体表现形式上与银行等金融机构的资金运用形式比较类似，这也是保险公司常常被归入金融机构的原因。

（三）防灾、减损

防灾是指保险人和被保险人共同采取保险合同规定的措施，对投保标的不应发生的灾害进行防范；减损是指在保险标的发生灾害时，投保人和保险人按照保险合同规定应当采取措施进行积极地施救，减少可能的损失。灾前的防灾和出灾时积极地施救与灾后补偿是相辅相成的两方面，共同构成保险的完整内容。保险公司通过承保时的风险识别和选择、出险时的检验核查以及灾后的经济补偿，为保障国家、企业和个人生命财产安全提供全方位的服务，这也是保险商品所包含的内容。保险公司为公众提供这种服务商品，也就具有了防灾减损的职能。保险公司有效地行使这一职能，有助于实现保险监督风险的功能，减少经济损失，并且能减少保险公司的赔付，维护保险公司的利益。

四、保险公司的业务

保险公司的业务活动指保险公司经营保险商品而进行的一系列活动，包括展业、承保、防灾防损、理赔和险种设计等环节。

（一）展业

展业是保险公司利用各种手段和方法，以加强保险意识和普及保险知识为内容，促使人们购买保险的活动。展业是保险经营的第一个环节，是保险运行的起点，对保险公司的经营具有重要意义：首先，保险公司只有大量招揽业务，才能实现风险在众多被保险人之间的分散，满足大数法则的要求，维持安全经营；其次，保险商品是无形的，消费者对保险商品的价值和使用价值很难有直接的感知，需求欲望较难培植，加之人们对风险及其后果的认识常常不足，更需要通过展业提高人们的认识，刺激保险需求；最后，通过展业可使保险公司增加保费收入，积累保险基金，增强保险公司的竞争力。

保险展业主要包括宣传、选择保险标的、开价和签发暂保单等几个环节。保险宣传的主要内容是向客户介绍保险商品的内容、功能以及用途，解释订立合同后双方的权利和义务；选择保险标的主要是剔除不可保风险，选择符合要求的标的作为承保对象；开价指保险公司对决定承保的保险标的确定保险费率；签发暂保单是对基本符合条件的标的给予非正式的承保。

（二）承保

保险承保是指保险人依据保险条款承担投保人投保标的保险责任或人身风险责任的行为。即保险人同意接受投保人的申请，签订保险合同，承担保险责任。承保包括核保和签发正式保险单等环节，前者指核保人员对暂保标的进行审核，后者指与通过核保确认可以承保的投保人签订正式保险合同。

（三）分保

分保是直接承保人将其所承保的保险业务的一部分或全部分给其他直接承保人，或直接承保人向再保险人分出保险业务。分保这一环节具有重大意义：它有利于分散风险，控制承保责任，维护保险公司自身的经营安全；有利于增大保险公司的承保能力，扩大其业务范围；有利于增强保险公司的财务能力。分保是保险公司风险控制的有效手段之一。

（四）防灾防损

保险防灾防损，简称为防灾，是指保险人对其所承保的保险标的可能发生的各种风险进行识别、分析和处理，以此防止事故的发生和减少灾害损失的行为。保险防灾是保险公司的基本职能之一，也是保险运行不可缺少的环节，对保险公司的经营和被保险人的生命财产安全都有重要意义。对承保风险的识别是运用有关的知识和方法对风险的种类、风险事件、风险后果进行推断和认识。对风险的分析主要是对风险的出现原因进行分析。风险处理主要是针对不同的风险采取各种风险控制的措施，尽可能地在损失发生之前消除各种潜在的风险因素，并且在损失发生时实施抢救、补救措施，使损失所致后果控制在最低限度。

（五）理赔

理赔是保险人对被保险人所发生的保险合同责任范围内的经济损失的处理和赔付的活动过程。理赔是实现保险经济补偿职能的环节，具体包括：出险通知、现场查勘、保险审核和赔款计算。出险通知是保险标的出险时被保险人向保险人发出信息；现场查勘是保险公司接到出险通知后，派人到出险现场进行实际调查；保险审核是保险审核人员将现场查勘人员所写的查勘报告与保险单对照，复核出险日期、出险地点、受损财产等内容是否符合保单条款的约定，并且进行责任审核；赔款计算是计算对保险人的赔付金额。在经过上述程序后，如果保险双方没有争议，则可按照保险公司确定的保险赔款额进行赔付和结案；如果双方有争议且调解无效，就需要由法院来裁定。

（六）险种设计

险种设计是指根据保险标的及保险经营的性质和特点对保险业务种类的内容、规则及程序的设计。险种设计是保险经营的基础，其内容主要包括保险标的、保险责任、保险期限、保险金额与保险金给付方式、保险费率与保险费缴纳方式等的设计。险种设计的程序主要是：机会研究、初步可行型研究、险种构思与设计、鉴定与申报。

五、保险公司的资金来源与运用

（一）保险公司的资金来源

保险公司的资金主要来源于投资者投入的资金（即资本金）、保险费收入以及其他借入资金。

1. 资本金

保险公司的资本金是保险公司成立时股东投入的资金。保险公司的资本金主要用于开业初期所需房屋、器具、设备、资料等经费开支。保险资本金又是备用资金，当各项准备金不足以满足赔偿或给付时，即可动用资本金承担保险责任。各国政府一般都对保险公司的开业资本金规定一定的金额。例如，在加拿大，财产与责任保险公司要求有150万加元、人寿保险公司要求有200万加元作为开业资本金；我国《保险法》规定，设立保险公司，其注册资本的最低限额为2亿元人民币。

2. 保费收入

保费收入是保险公司为了向被保险人提供保险服务商品、承担相应风险责任而收取的费用。保险收入是保险公司最重要的资金来源。由于保险业务经营的特殊性，保险合同有一定期限，因而在当年签发的保单中，有一部分的效力会延续到以后年度里，保险公司对这部分保单也要承担以后各年度的责任，所收取保费除了要用于当年度赔偿与给付外，还要用于下一年度以及以后年度的赔付。因此保费带有预收性质，要求保险公司根据本年度承保和下一年度继续有效的保险责任提存责任准备金。准备金是保险公司为了承担未了责任而从保费中按期提存的一种费用。准备金的来源虽然是保费收入,但它不是保险公司的资产,而是其负债,必须有等值的资产作为后盾。

3. 其他负债

其他负债包括借入资金、各种应付(包括租入固定资产应付款)和预收款等负债。保险公司一般是在发生巨额赔款时由于资产未能及时变现而临时向银行借入资金。

(二) 保险公司的资金运用

一方面,保险公司的基本职能就是组织经济补偿,这种经济补偿是通过建立保险基金进行的,所以保险公司的业务经营是一种负责经营,应当使保险公司的资金不断保值、增值以满足未来赔付的要求;另一方面,随着保险业的发展,保险公司之间的竞争日益激烈,同时保险基金又不断积累,急需增加其收益,保险公司应将处于闲置状态的保险基金合理运用,取得收益,以增强企业的实力。

保险投资可分为直接投资和间接投资两大类。直接投资指保险公司将资金投向生产经营过程,直接参与生产经营活动,其主要形式有:合资入股、直接经营办厂、购置不动产等。间接投资是指购买政府、银行、企业等所发行的债券和股票,以及向企业和个人发放贷款,其投资收益形式主要是利息、股息等。直接投资在保险公司投资总额中的比重不大,因为这种投资形式变现能力差,风险较大,并且事务性较强。而间接投资流动性和收益性较高,比较符合保险公司经营特点,保险公司更注重间接投资这种形式。与银行相同,保险资金运用一般应考虑安全性、盈利性、流动性原则。

第三节 保险中介

一、保险中介的含义

保险中介是指介于保险经营机构之间或保险经营机构与投保方之间,专门从事保险业务咨询与招揽、风险管理与安排、损失鉴定与理算等中介服务活动,并从中依法获取佣金或手续费的单位或个人。

二、保险中介的主要特征

(一) 专业性

由于保险中介要为保险人和投保方提供专业的保险服务,因此他们需要具备一定的保险、金融、法律、会计、数学等专业知识,才能做出正确的判断和选择,提供专业化的中介服务,有助于加快保险的交易活动,沟通保险市场信息,减少交易成本,并帮助保险主体做出正确的市场决策。

(二) 经济性

保险中介既不是政府机构,也不是生产性组织,而是营利性的机构或个人,其目标是追求经济效益最大化。他们为保险市场提供有偿服务,有效地保障了保险人和投保人的经济利益。同时由于有专业技术的保障,有效地降低了保险市场信息不对称带来的高交易成本,因此提高了保险市场交易的效率。

（三）服务多元性、广泛性

保险中介服务的对象来源广泛，在市场经济体制下，所有的市场主体，包括生产者、经营者、消费者，不论是法人还是自然人，都可以成为保险中介服务的对象。

三、保险中介的主要形式

保险中介主要包括保险代理人、保险经纪人和保险公估人等。此外，一些专业领域的单位或个人也可以从事某些特定的保险中介服务，如保险精算师事务所、事故调查机构和律师等。

（一）保险代理人

保险代理人是根据保险人的委托，向保险人收取手续费，在保险人授权范围内代为办理保险业务的人。保险代理人可以是公司法人，也可以是自然人。保险代理人所从事的代理活动是一种民事法律行为，具有民事代理的一般特征。保险代理人在保险人授权范围内，以保险人名义进行代理活动。保险人的授权范围一般是代销保单，代收保费，代为查勘、理赔等。保险代理的授权是保险公司单方面的法律行为。为确保保险人和保险代理人履行义务，这种委托一般都由保险人以委托代理书的形式授予，也可以以保险代理合同的形式规定。

（二）保险经纪人

保险经纪人是基于投保人利益，代表投保人与保险人洽谈并订立保险合同的人。保险经纪人可以是公司法人也可以是自然人。在国际保险市场上，保险经纪人与保险代理人一样发挥了重要的作用。保险经纪人处于特殊的中介地位，其市场行为具有双重性。一方面代表投保人利益进入保险市场，为投保人选择合适的保险人；另一方面又需要充分了解保险人。按照惯例，当保险经纪人完成其居间行为即为双方签订合同提供机会后，或作为投保人的代理人为投保人与保险人订立合同时，保险人应向保险经纪人支付佣金。因为保险经纪人的居间行为或代理行为在为投保人提供中介服务的同时，实际上也为保险人招揽了保险业务。但是当经纪人作为被保险人或受益人的代理人向保险人索赔时，则其佣金应由委托人支付。保险经纪是保险中介行为中的一种较高层次的服务形式，广为西方国家所接受。

（三）保险公估人

保险公估人是办理保险标的鉴定、查勘、估价、定损证明的人，一般以法人形式存在。由于保险公估人通常是由有专业知识和技术的专家担当且保持公平、独立、公正、中立的地位，因此他的存在对保护投保人的利益、维护保险公司的信誉、推动保险业的发展起到了重要作用。

（四）精算师

精算科学是以数学、统计学、会计学、金融学等学科为基础的交叉学科，用于商业保险与各种社会保障业务中需要精确计算的项目，如生命表的构造、费率的制定、准备金的提存、业务盈余的分配等。精算师是利用精算技能定义、分析和解决上述问题的专业人员。精算师和精算事务所的服务对象是保险公司或其他保险组织。它既为保险需求者服务，又为保险供给者服务。精算师所做的计算和预测，对保险公司和其他企业的政策及实践有着重要的影响。精算师参加设计保险和年金计划，并协助保险公司测算由于出售保单或提供年金项目而承担的风险。根据从业的性质或范围，精算师可分为寿险精算师和非寿险精算师两大类。精算师的主要职能是为客户提供各种保险精算服务，按有关规定出具专业水准的精算报告。此外还为某些特定客户提供咨询建议，包括保险公司、福利基金、医院、工会、地方政府等。咨询内容主要是年度计划、社会保障产品计划、职工福利计划以及医疗健康保险计划的制定等。

四、保险中介制度的市场作用

从世界保险业的发展以及我国实践情况来看,保险中介制度的作用主要有以下几方面:

(一)优化保险资源配置

保险中介制度通过建立公平的市场规则,制定保险中介人行为规则,对保险中介人加以约束,提高保险效率,节约保险交易成本,从而提高保险供给能力。同时,保险中介制度通过规定保险中介人的准入条件,保证保险中介人的业务素质,发挥中介人的特长及技术优势,有针对性地推动保险业务向深层次领域发展,为投保方提供更加完备的服务,开发潜在保险需求,从而提高整体保险需求。保险中介制度的形成和完善,能够有效地促进保险市场资源的优化配置及结构的合理调整。

(二)有利于降低保险交易成本

保险中介制度有利于沟通保险信息,发挥降低保险交易成本的功能。保险代理人在展业过程中,利用接触面广、信息来源快的优势,成为保险人了解保险市场需求和标的风险状况的重要渠道。保险人通过保险代理人获得市场信息,并对保险市场进行分析,适应市场变化的要求,不断完善各项交易条款和经营策略,节约管理成本,极大地降低保险人的交易成本。保险经纪人则利用其中介身份和专业技术,帮助投保人做出正确的购买决策,避免了保险市场信息不对称给投保人带来的负面影响,从而降低了投保人的交易成本。保险公估人以第三者身份出现,有利于消除保险买卖双方的矛盾,促进保险市场稳定发展。保险中介市场的发展,有利于培育、完善整个保险市场。通过保险中介市场可以节约保险经营主体的自营机构的场地及人员开支,降低经营成本,从而达到增收节支的目的。

(三)保证保险市场可持续发展

保险中介制度的制定可以协调安排各方的关系,实现保险中介内部、保险业内部、保险业与其他行业之间的合作,推进保险业规范化发展。保险人将展业、承保及部分理赔业务交给保险中介人,实现了专业化分工协作,有利于提高保险经营的规模效益。随着保险市场日益发展,人们法律意识逐步提高,保险理赔诉讼也日益增多和复杂化,客观上要求公正、客观的中介机构技术人员参与理赔,保险公估人正好满足了这一要求。总之,保险中介制度的建立,保证了保险市场的规范化发展,确保了保险市场的可持续发展。

(四)激励和约束保险中介人,规范健全保险市场

保险中介制度的制定,可以激励保险中介人不断进行自我发展、自我规范。保险中介人制度的激励机制相对完善,可使其激励收益大于激励成本。在代理、经纪以及公估活动中,当事人业绩与报酬有直接的联系。保险市场机会风险与道德风险是导致保险市场失灵、效率低下的重要原因。建立与完善保险中介制度,可以改善保险市场信息不对称的状况,在一定程度上减少和抑制保险市场的机会风险和道德风险。

延伸阅读

中国保险业发展大事记

1805年，中国出现第一家保险公司——广东保险会社。

1865年，义和公司保险行在上海创立，这是我国第一家自办的保险机构。

1875年，洋务派在上海创办保险招商局。保险招商局及后来的仁和水险公司、济和水火险公司等官办保险公司，取得了较好的经营业绩，并坚持与外商保险公司进行斗争，从而在一定程度上抵制了外商对中国保险市场的控制。

1929年，当时号称“北四行”之一的金城银行独资创办太平水火保险公司，三年后成为华南保险业中规模最大的民营公司，使外商同业刮目相看。

1937年，当时的国民政府修正公布《保险业法》及《保险业法实施法》。

1949年，中国人民保险公司在北京成立，宣告了新中国第一家全国性大型综合国有保险公司的诞生。

1958年，全国财政会议正式决定全面停办国内保险业务，只保留涉外保险业务继续经营。

1979年，在京召开中国人民银行全国分行行长会议，作出恢复国内保险业务的重大决策。

1985年，国务院颁布《保险企业管理暂行条例》。此条例共6章24条，是新中国成立后第一部保险业的法律文件。

1991年，经中国人民银行批准，交通银行在其保险业务部的基础上组建中国太平洋保险公司，这是继中国人民保险公司成立后的第二家全国性商业综合性保险公司。

1995年，第八届全国人民代表大会常委会第14次会议通过了《中华人民共和国保险法》，自当年10月1日起实施。10月，中国人民保险公司开始机构体制改革，成立中国人民保险(集团)公司，下设中保财产保险有限公司、中保人寿保险有限公司和中保再保险有限公司三个子公司。12月，中国人寿保险业第一张经验生命表制作完成，结束了长期借用日本生命表的历史。

1998年，中国保险监督管理委员会正式成立。

2001年，中国成为世界贸易组织成员，开始正式履行其在保险市场方面的承诺。

2002年，第九届全国人民代表大会常务委员会第30次会议通过了《关于修改〈中华人民共和国保险法〉的决定》，新《保险法》在2003年1月1日正式施行。新《保险法》贯穿了以下几条指导思想：一是履行入世承诺；二是加强对被保险人利益的保护；三是强化保险监管；四是支持保险业的改革和发展；五是促进保险业与国际接轨。

本章小结

随着社会的发展和科技进步，人类面临的风险也在发生着变化。保险是现代社会分散风险、分摊损失最科学、最先进的风险管理方法。保险是一种以经济保障为基础的金融制度安排。保险在现代生活中发挥着越来越多的作用。国有保险公司、股份保险公司和合作形式的保险公司共同推动了保险业的发展。保险代理人、保险经纪人、保险公估人和精算师等保险中介机构的介入进一步完善了保险市场。

思考与练习

一、名词解释

风险　保险　保险公司　保险代理人　保险经纪人　保险公估人

二、简答题

1. 比较西方国家与我国保险分类的差异。
2. 分析"9.11"事件对全球保险业的影响。
3. 保险代理人、保险经纪人、保险公估人有什么区别？你觉得他们分别需要具备什么素质？
4. 为什么保险市场上会出现保险中介？

第八章　中央银行及其业务

本章要点：

本章首先介绍了中央银行的产生及发展过程，然后介绍了中央银行的性质、地位、职能及作用，并详细介绍了中央银行的主要作用，最后介绍了中央银行在金融稳定方面的作用、职能、机制等内容。

学习目标：

- 掌握中央银行制度产生的原因
- 掌握中央银行在现代银行体系中的地位和作用
- 能运用中央银行的基本职能理论分析现实经济中的现象
- 能掌握中央银行制度下的现代支付清算制度结构
- 能掌握金融稳定的内涵，并了解中央银行在金融稳定中的作用

基本概念：

发行的银行　银行的银行　国家的银行　代理国库　中央银行负债业务
中央银行资产业务　中央银行清算业务　金融稳定

第一节　中央银行的产生和发展

一、中央银行产生的原因

中央银行的产生是经济、社会发展的特定产物，到现在为止已有 300 多年的历史。最早的中央银行产生于 17 世纪中后期。当时资本主义经济已经发生深刻变化，商品经济迅猛发展，信用制度和银行普遍发展。在这时出现了信用问题、银行券流通问题、票据交换问题以及金融监管等一系列问题，这些问题的出现为中央银行的产生形成了客观经济基础。

(一) 统一银行券发行的需要

在银行业发展初期，每家银行都有发行银行券的权力，只要该银行能够保证自己所发行的银行券随时兑现即可。但是随着银行的不断增多，经济发展的不稳定，特别是银行经营不善等原因使有些银行不能保证自己发行的银行券及时兑现，也就无法保证银行券的信誉及流通的稳定。伴随着资本主义竞争的加剧和经济危机的发生，一些银行由于经营进一步恶化而无法兑现银行券。另外，虽然各银行都可以发行银行券，但受到财力、信誉等条件的限制，银行券的发行也局限于某一特定地区，银行券的分散发行给生产和流通带来了一定的困难。为了改变银行券分散发

行的状况，国家便以法令形式限制或取消一般银行的银行券发行权，将银行券发行权集中在几个大的银行，最终由一家实力雄厚并且有权威的银行发行。这样，在解决银行券分散发行问题的过程中，产生了垄断本国银行券发行的银行，这一银行就是中央银行的最早雏形。

（二）统一全国票据清算的需要

随着商品经济的发展，银行业务也不断扩大，使得银行间的债权债务关系日趋复杂，每天都有大量的票据进行清算，由各银行自行结算已经非常困难，客观上要求有一个统一的票据交换和债权债务的清算机构。因此需要建立统一、权威、公正和最后的票据交换清算中心来提供这方面的服务。

（三）商业银行需要最后贷款人

随着资本主义经济的迅速发展，企业对银行资金的需要量不断加大。借款期限也越来越长。但是银行的资金来源受到数量和信誉的影响，有时很难满足企业的资金需求。同时，由于一些突发事件的影响，一些银行可能会因支付危机而倒闭。因此，客观上需要有一个资金实力强大、信誉卓著的银行来发挥一般商业银行的最后资金支持者的角色，集中保管商业银行的准备金，并在其资金出现周转困难时提供最后资金支持，以维持金融体系的正常秩序。

（四）对金融业进行监督管理的需要

商业银行在发展过程中，需要有一个在业界具有很高信誉和说服力的银行维护整个银行系统正常的秩序，以保证金融体系能够得以健康地发展。中央银行便在其中发挥着这一功能。

二、中央银行的建立与发展

中央银行的建立有两种方式：一是以欧洲具有悠久银行业历史的国家如瑞典、英国等为代表，政府通过赋予某家私人银行垄断货币发行的权力，使这家私人银行逐步改组演变为现代的中央银行；二是借鉴前者的历史经验，由政府直接设立，如美国联邦储备银行、中国人民银行。世界上最早设立的中央银行是瑞典银行。它原是 1656 年由私人创办的银行，后于 1668 年由瑞典政府出面改组为国家银行，对国会负责，但直到 1897 年才独占发行权，开始履行中央银行职责，成为真正的中央银行。其次是 1694 年成立的英格兰银行。该行是最早的私人股份制银行，它在成立之初就在接受政府存款、向政府提供贷款以及发行银行券方面享有一定特权。1833 年，英国国会规定英格兰银行发行的银行券是英国唯一的无限法偿货币；1844 年英国首相皮尔主持通过《英格兰条例》（又称《皮尔条例》），限制其他商业银行发行银行券的数量，使英格兰银行基本垄断了货币发行权。再加上该行与政府及国库的密切关系，英格兰银行作为特殊银行的地位更加巩固。由于该行发行的纸币流通范围最广，信誉最高，因此其他商业银行需要银行券只有从英格兰银行提取，所以必须在英格兰银行存款，这样英格兰银行中就集中了其他商业银行一部分准备金。其他商业银行可以利用这部分准备金来清算银行间的债权债务，英格兰银行逐步取得了清算银行的地位。1854 年英格兰银行成为英国银行业的票据交换中心。到 1872 年，它又开始扮演起“最后贷款人”的角色，为处于困境的银行提供资金支持。此外，在 1844 年以后，英格兰银行分为发行部和业务部，将发行钞票与银行业务分开，这也就奠定了现代银行组织的模式。19 世纪中叶以后，该行运用贴现率来调节货币和信贷量以及金本位下的资本转移，结果颇具成效。英格兰银行的成立虽比瑞典银行晚，但到 19 世纪后期英格兰银行已成为中央银行的典范。

19 世纪初到第一次世界大战爆发前这 100 多年里，出现了成立中央银行的第一次高潮。如成立于1800年的法兰西银行到1848年垄断了全法国的货币发行权，并于19世纪70年代完成了向中央银行的过渡；德国于1875年把原来的普鲁士银行改为国家银行，于20世纪初基本独享货币发行权。先后成立中央银行的国家还有荷兰、奥地利、挪威、丹麦、比利时、西班牙、俄国、日本、美国等。这期间，世界上约有29家中央银行成立，其中绝大部分在欧洲国家。它们的产生主要是本国经济、金融发展的产物，并且除个别国家外，都是由普通银行通过逐步集中货币发行权和对一般银行提供清算服务及资金支持而演变为中央银行的。

美国是西方主要国家中建立中央银行制度比较晚的国家。1833—1863年，美国曾出现自由银行制度，各银行都可自由发行银行券，以致币制紊乱，货币贬值。1863年，美国政府为了结束币制紊乱的局面和为南北战争筹措经费，公布了《国民银行法》，规定凡向联邦政府注册的国民银行可以根据其持有的政府公债发行银行券。国民银行制度的主要弊端在于银行券的发行不具有弹性，它的发行是以政府债券为基础，不能随着经济的发展调节货币供应量。同时，存款准备金极端分散，不能应付经常出现的金融动乱，这给美国经济的发展和银行制度的稳定带来不利的影响。针对这一情况，1913年美国国会通过《联邦储备法》，正式建立了中央银行制度，即联邦储备系统。其主要措施之一就是联邦储备系统统一发行联邦储备券，并把会员银行的存款准备金集中于12家联邦储备银行，使联邦储备系统执行中央银行的职能。

第一次世界大战以后，许多国家的金本位制在战争期间被破坏，出现了世界性的金融恐慌和严重的通货膨胀。为维护国际货币体系和经济稳定，1920年在布鲁塞尔召开的国际金融会议要求尚未建立中央银行制度的国家尽快建立中央银行，掀起了另一次创建中央银行的高潮。新成立或新改组的中央银行许多是运用政府力量直接设计成为从法律上具有明确权责的特定机构。第二次世界大战以后，一批从殖民统治中独立出来的国家也纷纷建立了自己的中央银行。

当中央银行制度在世界各国日益普及的同时，中央银行管理职能也日益加强。20世纪30年代大危机以来，各资本主义国家越来越强调政府对经济的干预作用，货币政策和财政政策则是政府干预经济的主要武器。中央银行作为货币政策的制定者和实施者，其地位变得越来越重要。与此同时，政府对中央银行的控制也不断加强，法、英等国相继实行了中央银行的国有化。因此，中央银行越来越成为政府机构的一部分，而不再是一般意义上的银行。中央银行的三大职能——发行的银行、银行的银行、国家的银行——在这段时期逐渐完善。

三、中国人民银行的形成与发展

中国人民银行是在革命根据地银行的基础上发展起来的。1948年12月1日中国人民银行在原华北银行、西北农民银行、北海银行的基础上在石家庄成立中国人民银行。并于1949年2月将总行迁至北京。

中国人民银行在成立至今近60年的历史变迁中经历了四个不同的发展阶段。

第一阶段：1948—1978年。这一阶段全国只有一家银行，即中国人民银行。它同时履行中央银行和商业银行的职能，是一种“大一统”的复合性的中央银行制度。这种“大一统”的“一身二任”的体制，适应并服务于指令性计划为主的高度集中的计划经济体制，在当时的历史条件下，有利于国家集中有限的资金用于国民经济建设，有力地支持了社会主义工业体系的建立，奠定了我国工业化的基础。

第二阶段：1979—1983年。这一阶段“大一统”银行体系逐渐解体。1979年2月，中国农业银行恢复营业，中国人民银行和中国农业银行再度划分业务范围；同年 3 月，中国银行从中国人民银行中独立出来，成为国家指定的外汇专业银行；1979 年 4 月，中国人民银行又扶持中国人民保险公司于次年 1 月 1 日恢复办理中断了 20 年之久的国内保险业务。同期还巩固了农村信用合作制度并建立了一些城市信用合作社。中国人民银行的经营性业务逐步减少，开始向专司中央银行职能过渡。

第三阶段：1984—1997 年。1984 年 1 月 1 日，中国工商银行成立，中国人民银行正式开始专门行使中央银行职能。至此，一个以中国人民银行为领导，以国家专业银行为主体的多种金融机构并存、分工协作的具有中国特色的金融体系已基本形成。标志着我国二阶层式银行体制的建立和金融体系的初步形成，标志着单一制中央银行制度的建立。1995 年 5 月 10 日，第八届全国人民代表大会常务委员会第 13 次会议通过了《中华人民共和国中国人民银行法》，从法律上确立了中国人民银行的地位和基本职权，并确立了按社会主义市场经济体制的要求，建立规范化的、现代化的中央银行组织体系和管理机构，标志着中国中央银行制度进入了法制化轨道，标志着中央银行制度的基本完善。

第四阶段：1997 年至今。1998 年中国人民银行进行了组织机构体系的改革，在北京和重庆成立了营业管理部，在天津、沈阳、上海、南京、济南、武汉、广州、成都、西安等城市设立了九家地区分行。使中央银行制度更趋成熟，更有利于经济的发展。2003 年，根据第十届全国人民代表大会审议通过的国务院机构改革方案的规定，将人民银行对银行、金融资产管理公司、信托投资公司及其他存款类金融机构的监管职能分离出来，并和中央金融工委的相关职能进行整合，成立中国银行业监督管理委员会。人民银行不再承担上述监管职能后，将强化制定和执行货币政策的职能，更好地发挥货币政策在宏观调控和防范与化解金融风险中的作用，进一步改善金融服务。

第二节 中央银行的性质与地位

一、中央银行的性质

中央银行是一国金融体系的核心，处于一国金融业的领导地位，其性质是由业务活动特点和所发挥的作用决定的。第一，从中央银行业务活动特点来看，它是特殊的金融机构，不以营利为目的。其业务服务对象是商业银行等金融机构，不与一般工商客户和居民个人打交道，主要负责货币发行、管理货币流通、集中存款准备金、维护支付清算系统的正常运行、代理国库、管理国家黄金外汇储备等工作。第二，从中央银行发挥的作用看，它是宏观经济运行的调控中心，保障金融稳健运行、调控宏观经济的国家行政机构。中央银行处于整个社会资金运动的中心环节，是国民经济运行的枢纽，是货币供给的提供者和信用活动的调节者，对金融业的监督管理和对货币、信用的调控对宏观经济运行发挥着重要的影响。第三，中央银行是管理国家金融事业的机关，承担着政府金融管理功能。从隶属关系看，中央银行大都隶属于政府或国家权力机关。

（一）中央银行是国家调节宏观经济的工具

金融宏观调节是国家调节宏观经济的重要手段。社会经济生活中出现的某些宏观失控和重大经济问题，如经济过热、投资膨胀、通货膨胀等重大经济问题都与金融宏观调控有着直接或间接的关系。

延伸阅读

中央银行的调控作用

1987年10月19日，美国出现了所谓"黑色星期一"，道·琼斯股指数一天下跌了20%。这种股价暴跌立即向全球其他股市传播。发生股价暴跌的主要原因是：当时金融不确定性增加，市场利率偏高，美元走软，人们担心通货膨胀率上升会导致美联储提高利率，采取紧缩的货币政策，这种政策取向会对股市产生不良影响。但是，美联储在股市暴跌之后，迅速增加金融体系的流动性，导致利率有所下降，发挥了最后贷款人的作用。西欧、日本也先后采取了类似的政策，这使得世界经济避免了类似20世纪30年代的大危机。

又如，从1993年开始，我国曾一度出现投资和消费增长过快的现象，全国各地出现开发区热、房地产热、股票热、乱集资、乱拆借等情况，造成货币发行过量，物价涨幅过高。1993年9月，中国人民银行做出适当调整紧缩力度的决策，实行适度从紧的货币政策。所谓适度从紧的货币政策就是充分运用间接调控手段，控制货币供应量，促进物价涨幅低于经济增长率，更好地促进国民经济持续、快速、健康发展的货币政策。适度从紧不能等同于全面紧缩银根，它应包括三个层次：①货币政策目标适当，物价涨幅低于经济增长率。②货币供应量适度，M1年均增长控制在18%左右，M2年均增长控制在23%左右。③逐步用间接调控方式调控货币供应量。即主要用利率、公开市场业务、存款准备金制度等间接的、经济的、市场的工具来调节货币供应量，控制物价增长。人民银行采取一系列政策措施的同时加强了金融监管，使通货膨胀得到有效控制，物价涨幅逐年回落。商品零售价格指数由1994年的21.7%下降到1995年的14.8%、1996年的6.1%。实行适度从紧货币政策三年后，宏观调控取得了显著成效，经济发展成功实现"软着陆"，预期目标基本达到。1994年GDP的年增长率为11.8%，1995年为10.2%，1996年为9.7%，保持了高增长、低通胀良好态势。

1997年，发生波及东南亚许多国家的亚洲金融危机，对我国外贸出口产生严重影响。1998年7月我国又发生百年未遇的特大洪涝灾害，国内需求不旺。针对国内外经济形势变化，中央银行及时调整货币政策，改为实行稳健的货币政策，出台了一系列措施：1998年1月1日取消国有商业银行贷款限额管理，实行资产负债比例和风险管理；1998年3月21日改革存款准备金制度；1998年3月25日、7月1日、12月7日三次调高利率；1998年5月26日恢复了证券回购业务；1998年5月27出台信贷工作指导十条意见，等等。这些政策手段对于减轻国有企业利息负担，扩大企业投资，增加商业银行信贷资金，支持基础设施建设，加大住房建设与消费，调整信贷结构，改善金融服务，防范和化解金融风险，增加就业，扩大内需，促进经济增长都发挥了重要作用。1998年我国GDP增长率为7.8%，货币政策起了重要的拉动作用。

（二）中央银行是特殊的金融机构

1. 中央银行不同于一般的政府机关

中央银行与一般政府机关区别具体表现在以下几方面：

(1) 中央银行作为一个银行,其业务更多地具有银行的业务特征。它办理对其他银行和金融机构及政府的存贷款、清算、发行和买卖有价证券等业务,提供资金的方式是借贷式的,虽然在业务经营中不以营利为目的,但与完全依靠国家财政拨付经费的政府机关有着明显的差异。

(2) 中央银行对经济的宏观调控主要是通过其金融业务活动实现的,是用经济的手段,即利用它所掌握的经济杠杆和货币政策工具对国民经济进行调控。这与主要依靠行政手段进行管理的一般政府机关显然是不同的。

(3) 中央银行与政府的关系是一种相对独立的关系。中央银行依据一国的宏观经济发展状况与需要独立地制定、执行货币政策,较少受政府干预。在西方国家,中央银行的最高领导者一般由国会任命,直接对国会负责,政府最高行政领导人不能直接对中央银行下达命令;而一般政府机关的最高领导者由国家最高行政领导人任命,并对其负责,国家最高行政领导人可对一般政府机构下达命令,一般政府机构在行为决策上必须与政府的意愿相一致。

2. 中央银行又不同于一般的普通银行

中央银行既然是从普通银行中分离出来的,就意味着它与普通银行既有共同的一方面,还有不同的特殊方面。中央银行服务的对象、业务范围和内容,以及中央银行的作用,均与一般普通银行不同,具体表现在以下几方面:

(1) 中央银行与普通银行业务对象不同,它的业务活动主要是为政府和金融机构办理一些业务和提供各项服务,如对政府办理国库业务、发行和买卖证券业务,对商业银行和其他信用机构办理存贷款业务、清算业务、发行业务等,而普通银行的客户是工商企事业单位和个人。

(2) 中央银行吸收存款不是为了扩大贷款规模,而是为了控制信贷规模和调节货币供应量。

(3) 中央银行在经营货币、信用业务时,不以营利为目的,但在业务活动中有盈利。

(4) 中央银行的作用不再是信用中介,而是制定货币政策、控制社会信用规模、调节货币流通、进行宏观金融调控。

(三) 中国人民银行的性质

2003 年 12 月 27 日修正的《中华人民共和国中国人民银行法》明确规定:“中国人民银行是中华人民共和国的中央银行。中国人民银行在国务院领导下,制定和执行货币政策,防范和化解金融风险,维护金融稳定。”

二、中央银行的地位

(一) 中央银行地位的几种模式

中央银行作为一国金融体系的核心,同时又具有如此特殊的性质,各国法律普遍都对其法律地位做出了规定。中央银行的法律地位,是指通过法律形式规定的中央银行在国家机构体系中的地位,主要是指中央银行与国家权力机构、政府和财政的关系。关键是规定中央银行在制定和执行货币政策、开展业务中应该享有多大权力或有多大的独立性的问题。中央银行的地位如何,直接关系到它的业务活动的开展和在国民经济发展中能够发挥何种作用以及多大作用等重要问题。

第二次世界大战以后,各国总结经验教训,逐渐认识到要想保持本国币值稳定以及长期经济稳步发展,必须存在一个相对独立的中央银行,并形成了大致以下三种模式:

1. 中央银行直接对国会、议会负责,具有较强的独立性德国和美国等属于这一模式的典型。《德意志联邦银行法》规定德意志联邦银行(简称联邦银行)是公法意义上的联邦直接法人单位,联邦银行的中央银行理事会和执行理事会,享有最高联邦政府职能机构地位。并明确规定联邦银行与联邦政府的关系,在对其职责的执行不受侵犯的条件下,德意志联邦银行必须支持联邦政府总的经济政策,在行使《德意志联邦银行法》赋予的权力时,联邦银行可以不按联邦政府的指示行事。美国中央银行制度颇具特点。由于分权制衡的法律政治理念和联邦制的宪政架构,联邦政府于1811年、1836年两次组织设立中央银行均告失败,于是形成现在的通货监理署、联邦储备系统(简称美联储)、联邦存款保险公司的联邦一级的三大机构分享中央银行职能,其中依据1913年《联邦储备法》建立的联邦储备系统(包括中央管理委员会和12家地区性联邦储备银行)行使制定货币政策和实施金融监管的双重职能,与中央银行最相似。依据有关法律规定,美联储作为与政府并列机构直接向国会负责,除个别情况下总统可对其发号施令外,任何机构或部门均无权干涉。此外美联储享有资金和财务独立权,并且独立自主制定和执行货币政策,进行金融监管,具有极大的权威性。并且因为货币政策制定的技术性和不透明性,美联储实际拥有不受国会约束的自由裁量权,而成为立法、司法、行政之外"第四部门",美联储管理委员会主席亦被称为"第二总统"。

2. 中央银行名义上隶属于财政部,但具有相对独立性

英国的英格兰银行属于此类型。《英格兰银行法》规定,财政部为了公共利益,在认为必要时,经与英格兰银行总裁磋商后,有权向英格兰银行发布命令,对英格兰银行负最后的责任。但是,根据政府的授权,英格兰银行在货币金融政策方面享有相当大的灵活性和独立性,在其业务活动中一般也不给政府垫款。财政部事实上也从未向英格兰银行发布过指示。所以英格兰银行实际具有的独立性比法律规定大的多。

3. 直接受控于政府

属于这一类型的国家有原来的意大利、法国、比利时、澳大利亚、韩国等。这一类型的中央银行无论在组织管理的隶属关系上,还是在政策制定和执行上,都受到政府影响很大,甚至听命于政府的指示。货币政策的制定和执行需经政府的批准。政府有权停止、延续中央银行决议。先前的意大利银行受财政部管辖,财政部代表可出席银行理事会议,当认为会议决议与法令不符时,有权暂时停止决议的执行。意大利银行总裁、董事经股东大会选举,由总统批准。在制定和执行货币政策方面,只有财政部长才有权变更银行存款准备金率,财政部还决定着国库券的发行和发行利率。意大利银行有义务向财政部提供当年预算开支14%的透支贷款,有时还可以超过这一比例。

(二) 中国人民银行的地位

在我国,中央银行即中国人民银行,是我国金融体系的核心,担负着管理我国金融机构和金融市场的职责,并通过金融体系对整个国民经济发挥着宏观调控的作用。《中国人民银行法》以法律形式明确规定了中国人民银行的法律地位。根据该法,对中国人民银行的法律地位可以总结出以下两点:

第一,中国人民银行隶属于政府,是政府的职能部门,在制定与执行货币政策时受政府的干预比较大。中国人民银行就年度货币供应量、利率、汇率和国务院规定的其他重要事项作出的决定,必须报国务院批准后才能执行。

第二,中国人民银行与政府之间仍然具有一定的相对独立性。中国人民银行对除年度货币

供应量、利率、汇率和国务院规定的其他重要事项以外的货币政策事项，可以在自行做出决定后立即予以执行，并只需报国务院备案。中国人民银行直接隶属于国务院领导，与政府的其他职能部门在法律地位上是平等的。同时，中国人民银行在国务院的领导下，依法独立执行货币政策，履行职责，开展业务，不受地方政府、各级政府部门、社会团体和个人的干涉。

中国人民银行与政府之间在资金上是平等的信用关系，并保持资金上的相对独立性，不得对政府财政透支，不得直接认购、包销国债和其他政府债券。中国人民银行应当向全国人大常委会提出有关货币政策情况和金融监督管理情况的工作报告，这样加强了全国人大对中国人民银行的直接监管。但我们的中央银行制度还不完善，具体的运作中存在着一些问题，政府、财政部门从具体的经济工作出发，对中央银行的干预比较明显，中央银行的职能不能充分行使。中央银行的独立性虽有法律规定，但有些规定不具体，关系不明确，和其他国家相比，我国中央银行的独立性还比较低。

第三节 中央银行的职能与作用

一、中央银行的职能

(一) 发行的银行

所谓发行的银行是指中央银行垄断了货币发行权，是一国唯一的货币发行机关，它是中央银行首要和基本的职能。中央银行发行货币的信用基础，在金本位制下，是其集中的黄金储备，在信用货币制度下，是其所代表的国家信用。中央银行根据货币政策目标要求，根据经济运行对货币的客观要求，在其与商业银行等金融机构的业务往来过程中，具体行使货币发行职能。中央银行发行货币的目的是为了执行货币政策，使得货币政策“保持货币币值稳定”的基本目标能得以实现。中央银行在发行货币的过程中必须遵循一些基本原则：垄断发行的原则、信用保证原则和弹性发行原则。

(二) 银行的银行

中央银行作为银行的银行，是指其与商业银行和其他金融机构的特殊业务关系，这种特殊业务关系主要体现在以下三个方面：

1. 集中存款准备金

现代的中央银行通常规定，商业银行和其他金融机构必须依法向中央银行缴存一部分存款准备金，也就是所谓的法定存款准备金制度。其主要目的在于：一方面保证存款机构的清偿能力，以备客户提现，从而保证存款人的资金安全以及银行等金融机构的安全；另一方面是有利于中央银行调节信用规模和控制货币供应量。由于存款准备金制度是现代中央银行-商业银行二级银行体制下信用货币创造的基础之一，中央银行通常掌握有确定法定存款准备率和相关事项的权力，这就使存款准备金制度成为现代中央银行制度下货币政策的一项重要操作工具。

2. 最终的贷款人

最终的贷款人，是指中央银行负有维护金融稳定的责任，可以根据情况向出现流动性问题的商业银行和金融机构提供资金援助，避免银行支付链条的中断而引起的金融危机。中央银行向商业银行提供资金的主要方式是对其持有的票据办理再贴现、再抵押，或直接向其发放贷款。当然，这种融资制度的作用也仅仅局限于中央银行向商业银行提供资金。因为再贴现、再抵押或直接贷款的条件都是由中央银行制定的，所以中央银行可以主动地改变有关的融资条件，如提高或降低再贴现率、规定再贴现票据的种类等，来调节商业银行的信贷能力，以协助实现货币政策目标。从这一角度来看，最初为发挥最终贷款人作用而设计的融资制度就发展成为中央银行的货币政策工具之一，即再贴现政策。

3. 组织全国的清算

商业银行每天都要受理大量的票据，面对各银行间复杂的债权债务关系，中央银行采取各银行每日清算差额的办法进行清算，大大提高了资金清算的效率。

（三）国家的银行

所谓国家的银行是指中央银行代表国家贯彻执行财政政策，代理国库收支，以及为国家提供各种金融服务。中央银行作为国家的银行的职能主要体现在以下几个方面：

1. 代理国库

代理国库业务是指政府收入与支出均通过财政部在中央银行开立的各种账户进行，具体包括按国家预算要求协助财政、税务部门收缴国库款，根据财政支付命令向经费单位划拨资金，随时反映经办预算收支上缴下拨过程中掌握的预算执行情况。

2. 代理国家债券发行

中央银行通常代理国家发行债券及债券到期时的还本付息事宜。

3. 对国家给予信贷支持

中央银行作为国家的银行，在国家财政出现收不抵支的情况下，一般有提供信贷支持的义务。这种信贷支持可采取多种方式：一是直接向国家财政贷款，这主要用于解决财政先支后收等暂时性的问题。各国中央银行一般不能向财政提供长期贷款。二是购买政府债券。中央银行在一级市场上购进政府债券，资金直接形成财政收入进入国库；如果在二级市场上购买，资金则间接地流向财政。无论直接还是间接，中央银行只要持有政府债券，就表明对国家进行了融资。

4. 保管和管理黄金、外汇储备

中央银行通过为国家管理黄金、外汇储备，以及根据国内国际情况适时、适量地购进、卖出外汇和黄金储备，可以起到稳定币值和汇率、调节国际收支、保证国际收平衡的作用。

5. 制定并监督执行有关金融管理法规

作为国家的金融业务管理部门，中央银行要制定一系列的法律、规章对商业银行等金融机构进行监督管理，包括对商业银行等金融机构的市场准入、市场运营、市场退出等各个方面进行管理、监督，确保金融市场的稳健、安全。

6. 代表政府参加国际金融组织，出席各种国际金融会议

中央银行在国内外经济金融活动中，充当政府的金融顾问，提供经济、金融情报和决策建议。

二、中国人民银行的职能

根据《中国人民银行法》第四条规定，中国人民银行作为我国的中央银行履行下列职责：

(1) 发布与履行其职责有关的命令和规章；

(2) 依法制定和执行货币政策；

(3) 发行人民币，管理人民币流通；

(4) 监督管理银行间同业拆借市场和银行间债券市场；

(5) 实施外汇管理，监督管理银行间外汇市场；

(6) 监督管理黄金市场；

(7) 持有、管理、经营国家外汇储备、黄金储备；

(8) 经理国库；

(9) 维护支付、清算系统的正常运行；

(10) 指导、部署金融业反洗钱工作，负责反洗钱的资金监测；

(11) 负责金融业的统计、调查、分析和预测；

(12) 作为国家的中央银行，从事有关的国际金融活动；

(13) 国务院规定的其他职责。

第四节 中央银行的主要业务

中央银行的主要业务反映在它的资产负债表上包括负债业务、资产业务和清算业务三项。

一、中央银行的负债业务

中央银行的负债业务是指中央银行以负债形式所形成的资金来源，是中央银行资产业务的基础。主要包括货币发行业务、资本业务、存款业务等。

(一) 货币发行业务

货币发行是中央银行最主要的负债业务，是中央银行与一般商业银行区别的重要标志。流通中的纸币都是由中央银行发行的。中央银行的纸币是通过再贴现、贷款、购买证券、收购金银外汇等渠道投入市场，形成流通中的纸币，以满足经济发展对货币的需要。

1. 货币发行原则

(1) 垄断发行的原则。该原则即货币发行权应高度集中于中央银行，只有这样才能避免多头发行造成的货币流通混乱，保证一国国内流通统一的通货形式。也只有这样，才能使中央银行高效率地调节流通中的货币量，使货币政策的制定与执行得以落实。

(2) 信用保证原则。该原则指货币发行要有一定的外汇、黄金或有价证券等作保证，使得货币发行保持在适度的范围内，既保证国民经济发展的需要，又避免通货膨胀的威胁，确保国民对本国货币的信任。因此，中央银行不得在政治等压力下随意发行货币，要以可靠的准备金制度为基础，坚持经济发行，防止财政发行。

所谓经济发行是指中央银行根据国民经济发展的需要适度地增加货币发行量，货币的投放必须适应流通中货币需求量增长的需要，既避免过多发行，又确保经济发展对货币的需要。所谓财政发行是指为弥补国家财攻赤字而引起的货币发行。这种发行不是以经济增长为基础，会形成超经济需要的过多货币量，从而导致市场供求紧张，物价上涨。

(3) 弹性发行原则。该原则是指货币发行要具有一定的灵活性，使货币发行动态地适应经济发展的需要。这是由于货币容纳量弹性引起的。即货币资产、金融资产、实物资产之间的高度的相互替代性和货币流通速度的自动调节作用，使货币供应量可以在一定程度上偏离货币需求量，而不至于引起货币贬值，物价上涨的性质。

2. 人民币的发行

人民币的发行业务就是通过发行库与业务库之间的调拨来实现的。

人民银行保管发行基金的金库叫发行库。所谓发行基金就是人民银行代国家保管的人民币票券,它不是流通中货币,是调节货币流通的准备金。

业务库是商业银行基层行(处、所)为了办理日常现金收付业务而建立的金库,它保留的现金是基层行(处、所)现金收付的周转金、营运资金的组成部分,经常处于有收有付的状态。

发行库将发行基金调拨给业务库叫出库,是货币投放;业务库将现金交入发行库叫入库,是货币回笼。

具体的操作程序是:当商业银行基层行的现金不足以支付时,可到当地中国人民银行在其存款余额内提取现金,于是,人民币发行库转移到商业银行的业务库,经存款人提现后,业务库的部分人民币就进入流通领域。但是,市场上流通的人民币同时也会存入商业银行进入商业银行的业务库,当商业银行基层行的现金超过限额时,超过的部分应自动送交中国人民银行,该部分人民币返回发行库,意味着退出流通领域。这一过程如图 8-1 所示。

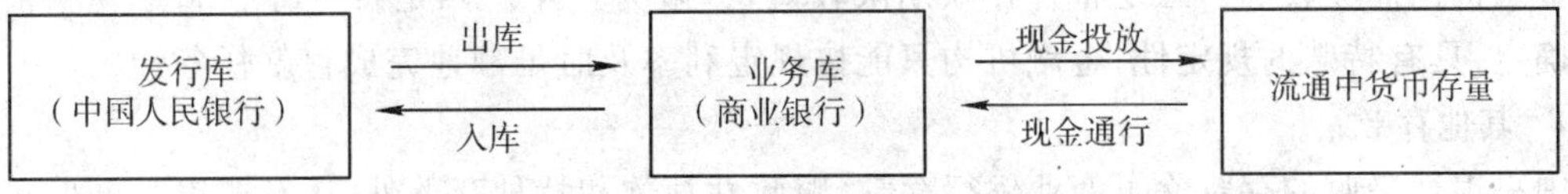

图 8-1　人民币的流通过程

(二) 资本业务

中央银行的资本业务实际上就是筹集、维持和补充自有资本的业务。中央银行与其他银行一样,为了保证正常的业务活动必须拥有一定数量的资本。目前世界上绝大多数国家的中央银行都由中央政府出资。也有一些国家的中央银行由地方政府、国有机构、私人银行和部门出资。但是它们却无权参与中央银行管理,也不能转让所持股份。

(三) 存款业务

1. 集中商业银行准备金存款

商业银行准备金存款是中央银行作为“银行的银行”,集中商业银行的存款准备金形成的一项负债,由于一般不支付利息,形成了中央银行低成本、稳定的资金来源。

2. 政府存款

中央银行作为政府的银行,一般都由政府赋予代理国库的职责,财政的收入和支出都由中央银行代理。

国库是国家金库的简称,是专门负责办理国家预算资金的收纳和支出的机关。国家的全部预算收入都由国库收纳入库,一切预算支出都由国库拨付。

国家财政预算收支保管一般有两种形式:一是国库制,又分为独立国库制和委托国库制。独立国库制是指国家专门设立相应的机构办理国家财政预算收支的保管、出纳工作;委托国库制是指国家不单独设立机构,而是委托银行代理国库业务。二是银行制,是指国家不专门设立金库机构,由财政部门在银行开户,将国家预算收入作为存款存入银行的管理体制。世界上经济发达的国家多采用委托国库制。

政府部门存款就是由于中央银行代理国库，在各级财政预算执行过程中因先收后支或收大于支而使财政资金暂时停留在中央银行账面上所形成的一种存款。政府部门存款一般来说属于暂息形态的款项，形成中央银行的短期资金来源。但当财政收支出现结余时，则可作为中央银行的长期性资金来源。

目前世界各国的财政收支流量十分巨大，因此政府财政部门常年在中央银行存有一笔存款，其数额仅次于商业银行在中央银行的存款准备金。

3. 特种存款

特种存款是指中央银行按商业银行、专业银行和其他金融机构信贷资金的营运情况，根据银根松紧和资金调度的需要，以特定方式向这些金融机构集中一定数量的资金。

中央银行吸收特种存款具有以下几个方面的特点：一是中央银行为特殊资金需要而吸收的存款。中央银行的特种存款，都是在特定的经济形势下，为调整信用规模和结构或为支持国家重点建设或其他特殊资金需要，从金融机构的存款中集中的一部分资金。二是特种存款来源对象具有特定性。一般来说特种存款很少面向所有的金融机构，不像存款准备金是面向所有吸收存款的金融机构而吸收的。三是特种存款期限较短，一般为一年。四是特种存款利率完全由中央银行确定，具有特殊的规定性，金融机构只能按规定利率及时足额地完成存款任务。

4. 其他存款

中央银行吸收的存款除了商业银行存款、财政性存款和特种存款外，还有非银行金融机构存款、外国政府或外国金融机构存款。非银行金融机构在中央银行的存款同商业银行在中央银行存款的性质和范围基本相同，也包括法定存款准备金和支付准备金两部分，只是在具体的操作和缴存比例上略有不同。外国政府或外国中央银行的存款是属于外国政府的，他们持有这些债权构成本国的外汇，随时可以用于贸易结算和债务清偿。

二、中央银行的资产业务

中央银行资产业务是指中央银行运用其负债资金的业务活动，主要包括贷款业务、再贴现业务、证券买卖、黄金和外汇储备业务。

（一）贷款业务

贷款业务是中央银行的主要资产业务之一。在中央银行的资产负债表中，贷款是一个大项目，它充分体现了中央银行作为“最后贷款人”的职能作用。贷款业务是指中央银行对商业银行和其他金融机构发放的贷款，主要是解决其临时性资金不足，弥补头寸的临时性短缺，当然也包括在紧急情况下保证商业银行的最后清偿能力，防止出现金融恐慌，维护金融体系的安全。一般贷款利率比较优惠，贷款期限较短。

中央银行的贷款是商业银行基础货币的重要来源，它对于维护金融体系安全、抑制通货膨胀、调节经济具有非常重要的意义。该业务的对象主要是商业银行和国家财政，在特殊的情况下，也对一些非银行金融机构发放小额贷款。

（二）再贴现业务

再贴现是商业银行和其他金融机构持有已贴现的商业汇票，向中央银行进行票据再转让的一种行为。再贴现是一种特殊的放款形式，也是中央银行传统的总量货币政策工具。

再贴现主要用于解决一般金融机构由于办理贴现业务所引起的暂时资金困难。再贴现实付金额，等于再贴现承兑汇票面额扣除再贴现利息。再贴现的期限从再贴现之日起至票据到期日止。一般为三个月，最长不超过六个月。

（三）证券买卖

中央银行经营证券业务，即在金融市场买卖各种有价证券，主要是政府债券的活动，其目的不在于营利。因为中央银行负有调节和管理宏观金融的职责，可根据市场银根松紧，调节资金供应，中央银行通过买进或卖出证券就可以达到调剂市场资金供求的目的。可见，证券买卖是中央银行的调控手段之一，也是一项经常性的资产业务。

（四）黄金和外汇储备

黄金和外汇储备是各国进行国际支付和稳定国内货币币值的重要保证。中央银行为保证国际收支平衡、汇率稳定及本国货币币值的稳定，要统一掌握和负责管理国家的黄金和外汇储备。需要黄金和外汇者可向中央银行申请购买，中央银行也通过买卖黄金和外汇来集中储备，调节资金结构，保持汇率稳定。因此，中央银行将其一部分资产运用于黄金和外汇的储备，形成了这项特殊的资产业务。

储备资产一般包括黄金、外汇、特别提款权和在国际货币基金组织的储备头寸。中央银行通过持有和买卖储备资产达到促进国际收支平衡、稳定汇率及国内货币流通的目的。

三、中央银行的清算业务

中央银行的清算业务是指中央银行集中票据交换及办理全国资金清算的业务活动。中央银行的清算业务实现了银行之间债权债务的非现金结算，免除了现款支付的麻烦，便利了异地间的资金转移。中央银行的清算业务包括集中办理票据交换、结清票据交换差额和办理异地资金转移。

（一）集中办理票据交换

票据交换是指同一城市中各银行间收付的票据所进行的当日交换，通常在票据交换所进行。票据交换所是同城各银行之间清算其各自应收应付款项的集中场所。各银行持有本行应收应付票据在每日规定的时间内，在交换所将当日收进的其他银行的票据与其他银行收进的该行的票据进行交换，形成的差额最终通过中央银行来轧差转账。

（二）集中清算交换的差额

通过各银行在中央银行开立的往来存款账户（独立与法定存款准备金账户，且存有一定的备付金），各行之间票据交换后的债权债务的差额得以划转。

（三）办理异地的资金转移

同城或以该城为中心的一个地区的债权债务可通过票据交换清算。但各城市、各地区之间的资金往来最终形成了异地之间的资金转移问题，这就需要中央银行建立全国的清算网络，统一办理异地资金转移。

近几十年来，各国中央银行都逐步认识到由中央银行建立健全电子清算汇划系统是提高货币政策效果的需要，也是保障金融事业健康有序发展、避免商业银行大量占用汇差资金、减少在途资金、保证正常支付秩序、防止支付危机的重要措施。近年来，由于科学技术的重大进步和电子设备、现代通信设施在金融业的充分运用，中央银行资金清算业务效率不断提高，中央银行作为一国资金汇划和清算中心的地位与作用也日益突出。

一般说来，中央银行在主持资金清算活动中应注意两个问题：第一，建立健全与本国国情相适应的资金清算制度、法规，要求进入清算系统的商业银行必须按有关资金清算制度的规定参加清算，以保证资金清算的顺利进行。第二，监督管理商业银行的资金清算行为，防止银行间不执行资金清算的有关规定而不及时清算或相互拖欠、相互占用资金。特别是要防止商业银行利用各种手段强行占用中央银行资金，以提高清算的效率，保证清算顺利进行。

在我国，中国人民银行和各家商业银行是支付服务的主要提供者。银行体系包括国有及国有控股商业银行、全国性股份制商业银行、城市商业银行、农村商业银行、农村合作银行、农村信用合作社、合资银行以及外国银行的分行和办事机构。三家政策性银行也提供某些支付服务。四大国有及国有控股商业银行都已经建立起各自系统内的全国电子资金汇兑系统，大约 2/3 异地支付交易是通过这些系统进行清算的。

中国人民银行为各银行提供支付处理服务，结算大额和零售支付交易。人民银行运行的 2 000多家同城清算所对所有的同城跨行支付和大部分行内支付业务进行清算和结算处理。纸凭证异地跨行支付在过去曾通过同城清算所先进行跨行清算和结算。全国电子联行系统处理异地跨行支付和行内大额异地支付交易。

现代市场经济的运行以各种复杂的交易为基础，这些复杂的交易又主要依赖于各种货币支付工具来结清债权债务关系。现实经济中的货币支付工具有两种形式，一是现金，二是各种以存款货币为基础的支付凭证和票据。后者必须建立在一整套支付清算制度的基础上。

四、中央银行的反洗钱业务

（一）反洗钱的定义

根据《中华人民共和国反洗钱法》（简称《反洗钱法》）的定义，反洗钱，是指为了预防通过各种方式掩饰、隐瞒毒品犯罪、黑社会性质的组织犯罪、恐怖活动犯罪、走私犯罪、贪污贿赂犯罪、破坏金融管理秩序犯罪、金融诈骗犯罪等犯罪所得及其收益的来源和性质的洗钱活动，依照《反洗钱法》规定采取相关措施的行为。

根据国际通行的做法，一个国家的反洗钱管理工作必须由一个专门机构来承担，许多国家或由财政部或由中央银行担任这一重要角色。由于洗钱犯罪活动多通过金融机构实现，因此国际社会十分注重发挥金融机构在预防和控制洗钱中的重要作用，而中央银行担任了重要的管理和协调的角色。《中国人民银行法》将“指导、部署金融业反洗钱工作，负责反洗钱的资金监测”的职责赋予了中国人民银行，因此在我国的反洗钱组织体系中，中国人民银行责任十分重大。

（二）中国人民银行的反洗钱工作

《反洗钱法》规定，在中华人民共和国境内设立的金融机构和按照规定应当履行反洗钱义务的特定非金融机构，应当依法采取预防、监控措施，建立健全客户身份识别制度、客户身份资料和交易记录保存制度、大额交易和可疑交易报告制度，履行反洗钱义务。

近年来，随着反洗钱工作力度的不断加大，公安部、财政部、中国人民银行、国家外汇管理局等部门与各金融机构密切合作，我国已初步建立了一套具有中国特色的反洗钱工作机制。2001 年 9 月，中国人民银行成立了反洗钱工作领导小组，统一领导、部署我国银行业反洗钱工作，审批银行业反洗钱对外合作交流项目，研究和制定银行系统的反洗钱战略。2002 年 7 月，中国人民银行成立了反洗钱工作处、支付交易监测处，专门负责中国人民银行反洗钱的具体工作。此后，各商业银行也相继组建了反洗钱机构。2003 年 3 月，国家外汇管理局也成立了专门监管跨境洗钱的反洗钱处。2003 年 10 月，中国人民银行设立了反洗钱局，具体承担《中国人民银行法》中规定的反洗钱工作。至此，由公安部、中央银行、国家外汇管理局、商业性金融机构构成的一套反洗钱组织体系初步搭建起来。

我国的反洗钱法律框架包括三个层次：一是立法机关制定的专门反洗钱法律《反洗钱法》；二是国务院颁布的有关行政法规；三是承担反洗钱职责的行政管理部门（包括中国人民银行、公安部等）制定的规章。

在规章层次上，中国人民银行一直致力于金融业反洗钱规章的制定工作，发布了一系列的规章和规范性文件，对有效防范犯罪分子利用金融机构洗钱起到了一定的遏制作用。2003 年 1 月 10 日中国人民银行颁布了《金融机构反洗钱规定》、《人民币大额和可疑支付交易报告管理办法》和《金融机构大额和可疑外汇资金交易报告管理办法》三部规章，规定了金融机构反洗钱工作的基本制度。可以说，目前为止我国已经形成了由法律、法规和规章构成的反洗钱法律基本框架。

第五节　中央银行与金融稳定

一、金融稳定的概念及特征

（一）金融稳定的概念

对"金融稳定"的概念，目前在我国理论界、实务界尚无严格的定义，西方学者对此也无统一理解和概括。中外学者大多是从"金融不稳定"的特征，如金融机构发生大量挤兑、倒闭，金融资产价格剧烈波动，巨额金融资产缩水，社会融资环境发生重大变化等负面影响以及"金融体系的脆弱性"等方面来展开对金融稳定及其重要性的分析。

欧洲中央银行有关金融稳定的概念有一定代表性，其表述为：金融稳定是指金融机构、金融市场和市场基础设施运行良好，抵御各种冲击而不会降低储蓄向投资转化的资源配置效率的一种状态。由此定义看出，金融稳定实际上是描述一种状态，包括金融机构、金融市场和金融基础设施三个方面的协调发展。美国经济学家米什金认为，金融稳定缘于建立在稳固的基础上、能有效提供储蓄向投资转化的机会而不会产生大的动荡的金融体系。

国内目前有关学术讨论中一般引用的是中国人民银行《中国人民银行法》和《商业银行法》起草工作小组对金融稳定的定义，即：金融稳定是指金融运行的一种状态。在该状态下，金融作为资金媒介的功能得以有效发挥，金融业本身也能保持稳定、有序、协调发展，金融发展与经济增长之间保持协调关系。

综上分析，我们可以这样来定义金融稳定：金融稳定是对金融运行状态的一种描述。在该状态下，关键性的金融机构保持稳健运行，金融资产的价格短期内不会发生剧烈波动，金融基础设施完备并运行良好，金融业自身能保持稳定、有序、协调发展，金融发展与经济可持续发展之间能保持协调。

（二）金融稳定的特征

金融稳定是一个具有丰富内涵、动态的概念，它描述的是金融运行的一种状态，体现了资源不断优化配置的要求，服务于金融、经济发展的根本目标。具体来讲，金融稳定具有以下几个方面的特征：

1. 宏观性

中央银行作为一国金融机构的“最后贷款人”和支付清算体系的提供者和维护者，应立足于维护整个宏观金融体系的稳定，而不是仅仅维护某一个金融机构的稳定或某一类金融机构的稳定。在关注银行业金融机构稳定的同时，也要关注保险业、证券业的稳定，即关注关键性金融机构及市场的运营状况。同时注意监测和防范金融风险的跨市场、跨机构和跨国界的传递，及时采取有力措施处置有可能酿成全局性、系统性风险的金融机构，保持金融体系的整体稳定。

2. 动态性

金融稳定不是静态的，因为金融和经济总要发展，因而它是一个动态的、不断发展的过程。金融业风险性高，各类金融机构经营的逐利动机使其伴随着一定的风险。因此，从长期看，稳健的金融机构、稳定的金融市场、充分有效的监管框架和高效的支付清算体系，会形成一种调控系统性金融风险的整体框架，以适应不断变化了的金融形势。

3. 效益性

一国金融体系的稳定，要着眼于促进储蓄转化为投资的效率提升，改进和完善资源在全社会范围内的优化配置。建立在效率不断提升、资源优化配置和抵御风险能力增强等基础上的金融稳定，将有助于构建具有可持续性、较强竞争能力和良好经济效益的金融体系。

4. 综合性

在金融体系出现不稳定时，中央银行、金融监管部门、财政部门等需要采取不同的政策措施、方式影响金融机构、金融市场和实体经济才能实现金融稳定。从而在客观上要求对金融稳定的实现手段或政策工具具有综合性的考虑，多管齐下，以达到预期目标。

二、中央银行在金融稳定中的作用及原则

中央银行在保持金融稳定上有两方面的作用：一是对内的稳定，帮助银行和证券公司等金融机构渡过难关，避免金融机构发生危机，引发金融危机；二是对外的稳定，防止国外大量游资的冲击导致国内金融市场不稳定，防止国外的投机活动对人民币汇率稳定和金融体系稳定的负面影响。

无论是成熟市场经济国家还是新兴市场经济体，金融不稳定因素都随时随地存在。央行在维护金融稳定时需要坚持以下四个原则：

（一）预防原则

中央银行作为最后贷款人的援助只能在不可预见的风险超出银行体系承受力时才能发生。因此，通过银行体制改革，完善治理结构和内控制度，是金融稳定的一项基础设施建设，由此才能建立金融稳定的两级预防机制：银行自主管理风险是第一道防线，中央银行监控支付系统稳定是第二道防线。

（二）市场原则

市场原则是在同等经济条件下，在同等竞争环境下，必须存在竞争机制。而不具备以上条件的情形是需要差别对待的。因此，金融稳定的竞争原则必须适用于同一市场内部，在相同地区、相同业务领域，低效率机构必须被淘汰出局，以此消除金融不稳定因素。

（三）最低保护原则

一方面，对存款人的保护是“有差别的金额保护”，即应该通过显性的、有限度的存款保险机制解决，一定额度以下的储蓄账户可以得到全额保险，而大额储蓄只能部分保险。另一方面，对

投资者的保护是“无差别的机制保护”，由于机构投资者、企业和中小投资者的不对等，投资者保护应重点集中于消除不对等所产生的不规范交易行为，避免欺诈和内幕交易，提供良好的市场机制。

（四）权责对称原则

当前金融稳定的最大隐患来自于权责不对称。一旦出于私利而制造了金融动荡的责任机构或责任人不能承担相应责任，则必然形成可怕的示范效应。严格权责可以把金融稳定控制在可控范围之内。

三、各国中央银行的金融稳定职能

随着世界经济金融的发展，中央银行地位在不断稳固，其职能也日益完善，尤其是在上个世纪经历了数次大的金融危机之后，中央银行维护金融稳定的职能日益凸显，世界各国中央银行在维持金融稳定职能上的具体方式有所不同。

（一）英格兰银行的金融稳定职能

英国于 1997 年金融监管局成立后不久就发布了《财政部、英格兰银行和金融监管局之间的谅解备忘录》（简称《备忘录》），为英国金融监管体制改革后财政部、英格兰银行和金融监管局之间的分工与合作建立了一个制度性框架。

《备忘录》明确规定英国金融监管体制改革后英格兰银行、金融监管局和财政部共同负有维护金融稳定的责任，同时提出了三者之间分工协作的指导原则，即明确责任、充分透明、避免重复和共享信息。

《备忘录》规定英格兰银行要对金融体系的整体稳定负责，具体包括：①英格兰银行应通过市场操作来解决日常流动性波动，以维持货币体系的稳定；②英格兰银行作为支付体系的核心，有责任维持金融体系基础设施的稳定，并致力于金融基础设施的发展与完善，以降低系统性风险。

（二）欧洲中央银行的金融稳定职能

欧洲中央银行维持金融稳定的职责包括如下几个方面：

1. 金融稳定的研究和分析

欧洲中央银行对区域内金融稳定进行研究和分析，包括宏观经济运行状况、法规制定情况、监管和监测框架、各国中央银行和监管当局的报告；欧洲中央银行负责对欧盟各国金融稳定监测的报告进行分析。

2. 金融稳定的管理

在经济金融的许多领域建立协调指导金融稳定和金融监管的机制。金融稳定的管理范围包括对欧盟区域内所有金融机构，即银行机构、其他金融机构、金融市场和支付清算系统的监测。

3. 金融机构流动性管理和金融危机处置

要求各国信用机构必须在各国中央银行账户上强制性地保留一部分存款，称之为“最低”或“法定”准备金。

（三）日本银行的金融稳定职能

日本于 1997 年颁布的《新日本银行法》中的第一条规定，“日本银行作为中央银行发行货币，通过调节货币市场和金融市场维持市场的稳定；日本银行作为最终贷款人要保证银行和其他金融机构之间的资金清算顺利进行以维持信用的稳定。”

为了维护金融市场秩序、清算体系以及信用的稳定，日本银行在金融监管行政机构以外，一直对与其有业务关系的金融机构进行检查。日本银行有权与有业务往来的金融机构签订检查合同，并在合同的基础上对其进行检查。日本银行通过现场检查和非现场检查，督促和指导金融机构对其经营中存在的各种风险进行有效管理。

(四) 中国人民银行的金融稳定职能

我国明确把“防范和化解系统性金融风险，维护国家金融稳定”列为中央银行的职能。2003年4月28日中国银行业监督管理委员会成立后，我国的金融宏观调控和金融监管工作步入了一个新的历史时期。通过货币政策发挥对国民经济的宏观调控作用，防范和化解金融风险，维护金融稳定成为人民银行的首要职责。

监管职能分离后，中国人民银行维护金融稳定的方式为从国家经济金融安全的高度对金融业的整体风险、金融控股公司以及交叉性金融风险进行监测和评估，履行好“最后贷款人”的职责，防范和化解系统性金融风险。

四、维护金融稳定的协调机制

金融稳定职能虽然主要由中央银行担任，但是中央银行在维护金融稳定时，仍然需要加强与政府和其他监管部门的合作。主要原因有如下三点：

第一，单靠中央银行的力量无法提供处理大规模、系统性金融风险的所需资金。从国外央行实践看，单靠央行的力量只能处理一些损失较小的风险，一旦出现系统性风险，央行就必须向政府(财政部)寻求资金支持。

第二，单靠中央银行的力量无法获得维护金融稳定所必需的及时、全面的信息。宏观的金融有赖于微观金融的良好支撑，中央银行金融稳定政策的制定与实施需要强大的信息平台。离开金融监管的第一手资料，信息的时效性和全面性仍会带来严重的信息不对称，并可能成为政策失灵的诱因。因此，维护金融体系的稳定需要各方建立信息交流的协调机制。

第三，中央银行准确地行使最后贷款人角色也需要其他监管部门的良好协作。中央银行在行使最后贷款人职责时，要更多地依赖金融监管部门对于金融机构经营状况的判断，单靠中央银行的力量是非常有限的，一旦出现系统性风险，中央银行、监管当局和财政部必须分担责任、共同合作，进行协调处理。

金融稳定的协调机制应包括以下内容：

(1) 划分三方的职责。中央银行负责支付清算系统的稳定运行，监管当局从加强微观审慎监管的角度负责金融稳定，财政部负责大规模救助时财政资金的运用。

(2) 金融稳定行动的告知和征询。由于中央银行有执行金融稳定职能的法律依据，并且支付清算职责和最后贷款人角色有利于履行金融稳定职责，但是在采取重大或极端金融稳定行动时，还应告知财政部并征询其意见。

(3) 确定谁是协调主体。一般情况下，由于中央银行有最后贷款人决策权，它应作为金融稳定的协调方。但是在大规模的系统性金融风险发生时，只有政府才能最终决定如何处理应该由谁承担损失，政府应作为金融稳定的协调方。

(4) 建立三方的信息交流机制。在维持金融稳定中，中央银行、监管当局和财政部之间的信息交流非常重要。在大部分经合组织国家中，中央银行和监管当局之间建立了信息共享机制，而中央银行和财政部还没有建立正式的信息共享机制。

本章小结

1. 中央银行是经济、社会发展的特定产物，是适应统一银行券发行、统一全国票据清算、商业银行最后贷款人以及金融业监督管理的需要应运而生的。

2. 中央银行是一国金融体系的核心，其基本职能可以归纳为“发行的银行”、“银行的银行”和“国家的银行”。

3. 中央银行的主要业务反映在它的资产负债表上，包括负债业务、资产业务和清算业务三项。

4. 中央银行的负债业务是指中央银行以负债形式所形成的资金来源，主要包括货币发行业务、资本业务、存款业务等。货币发行是中央银行最主要的负债业务，中央银行的纸币通过再贴现、贷款等渠道投入市场，形成流通中的纸币，满足经济发展对货币的需要。

5. 贷款业务是中央银行主要资产业务之一，充分体现了中央银行作为“最后贷款人”的职能作用。再贴现是商业银行和其他金融机构持有已贴现的商业汇票向中央银行进行票据再转让的一种行为，是中央银行传统的总量货币政策工具。

6. 中央银行的清算业务是指中央银行集中票据交换及办理全国资金清算的业务活动，包括集中办理票据交换、结清票据交换差额和办理异地资金转移。

7. 随着世界经济金融的发展，中央银行维护金融稳定的职能日益凸显。中央银行在维护金融稳定时，需要建立和加强与政府和其他监管部门的合作协调机制。

思考与练习

一、名词解释

发行的银行　银行的银行　国家的银行　代理国库　中央银行负债业务　中央银行资产业务
中央银行清算业务　金融稳定

二、简答题

1. 简述中央银行的性质和基本职能。
2. 简述中央银行的负债业务。
3. 什么是中央银行的贷款业务？可以分为哪几类？
4. 什么是中央银行的清算业务？主要包括哪些内容？
5. 金融稳定的含义是什么？中央银行在维护金融稳定时需要遵循的基本原则有哪些？
6. 中央银行在维护金融稳定时，应如何与其他部门进行合作和协调？

第九章　金融监管机构与体系

本章要点：

本章介绍了金融监管的基本概念、范畴、模式以及世界主要国家和我国的金融监管体系，然后分别介绍了银行业、证券业及保险业的监管情况，最后介绍了金融监管的国内协调与国际协议。

学习目标：

- 掌握金融监管产生的几个阶段
- 理解金融监管的理论基础
- 掌握银行业、证券业、保险业监管的基本方法和主要内容，并能用理论解释实际金融现象
- 掌握我国金融监管的体系
- 了解世界主要国家金融监管模式

基本概念：

依法监督　适度竞争　资本充足性　报表分析　存款保险　最后援助　统一监管
分业监管　牵头监管　组织监管　自律监管　行业自律

第一节　金融监管理论及发展

一、金融监管的产生与发展

金融监管的产生与发展大致经历了以下三个阶段：

第一阶段：20 世纪 30 年代之前。现代意义上的金融管理始于 19 世纪中央银行制度的建立之时。中央银行制度建立初期，金融监管的重点主要是货币发行与流通。中央银行致力于集中货币发行、建立银行准备金制度，并解决商业银行过度发行而导致的货币混乱、兑付困难和破产倒闭的问题。19 世纪末以后，各国逐步加强了对银行业的监管，规定开业条件、管理货币发行与流通，还通过制定法律和条例，将银行的最低资本额、现金储备、资产种类等也纳入监管范围。在 20 世纪 30 年代前，以新古典学派为代表的经济自由主义占主导地位的时期，各国金融监管是粗线条和宽松式的；监管主体、职能、作用均有限；监管目标不明确、内容不全、措施不力、方法原始、手段单一；监管的有效性不高。

第二阶段：20 世纪 30 年代初至 70 年代初。第一次世界性经济大危机之后，以凯恩斯为代

表的管理经济、国家干预主义在经济学领域占主流地位，各国政府也开始注重监督、管理、干预经济，并把稳定金融业作为发展经济、稳定社会的必要条件，对金融业全面实行严格管制与监督，很快形成了较为完善的监管体系。这一阶段金融监管的主要特征是加强立法、增加限制性政策、加强对利率和金融机构业务活动的限制。

第三阶段：20 世纪 70 年代初至今。20 世纪 70 年代，在金融创新的高潮中，世界金融业的发展有鲜明的自由化和国际化倾向，客观上要求金融监管的内容与措施必须调整。20 世纪 80 年代，欧美大多数国家都重新修订银行法和监管条例，在放宽那些与新情况不相符的限制的同时，强化和扩充了对金融安全化管理的措施。与此同时，各国监管逐步向统一化和国际化方向发展。各国开始联手进行金融监管，一方面统一并规范现有的监管目标、内容与手段，另一方面设立国际监管机构，共同制定新的国际管理规则。这一阶段金融监管的主要特点是加强与放松相结合，注重防范风险，措施趋于统一。

二、金融监管的理论基础

金融监管的理论基础是金融市场的不完全性，金融市场的失灵导致政府有必要对金融机构和市场体系进行外部监管。现代经济学的发展，尤其是“市场失灵理论”和“信息经济学”的发展为金融监管奠定了理论基础，其主要内容有以下几方面：

（一）金融体系的负外部性效应

金融体系的负外部性效应是指：金融机构的破产倒闭及其连锁反应将通过货币信用紧缩破坏经济增长的基础。按照福利经济学的观点，外部性可以通过征收“庇古税”来进行补偿，但是金融活动巨大的杠杆效应——个别金融机构的利益与整个社会的利益之间严重的不对称性显然使这种办法显得苍白无力。另外，科斯定理从交易成本的角度说明，外部性也无法通过市场机制的自由交换得以消除。因此需要一种市场以外的力量介入来限制金融体系的负外部性影响。

（二）金融体系的公共产品特性

一个稳定、公平和有效的金融体系带来的利益为社会公众所共同享受，无法排斥某一部分人享受此利益，而且增加一个人享用这种利益也并不影响生产成本。因此，金融体系对整个社会经济具有明显的公共产品特性。在西方市场经济条件下，私人部门构成金融体系的主体，政府主要通过外部监管来保持金融体系的健康稳定。

（三）金融机构自由竞争的悖论

金融机构是经营货币的特殊企业，它所提供的产品和服务的特性，决定其不完全适用于一般工商业的自由竞争原则。一方面，金融机构规模经济的特点使金融机构的自由竞争很容易发展成为高度的集中垄断，而金融业的高度集中垄断不仅在效率和消费者福利方面会带来损失，而且也将产生其他经济和政治上的不利影响；另一方面，自由竞争的结果是优胜劣汰，而金融机构激烈的同业竞争将导致整个金融体系的不稳定，进而危及整个经济体系的稳定。因此，自从自由银行制度崩溃之后，金融监管的一个主要使命就是如何在维持金融体系的效率的同时保证整个体系的相对稳定和安全。

（四）不确定性、信息不完备和信息不对称

在不确定性研究基础上发展起来的信息经济学表明，信息的不完备和不对称是市场经济不能像古典和新古典经济学所描述的那样完美运转的重要原因之一。金融体系中更加突出的信息不完备和不对称现象，导致即使主观上愿意稳健经营的金融机构也有可能随时因信息问题而陷入困境。然而，金融机构又往往难以承受收集和处理信息的高昂成本，因此政府及金融监管当局就有责任采取必要的措施减少金融体系中的信息不完备和信息不对称。

三、金融监管模式划分

各国金融监管体制按不同的标准来划分，可以分为不同的类型。

（一）按照政府主导的程度分类

按这一标准分类，金融监管可分为两类：一是立法型政府监管模式，即通过法律的形式由政府成立专门的监管机构进行集中统一的监管；另一类是自律型监管模式，即主要由行业协会、自律组织进行监管，具有灵活、及时、准确等特点。

（二）按照金融监管对象分类

按照这一标准分类，金融监管可以分为功能监管和机构监管。功能监管主要指金融监管从通常地针对特定类型的金融机构（针对银行、证券公司、保险公司等不同金融机构实施监管），转变为针对特定类型金融业务（针对银行业务、证券业务、保险业务分别加以监管），而对“边界性”金融业务亦明确监管主体，同时强化不同监管主体间合作的监管法律体系。机构监管是指针对特定金融机构所进行的各方面监管。

（三）按照金融监管的主体分类

按照这一标准分类，金融监管框架有以下几种模式：

(1) 一元多头式。全国的金融监管权集中于中央，地方没有独立的权力，在中央一级由两家或两家以上机构共同负责的一种监管模式。

(2) 二元多头式。中央和地方都对金融机构有监管权。同时每一级又有若干机构共同行使监管的职能。

(3) 统一监管模式。该模式指对不同的金融行业、金融机构和金融业务均由一个统一的监管机构负责监管，这个监管主体可以是中央银行或其他机构。

(4) 分业监管模式。该模式是在银行、证券和保险三个业务领域内分别设立一个专职的监管机构，负责各行业的审慎监管和业务监管。

(5) 牵头监管模式。在实行分业监管的同时，特指定一个监管机构为牵头监管机构，负责不同监管主体之间的协调工作。

(6) “双峰”式监管模式。这种监管模式一般设置两类监管机构，一类负责对所有金融机构进行审慎监管，控制金融体系的系统性风险；另一类负责对不同金融业务进行监管。

四、世界主要国家的金融监管模式

（一）美国的金融监管模式

美国实行分层的金融监管模式。美国在 1999 年之前实行个别立法、分业监管的体系。《金融服务现代化法案》颁布之后实行横向综合性监管。美国的金融监管错综复杂，既包括基于联邦法设立的监管机构。也包括基于州法设立的州政府监管机构，而且对银行、证券和保险又分别设立监管机构。因此美国的监管体系包含联邦政府、州政府与专门机构三个层次。美国对银行的监管有四个独立的机构：美联储主要负责监管州注册的联储会员银行（1999 年之后美联储拥有对金融控股公司进行全面监管的职能)；联邦存款保险公司负责监管所有州注册的非联储会员银行；货币监理署负责监管所有在联邦注册的国民银行和外国银行分支机构；储贷监理署负责监管所有属于储蓄机构保险基金的联邦和州注册的储贷机构；国家信用社管理局负责监管所有参加联邦保险的信用社。除货币监理署和储贷监理署在行政上隶属财政部外，其余三家为独立的联邦政府机构。

由于美国政治上实行联邦制，因而金融监管也采用联邦法和州法双轨制度。对银行监管除了以上提到的联邦政府监管机构外，每个州又都设有自己的监管部门，主要负责对本州注册的银行，尤其是本州注册的非联储会员银行的监管。这样美国的银行同时处于联邦和州两级政府的双重监管之下。

与此同时，证券交易委员会是基于证券交易法设立的美国证券监管机构，对证券经营机构、证券信息披露、证券交易所和证券业协会等履行监管职能。保险领域有州保险法规定的州保险理事会对保险业务实施监管。由于《格拉斯-斯蒂格尔法案》废除，美国确立金融持股公司为美国金融混业经营的制度框架，在存款机构、证券与保险三者的监管关系上，根据1999年《金融服务现代化法案》，美联储拥有对金融控股公司进行全面监管的权力，必要时也对其证券、保险等子公司拥有仲裁权，因此美联储成了能同时监管银行、证券和保险行业的唯一一家联邦机构，其职能在一定程度上凌驾于其他监管机构之上。另一方面，当各领域监管机构断定美联储的监管制度不恰当时，可优先执行各领域监管机构的制度。美国的新监管体系将存款机构、证券、保险融为一体，体现了功能性监管的特色。

（二）英国的金融监管模式

1998年6月1日之前英国实行的是“分业监管”，共有九家金融监管机构，分别是英格兰银行的审慎监管司、证券与投资管理局、私人投资监管局、投资监管局、证券与期货管理局、房屋协会委员会、财政部保险业董事会、互助会委员会和友好协会注册局。分业监管虽然表面上无所不包，但一个金融机构同时受几个监管机构政出多门的“混合监管”，使金融监管的成本增加，效率降低。英国国内对金融监管改革的呼声日益强烈。2000年6月，英国女王正式批准了《2000年金融服务和市场法》。根据《2000年金融服务和市场法》的规定，英国成立了最强有力的金融监管机构——金融服务监管局(Financial Services Authority，FSA)。FSA是英国整个金融行业唯一的监管局，其职能部门设置分为金融监管专门机构和授权与执行机构两大块。前者包括银行与建筑协会部、投资业务部、综合部、市场与外汇交易部、退休基金检审部、保险与友好协会部，后者有授权部、执行部、消费者关系协调部、行业教育部、金融罪行调查部、特别法庭秘书处。FSA根据英国《2000年金融服务和市场法》的授权，制定并公布了一系列金融监管规则，确立了全新的金融监管理念。同时为确保FSA能够正确地行使《2000年金融服务和市场法》所赋予的权力，全面履行其负有的监管职责，避免冤、假、错案的发生，同时也为了制止FSA在金融监管中可能发生的以权谋私、渎职行为，英国成立了专门的金融监管制约机构“金融服务和市场特别法庭”(Financial Services and Market Tribunal)，并于2001年12月1日与FSA同时开始运作。

（三）日本的金融监管模式

在银行监管方面，由财政部和日本银行共同进行银行监管。其中财政部的监管权由银行法、长期信贷银行法、外汇外贸管制法等多项法律赋予，而中央银行的监管权来自于中央银行与各开户行之间的协议。财政部的监管对象包括商业银行、专业金融机构、互助银行、信用合作社、政府金融机构、保险公司和证券公司。所有银行必须定期向财政部呈送报表及其他资料，财政部也有权依法对银行进行常规检查。而中央银行的监管权力限制在其开户银行范围内。

日本的证券监管工作主要由金融部和其顾问机构——金融制度研究委员会以及证券交易委员会主持。在对银行从事证券业务的管制方面，1948 年日本的证券交易法就受到美国《格拉斯-斯蒂格尔法案》的影响，规定任何银行不得从事证券业务。到 20 世纪 80 年代末，日本开始对其散乱的金融制度进行根本性改革。1989 年 3 月金融制度研究委员会的第二金融制度研究委员会发表了《关于新的日本金融制度》的临时报告，允许银行业和证券业进行更大幅度的合并。1990 年 6 月该委员会又发布第二份临时报告，强调了银行业和证券业自由化经营的紧迫性。同时，证券交易委员会的一个专门小组委员会也就重新组织日本的资本市场发表报告，赞成银行可通过独立的附属机构从事某些证券业务。1992 年 6 月通过的金融制度改革法(Financial System Reform Law)对证券交易法、银行法和其他法规进行了修正。商业银行、信托银行和证券公司可通过建立独立的附属机构开展对方领域的业务。对于银行与其附属证券机构间的关系，金融部通过同年 12 月实施的“防火墙”制度进行管理，其目的在于防止银行利用他们在证券业务上的竞争优势。但是，该金融部并未对银行的证券业务实施“融资防火墙”，即银行仍然可以自由利用他们吸收的存款为其证券业务融资。这将使银行母机构及其存款人直接面临银行其附属证券机构带来的风险。因此，这是日本证券监管制度中的一大漏洞。

在资本充足性方面，20 世纪 90 年代改革之前，日本金融部对证券公司实行简单的责任细则。该细则规定一家证券公司的负债总额不得超出该公司净资产的 10 倍。到 1990 年 4 月，日本开始正式实行以维持证券公司的持续经营为基本目标的新资本规定。该规定要求证券公司的净流动资产必须高于有关风险(包括市场风险、违约风险、基本经营风险等)的总扣减要求。一旦净流动资产与符合规定的风险总扣减之间的比率低于 100%，证券公司必须立即通知金融部并提交一份关于提高该比率的详细计划书，然后立即执行该计划。同时金融部可要求证券公司缩减其业务。

第二节 银行业监管

一、银行业监管的目标与原则

(一) 银行业监管的目标

银行业监管的目标主要是实现安全性、平等性、一致性和稳定性。

1. 安全性

安全性，即保证金融业经营的安全性。具体地说，就是保证整个银行体系存、贷款的安全可靠，从而维护广大存款人及社会公众的合法权益，保障金融业的稳定。

2. 平等性

平等性，即保证金融业竞争的平等性。具体地说，就是通过对金融活动的监督管理，创造一个平等竞争的环境，防止垄断，鼓励商业银行在合理竞争的基础上提供高效率、多样化的金融服务，为经济的稳定发展创造一个良好的金融环境。

3. 一致性

一致性，即保证货币金融政策的一致性。具体地说，就是通过监管机构的外部监督管理，使商业银行的经营活动与货币政策目标和社会规范保持一致性。

4. 稳定性

稳定性，即保持金融市场的稳定性。金融市场是沟通社会资金供需的场所，是把社会闲置资金引导到生产建设中去的媒介。同时，健全的金融市场也是货币政策有效发挥作用的基础，中央银行参与金融市场的重要任务就是稳定金融市场，为社会经济的发展创造一个相对稳定的融通资金的场所和良好的货币金融环境。因此，中央银行和金融监管机构必须通过金融监督管理活动，保持金融市场的稳定性，进而实现国民经济长期、持续、健康和协调的发展。

（二）银行业监管的原则

1. 依法监督原则

世界各国金融监管体制和风格虽各有不同，但在依法监管这一点上是共同的。依法监管有两方面的含义：一是所有金融机构都必须接受国家金融监管当局的监管，不能有例外；二是金融监管必须依法进行，以确保金融监管的权威性、严肃性、强制性和贯彻性，从而确保金融监管的有效性。因此，金融法规的完善和依法监管是有效监管的基本前提。

2. 适度竞争原则

在市场经济体制下，竞争是必然规律，但竞争必须适度才能提高效率，才能克服市场经济的负面效应。适度竞争原则要求金融监管机构的重心应放在创造适度竞争的环境上；放在形成和保持适度竞争的格局和程度监测上；放在避免造成金融高度垄断，失去竞争从而失去活力和生机上；放在防止出现过度竞争、破坏性竞争，从而危及金融业的安全和稳定上。金融监管机构要做到“管而不死，活而不乱，限制过度竞争，而又不消灭竞争”。

3. 不干涉金融业内部管理原则

各国中央银行对金融业进行监督管理时，普遍奉行不干涉金融业内部管理的原则。按照这一原则要求，只要金融业的经营活动符合金融法律、法规规定的范围、种类和可承担的风险程度，并依法经营，金融监管机构就不应做过多的干涉。

4. 综合管理原则、社会经济效益原则和机构一元化原则

这些原则着眼于管理的系统化、最优化，将行政的、经济的、法律的管理手段综合配套使用；将直接的、间接的，外部的、内部的，自愿的、强制的，正式的、非正式的，报表的、现场的，事先的、事后的，国内的、国外的，经常性的、集中突出性的，专业的、非专业的，资产的、负债的等，各种不同管理方式和管理技术手段结合起来，综合配套使用。

二、银行业监管的方法与内容

（一）银行业监管的方法

1. 事先检查筛选法

该方法主要是指对金融机构建立前的严格审查和注册登记。在银行建立前，金融监管当局一般都要对拟建机构的地址、规模、股东人数、最低资产额、资本结构情况、经营管理机构的组成和管理水平、是否妨碍竞争、是否有利于公众及银行的未来收益等问题进行严格的审查。

2. 定期报告分析法

该方法主要是规定银行的定期报告制度。监管机构对其呈报的定期报告进行认真的分析，

从而决策是否深入检查或采取其他制裁措施，这是监督检查的关键方法。对报告的分析通常采用趋势分析和对比分析两种方法。趋势分析是对同一家银行不同时期增长或下降比率的分析比较，用以考察一个时期该项比率的变化趋势，如发现不利情况，则需加强监督检查。对比分析是作同类银行间的对比，亦称"同类组分析"，通常要进行资本充足程度、资产质量、收益及流动资金等方面的比较。质量差的银行应受到更为严格的监督检查。经验表明，在金融机构不多的国家里，一般适宜采用趋势分析法；对于银行众多、地域广阔的国家来说，采取"同类组分析"法会更加适宜、有效。

3. 现场检查法

该方法主要是由中央银行或其他金融监管当局派员到银行进行实地检查，以了解银行的资本充足状况、资产质量、管理质量、收入和盈利状况、清偿能力等，在此基础上做出全面的综合估价。使用现场检查方法最早和最为充分的国家是美国。现场检查方法是银行监督管理制度的核心。这一方法已被日本、西欧国家以及众多的发展中国家所广泛采用。

4. 自我监督管理法

该方法主要是指中央银行要求银行根据法律规范自我约束、自我管理，强调银行在自觉自愿的基础上进行自我纪律约束。

5. 内部审计与外部检查结合法

内部审计是银行自己进行的审查与稽核，向股东大会负责，审查重点是银行的盈利，而不是金融监管当局关注的风险与安全。目前，各国一般采用外部检查和内部审计相结合，以及国家金融监管当局稽核部门对各类金融机构施行的强制性稽核和社会独立的稽核机构实行的非强制性稽核相结合的办法。

6. 发现问题及时处理法

该方法是指当银行的业务经营活动违反或不符合金融法规规定，经营或财务状况不良，或有危害公众利益的行为时，金融监管机构通过采取相应的措施，督促金融机构纠正偏差，改变现状。

延伸阅读

中国银监会2004年查出金融机构违规金额5 840亿

银监会2005年1月17日表示，2004年银监会加大现场检查力度，全年查出违规金额5 840亿元，比2003年增加4 072亿元，提出整改意见58 247条，比2003年增加21 847条，有效防范和化解了各类金融风险。

在银监会2004年组织开展的四次大规模检查活动中，主要对钢铁、水泥、电解铝、电石、焦炭、房地产、汽车等行业贷款进行了专项检查，对于引导商业银行加强信贷政策与产业政策的协调配合起到了重要作用。同时，结合我国银行业金融机构的风险特点，围绕各类机构的业务经营、风险状况、公司治理及内部控制开展了一系列现场检查，加大了现场检查力度，提高了检查效率。

2004年银监会系统共派出检查组16 700次，对政策性银行、国有商业银行、资产管理公司、股份制商业银行、城市商业银行、外资银行、城乡信用社、非银行金融机构和邮政储汇局等进行了检查。现场检查的银行业机构覆盖率为36%，比2003年提高8.2个百分点。

在现场检查中，银监会去年共发现案件数量274件，涉案金额15.1亿元，涉案人员479人，银监会全年共处理各类违规金融机构2 202个，比2003年增加690个，依法取消各类机构高级管理人员任职资格244人，各类银行机构实际处分违规人员4 294人，比2003年增加1974人。

资料来源：中国银监会2004年查出金融机构违规金额5 840亿[EB/OL].（2005-01-18）[2007-10-10]. http://news.chinesewings.com/cgi-bin/site/j.cgi?id=20050118204074449

（二）银行业监管的主要内容

监管内容与措施是银行监管手段的主体，是金融监管当局最经常、业务量最大的工作，是金融监督管理体制中的安全防线。

1. 对新设银行的审批，即“市场准入”

设立一家银行，金融监管部门要对该机构的股东资格、资本金、法人代表和高级管理人员的任职资格等进行审查。在很多国家这项工作以注册登记管理方式进行。严把市场准入关，防止不合格成员进入银行体系，从而保证银行业的安全与稳定。

2. 审定银行的业务范围及业务管理

许多国家在银行设立之初，都由监管部门审定并核准其业务范围。在银行正式运营之后，监管部门还要对其日常经营进行常规业务监管，主要包括以下几个方面：

(1) 资本充足性的管制。资本充足性又称资本充足条件，即保持银行正常营运和健康发展所必需的资本比率条件。

(2) 清偿能力管制。主要是资产流动性管制，有的国家称清偿能力管制为资产流动性测定，管制的侧重点为资产与负债结构在时间上的配合。

(3) 贷款集中程度管制。这是金融监督管理的重点之一。对个别客户的贷款过分集中是大多数银行产生危机的经常性原因。限制贷款集中的办法是正式或非正式地要求每家银行竭力避免此种风险，同时规定银行对个别借款者的贷款不得超过贷款银行资本的一定百分比。

(4) 外汇业务风险管制。通常情况下，各国银行从事本币业务和外汇业务所面临的困难和风险不同，后者的复杂程度和风险比前者要高得多。外汇风险也是一种国家风险，它会对一国的国际收支、外汇储备和对外负债产生直接的影响。因此，大多数国家都监视银行的外汇业务活动，只是在管制程序方面有所不同。

(5) 报表分析。根据商业银行的报表，监管当局依照商业银行经营资产必须同时具备安全性、盈利性、流动性原则进行考察，主要考察：第一，自有资本是否充足。主要看银行自有资本与资本总额、负债总额、存款总额以及风险投资的比例。一般来说，比例越高，银行经营越安全，比例越低，风险越高，当该比例低于规定比例时，中央银行就必须采取干预措施。第二，资产质量的高低。主要看商业银行各项资产中被拖欠利息的贷款、不良贷款和资产损失占有的比重。第三，收益的数量和质量水平。一方面看资产收益率，即收益总额与银行全部资产之比，以此衡量盈利数量；另一方面看收入来源多少来自正常经营，多少来自偶然，以此衡量盈利质量。第四，资产的流动性大小。主要看银行库存现金、流动性资产与资产总额的比例，流动性资产与活期存款的比例，检查其流动性是否达到规定程度。

延伸阅读

银监会严查票据风险

针对目前依然高发的银行案件态势，银监会日前下发《关于进一步加强案件风险防范工作的通知》，要求严查票据方面的操作风险，尤其要防范内外勾结、伪造和克隆票据。

银监会要求，各银行在系统内进行银行承兑汇票业务检查，重点检查银行承兑汇票承兑、贴现、质押等业务制度的建设及执行情况，尤其要防范内外勾结、伪造和克隆票据、“假作废，真盗用”、“大头小尾”等重大风险。银监会也将选取重点地区和机构进行银行承兑汇票业务管理的抽查。

在责任追究上，银监会要求进行“双线问责”，严格追究责任人和相关领导的责任，同时追究业务管理部门、内部审计部门的失职责任；对涉案金额百万元以上，影响恶劣，后果严重的，要上追两级领导责任。此次交行沈阳一支行发生案件，就直接导致了交行沈阳分行行长离职，被认为就是所谓“追两级”制度的启用。同时，监管部门还要求引入引咎辞职制度。发生大额和性质严重案件的分支机构负责人必须先行引咎辞职，视案件结果再行处理。

银监会要求，发生大要案及案件频发分支机构的主要领导要坚决撤换，不得易地同级任职，同时领导班子成员要调离、降级使用或免职，涉及违法犯罪的，要及时移送司法机关追究刑事责任，建立和落实案件报告和移送制度。

资料来源：银监会严查票据风险：发生大案银行主要领导撤职[EB/OL]．(2006-07-02)[2007-10-10]. http://business.sohu.com/20060702/n244051000.shtml

3．对银行经常实施市场检查

这种检查带有抽查性质，主要是针对银行的日常经营活动进行稽核与检查监督。有时也是有针对性的。

4．对有问题银行的最后挽救

金融监管部门在监管过程中，一般会尽量避免单个银行因经营不善破产关闭而给社会带来的震动。出现这种情况，监管部门会尽力采取挽救和保护措施，主要包括以下几种方式：

(1) 存款保险制度。为了维护存款者的利益，维护金融体系的安全和稳定，监管当局往往规定，银行必须按其存款金额到存款保险公司投保，以便在非常情况下，由存款保险公司对银行支付必要的保险金。此即为存款保险制度，于20世纪60—80年代在西方建立。存款保险制度为银行设立了一道安全防线，提高了银行体系的信誉和稳定性，具有事先检查和事后监督双重稳定的特征。目前，大多数国家法律都规定，存款额在最高限额内损失100％赔偿，超出限额的部分赔偿，存款者承担一部分损失。存款保险制度组织形式多种多样，有官办的、银行办的以及民办的等；有的强制，有的自愿。存款保险费一般是存款总额的一定百分比。

(2) 最后援助手段。中央银行或监管当局对发生清偿能力困难的银行，往往提供紧急援助，视为金融体系的最后一道防线。最后援助措施有：一是直接贷款；二是组织大银行救助小银行或者安排大银行兼并小银行；三是由存款保险机构出面提供资金，解决困难；四是购买银行资产；五是银行收归政府经营，全部债务由政府清偿。

（3）最后制裁手段。对商业银行违背法律法规等问题，中央银行往往采取最后制裁手段。一是经济惩罚，如实行惩罚性利率、罚款等；二是停止对其贷款和再贴现；三是建议撤换高级管理人员；四是撤销该行在存款保险公司的保险权，降低其社会信誉；五是提出诉讼，迫使其倒闭。

第三节　证券业监管

一、证券业监管目标

所谓证券市场的监管目标是指政府对证券市场进行监督和管理的目的和任务，是监管的出发点和归宿，我国理论界具有代表性的观点认为，政府对证券市场进行监管的主要目的就是为了实现公平和效率，营造一个高效和公平的市场环境。我国证券市场监管的特殊目标包括：保护投资者特别是中小投资者的合法权益，推动市场的不断发展，促进市场的诚信建设和市场自律功能的完善，培育市场主体的责任意识。

按照经济学的一般理论，在市场经济条件下，政府干预市场的唯一目的就是要克服和弥补市场缺陷，纠正市场失灵，从而实现公平和效率。

二、证券业监管目标的特殊性

证券市场本身固有的特征使其同其他市场相比存在着更为严重的市场失灵现象。第一，证券市场存在着巨大的负外部性。在证券市场上，由于资本被高度抽象化和虚拟化，资本交易变成了一种纯粹的金融交易，价格变化和交易速度极快，市场风险会很快殃及货币、外汇等其他金融市场，对社会经济发展造成巨大影响。第二，证券市场存在着竞争和信息的不完全性。证券市场极易产生垄断，从证券供给的角度来看，一家公司仅能发行本公司的证券，而不能发行其他公司的证券，证券的发行过程排除了竞争。从证券交易的角度来看，只要证券发行和上市交易的数量是有限的，某些势力强大的投资者就可以利用自己的资金优势大量的购买或抛售某一公司的上市证券，影响或控制某一证券的交易价格。第三，证券市场又具有信息不完全的特征，其表现为：信息不充分，由于信息具有共享的特点，不付出任何成本的市场主体也可以通过"搭便车"分享信息的收益，因此市场本身必定不能够提供充分的信息；信息不对称，投资者处于信息弱势者的地位，容易遭受到信息优势者（上市公司、证券公司）的欺诈。

虽然负外部性或不完全性在其他市场上也不同程度地存在，但是证券市场的负外部性和不完全性同其他市场相比不仅表现得更为强烈，影响更为严重，而且仅仅依靠市场本身也无法解决。比如，由于个别行为主体的利益与整个社会的利益之间存在严重的不对等，使得证券市场的负外部性，不能像其他市场那样可以通过征收"庇古税"加以补偿，所以政府必须对证券市场实行监管和干预，以弥补市场缺陷，限制和消除市场失灵的不利影响，从而实现公平和效率。由此可见，政府对证券市场进行监管和干预具有普遍性，不仅不成熟的市场需要监管，成熟的市场同样需要监管。然而，正如矛盾的普遍性并不排斥矛盾的特殊性一样，证券市场的监管目标在不同国家和不同的市场条件下也将具有不同的特点，是普遍性和特殊性的有机统一。

对证券市场进行监管有三个目标：①保护投资者利益。在保护投资者利益时，对中小投资者利益的保护尤为重要。②保证市场公信力和维持投资者信心。英国证券市场的“信息充分披露、买者自担风险”原则正是建立在这一目标的基础上。③系统性风险的降低。这一目标是为了让市场规律发挥其作用，减少政策性等人为因素的影响。

三、证券业监管措施

（一）现场检查权

现场检查权对于监管机构核实对证券发行人、上市公司、证券公司、证券投资基金管理公司、证券服务机构、证券交易所、证券登记结算机构所提供信息和凭证的正确性有重大意义。

（二）询问权

询问当事人和与被调查事件有关的单位和个人，要求其对与被调查事件有关的事项作出说明，对不予配合的单位和个人，可以申请司法机关传唤。

（三）查询权

查阅、复制当事人和与被调查事件有关的单位和个人的证券交易记录、登记过户记录、财务会计资料及其他相关文件和资料；对可能被转移或者隐匿的文件和资料，可以予以封存；查询当事人和与被调查事件有关的单位和个人的资金账户、证券账户，对有证据证明有转移或者隐匿违法资金、证券迹象的，可以申请司法机关予以冻结；查阅、复制与被调查事件有关的工商登记、税务、海关、房地产等资料。

（四）查封、冻结权

证券监管机构查封、冻结权的最主要标的是涉嫌转移或隐匿的财产，主要包括以下几类：

(1) 涉案当事人本人开立的资金账户、证券账户和银行账户或由其实际控制的资金账户、证券账户和银行账户，以及与其有关联的资金账户、证券账户和银行账户中存放的违法资金、证券，部分已经被转移或者隐匿的；

(2) 被举报的违法资金、证券等涉案财产已经或者将要被转移、隐匿并提供具体的转移或者隐匿线索的；

(3) 通过与他人签订合同等形式，拟将违法资金、证券等涉案财产作为合同标的物或者以偿还贷款、支付合同价款等名义转移占有的；

(4) 其他有证据证明有转移或者隐匿违法资金、证券等涉案财产迹象的。

（五）限制交易权

在调查操纵市场、内幕交易等重大证券违法行为时，可以限制被调查事件当事人的证券买卖。

延伸阅读

证监会发布系列监管措施决定，部分券商业务受限

中国证监会 2006 年 7 月 28 日发布系列监管措施决定，进一步限制巨田证券有限责任公司业务，限制世纪证券有限责任公司、泰阳证券有限责任公司业务。

证监会指出，自2006年5月8日起，巨田证券已被证监会采取限制业务的监管措施。但至今仍未能按期完成整改。根据《证券法》第150条规定，证监会决定自7月31日起，继续对巨田证券采取限制业务措施，同时暂停其证券账户开户代理业务。此前，证监会对巨田证券采取了暂停保荐、承销业务；暂停受理、批准新业务；暂停批准增设、收购营业性分支机构；暂停批准营业性分支机构迁移、转让的监管措施。

证监会要求巨田证券在2006年8月31日前归还挪用的全部客户交易结算资金，净资本达到法定要求。否则，将对其采取责令撤销有关业务许可的监管措施并依法予以进一步处置。

另外，因世纪证券、泰阳证券未能按期完成整改。证监会决定自2006年7月31日起，对上述两家券商采取暂停承销业务，暂停证券自营业务（已持有的证券只能卖出），暂停证券资产管理业务，暂停受理、批准新业务，暂停批准营业性分支机构迁移的监管措施。泰阳证券还被暂停批准增设、收购营业性分支机构。世纪证券被责令在2006年9月30日前完成违规业务清理和重组工作，净资本达到法定要求；泰阳证券被责令在1个月内提出切实可行的解决挪用客户资产问题的方案，在2006年10月31日前归还挪用的全部客户资产，净资本达到法定要求。否则，证监会将对这两家券商其采取责令撤销有关业务许可的监管措施并依法予以进一步的处置。

资料来源：周羽中．巨田证券受限升级，世纪、泰阳业务受限．上海证券报，2006-07-28

第四节 保险业监管

一、保险业监管目标

国际上保险监管的目标是：保证保险人有足够的偿付能力；规范保险市场、维护保险业的公平竞争；防止保险欺诈；弥补自行管理的不足。

根据《保险法》第一条的规定，保险监管包括三个任务，一个目标。第一是规范保险活动，开展保险行业的有序竞争。第二是保护保险活动当事人的合法权益，发挥保险保障的功能。第三是加强对保险业的监督管理，维护被保险人的利益，使其得到有法可依的保障。三个任务的最终目标是促进保险事业的健康发展，保证社会经济的稳定发展和人民生活的安定。

二、保险业监管的作用

保险业务的专业性强，特别是保险产品的定价与一般产品不同，更需要专门知识。保险合同由保险公司单方面拟定，保险费率等重要事项经事先确定，被保险人处于弱者地位，只能被动地接受或拒绝合同。如果不加强监管，很可能损害被保险人的利益。保险监管机构将按照法律法规对保险公司进行监督管理，确保其偿付能力。保险监管的作用有以下几方面：

(1) 保险监管能维护公平竞争的市场秩序，这是保护被保险人合法权益的延伸。保险监管的一个主要任务是制定公平、透明的竞争规则，保证保险公司在同等条件下公平竞争，以维护保险市场秩序。保险监管部门在“赛场竞争”中，既不当运动员，也不当领队和教练，而是做一个公正的裁判。

(2) 保险监管能防止出现市场垄断。如果单个保险公司独家垄断或少数保险公司寡头凭借垄断地位，抬高保险费率，将其置于边际成本之上，以获得垄断利润，会从根本上损害被保险人的利益。

(3) 保险监管能维护整个保险体系的安全与稳定,防止以损害被保险人利益、抑制竞争和效率为代价,同时不排除某些保险机构因经营失败而自动或被强制退出市场。如果有市场进入机制而没有退出机制,众多的保险公司达不到保险行业的合理规模,经营成本降不下来;而过度竞争又迫使各公司人为地压低保险费率,从而削弱甚至丧失偿付能力,最终损害被保险人的利益。

三、保险业监管方式与措施

(一) 监管方式的选择

国际上通常把不同国家的监管方式分为三种。第一种是公告方式。即国家对保险业不实行任何直接管理,而是仅把保险业的资产负债、营业结果以及其他有关事项予以公布。这种方式适合于保险市场高度成熟的国家或地区。只有在保险人严格自觉地按规则经营,投保人、被保险人对保险知识有较深刻了解的前提下才能实行。第二种是规范方式,又称准则主义或形式监督主义。是由法规规定保险业经营的一定准则,要求保险业共同遵守的方式。这种方式不像公告方式那么宽松,但监管方式也仅限于形式,它适用于保险市场成熟、法律法规较为健全的国家和地区。目前,国际上采用这种方式的国家和地区不很普遍。第三种是实体方式,又称许可方式。即国家不但制定了较完善的保险法规,而且国家保险监管机关拥有很大的权力。这种方式较前两种方式严格,它适用于保险市场不成熟或趋于成熟的国家和地区。目前,大多数国家采取这种方式。

监管方式的选择取决于本国的保险市场定位。目前,我国保险业处于初级阶段,只能选择实体监管方式。由于我国保险业起步较晚,保险监管经验不足,所以监管方式还处于跟进型管理阶段,或称作事后督察式,属于不成熟的实体方式。

事后督察式是指保险监管机构被动地在保险市场发生问题时进行处罚、督促整改,从而维护市场的基本秩序。这种方式的特点是:①保险监管规则不完善,制定的规则基本上是亡羊补牢式;②国家监管机构不健全,职责不十分明确;③监管的内容狭窄,手段单一;④监管机构的权威性没有完全树立,有禁不止的情况仍有发生。

目前,我国保险监管方式已不能满足保险业发展的需要,因此,应采用事前引导式和事中监控式。事前引导是指保险监督管理机关应在深入调查研究保险市场后,做出科学的战略决策,引导保险市场向预定的方向发展,并事先制定出规则来保证保险市场的健康发展。事中监控式是保险市场在可控制的运行过程中,对可能出现的偏差进行监控,并及时做出决策,来保证保险市场按照预定的方向发展。只有这两种方式共同配合,灵活运用,才能维护保险法规的尊严,使保险合同得以合理实现,还可减少某些权力机关因对保险不甚了解,而有意无意施加压力的现象。

(二) 我国监管措施的选择

1. 加强保险监管工作的宣传力度,创造一个良好的社会环境来促进监管目标的实现

宣传工作包括各个层面,对社会公众的宣传,可以提高他们的监管意识,使其自觉地遵守保险规则;对保险人的宣传,可以使他们知法守法,变被动执行为主动执行;对各级政府管理层的宣传,可以使各职能部门了解保险监管要求,主动配合保险业监管机构的工作。如加强与公安、税务、法院等单位的沟通等。因此,应采用重点打击和普遍督导相结合的方式,对各保险公司给予一定的时间进行自我调整和规范,而对顶风违规者、屡教不改者则应给予严厉打击。

2. 采取重点打击与普遍督导相结合的方法

目前,保险市场的混乱是普遍的,各家保险公司或多或少地采用了一些不正当竞争手段,如果采用全面打击则会造成保险业务的严重萎缩,因此采用重点打击、抓点带面、普遍督导的方法,才能早日形成较为完善的实体监管方式,保证监管目标的实现。

3. 扶持保险行业协会,使其成为保险业监管机构的有力助手

在一些发达国家,行业协会的监管作用往往大于政府部门。但目前,我国成立的各保险行业协会都没有发挥其应有的作用,主要原因是没有管理手段。在监管机构不健全,人员缺少的情况下,着力扶持保险行业协会不失为一种有效方法。保险行业协会相对监管机构而言,更了解保险市场的情况,了解运作中容易发生的弊端,了解保险市场的要求,其制定的措施更明确、更切实际,也更容易为保险公司接受。因此,监管机构在完善保险行业协会的基础上,应适当授权对本身不易完成而协会又有能力完成的事项由协会处理,这样,监管体系中这两个层面的配合会更有效地实现监管目标。

保险监管的手段多种多样,如目前通行的报表报送制度,即是实现偿付能力监管目标的重要手段。各国应根据本国保险市场现状及监管目标确定监管方式的选择,监管手段也应多样化,但从总的方面来讲,应使监管手段有张有弛,刚柔相济,多方共同配合,达到实现监管目标的目的。

四、我国保险监督管理委员会的监督职能

我国保险业经历了一个曲折发展的过程。中国人民银行、财政部等曾在不同的历史时期行使过对保险业监管的职能。1949 年 10 月新中国成立后,中国人民保险公司成立,受中国人民银行领导。从 20 世纪 50 年代后半期起,我国保险业进入长时间的低谷状态,对保险业的监管也就停滞不前。1979 年 4 月,国务院批准逐步恢复国内保险业务,保险业仍由中国人民银行监督管理。1985 年 3 月 3 日,国务院颁布的《保险企业管理暂行条例》规定:"国家保险管理机关是中国人民银行"。之后,中国人民银行逐步建立和加强了监管保险业的内设机构。1995 年 7 月,中国人民银行成立保险司,专司对中资保险公司的监管。同时,中国人民银行加强了系统保险监管机构建设,要求在省级分行设立保险科,省以下分支行配备专职保险监管人员。随着银行业、证券业、保险业分业经营的发展,为了更好地对保险业进行监督管理,国务院于 1998 年 11 月 18 日,批准设立了中国保险监督管理委员会(简称保监会),专司全国商业保险市场的监管职能。中国保险监督管理委员会根据《保险法》对我国保险业进行监管。

(一) 市场准入的监管

保险机构市场准入监管的目标是在审批环节上对整个保险体系实施有效的控制,确保保险机构的数量、结构、规模和分布符合国家经济金融发展规划和市场需要,并与当局的监管能力相适应。

设立保险机构、从事保险业务必须有符合法律规定的公司章程,并达到符合规定的注册资本最低限额,有具备任职资格的高级管理人员,有健全的组织机构和管理制度,有符合要求的营业场所,其中资本金、高级管理人员任职资格和保险公司业务范围是核心内容。

未经国家保险监管机关批准擅自设立保险公司或者非法从事商业保险业务活动的,依法追究法律责任并由保监会予以取缔。对于超出核定的业务范围从事保险业务活动的由保监会责令改正、退还收取的保险费并给予相应的经济处罚。

(二) 保险业务运营的监管

各国对保险机构市场营运监管的具体内容并不完全相同，但一般都将监督检查的重点放在偿付能力和市场行为两个方面。

保险公司的偿付能力是指其赔偿或给付的能力。保险公司具有足够的偿付能力才能保障被保险人的利益，增进投保人的信心。偿付能力监管是保险风险监管的核心内容。《保险法》对保险公司偿付能力作了原则规定，如保险公司资本金的要求、保证金的提取、各项责任准备金的提取、实际资产与实际负债的认定、最低偿付能力的确定、法定再保险的安排等。

根据《保险公司管理规定》，保险公司应具有与其业务规模相适应的最低偿付能力。保险公司实际偿付能力额度为其会计年度末实际资产价值减去实际负债价值的差额。

如果保险公司实际偿付能力额度达不到要求，实际偿付能力额度低于最低偿付能力额度的，保险公司应当采取有效措施，使其偿付能力达到最低偿付能力标准。实际偿付能力额度低于最低偿付能力额度的50%或实际偿付能力额度连续3年低于最低偿付能力额度的，保监会可将其列为重点监督检查对象，并对其机构设立和业务范围等加以限制，必要时保监会可以对其实行接管。

市场行为监管的核心是要求保险机构严格依法合规经营，共同遵守法定的竞争规则，维护良好的市场秩序和环境，维护被保险人的利益。对保险机构业务运营的监管，也是通过非现场监控和现场稽核检查方式实现的。

（三）对有问题保险机构的处理

各国对保险机构问题的处理有所不同，但对保险机构的一般性问题，经常是要求保险机构按照监管当局的要求采取某些措施。当出现比较大的问题时，保险监管当局有权采取纠正措施或给予紧急救助。如果保险机构仍然无法恢复生存能力，监管当局应尽力促成有实力的保险机构对其进行兼并。当所有努力都无法奏效时，监管当局必须采取依法关闭的断然措施，以维护保险体系的安全、完整与稳定，减少市场和社会震动。

在我国，对日常保险监管中发现的保险企业存在的各种违法违规问题和不审慎行为，保监会视情节轻重依法进行处理和处罚。保险公司如不能在限期内执行保险监管机关提出的纠正其违法违规的措施，由保险监管机关监督保险机构进行清理整顿。《保险法》及有关法律法规对保险机构的处罚作出了具体规定，有警告、通报批评、罚款、没收非法所得、责令停止经营部分业务、整顿、实施接管、责令撤换责任人、吊销经营保险业务许可证等处罚。

对违反《保险法》及其他法律规定的行为等情节严重者，保监会有权对保险机构实施接管。保险机构违反法律、行政法规，被保监会吊销经营保险业务许可证的，依法撤销，由保监会组织清算组进行清算。保险公司不能支付到期债务，经保监会同意，由人民法院依法宣告破产，并由法院组织保险监管部门等有关部门和人员成立清算组进行清算。

延伸阅读

保险监管部门2006年上半年实施行政处罚190家次

保监会7月28日公布了上半年各地方保监局行政处罚实施情况。数据显示，2006年1—6月，保监会各保监局共对187家保险公司分支机构、保险中介机构实施190家次行政处罚，同比增加 46.15%。

其中，责令撤换高管人员 30 人，同比增加 114.29%；罚款 772.02 万元，同比增加 66.16%；吊销许可证 2 项，同比持平；责令停止接受新业务 1 项；警告 58 家机构和 58 人。

2006 年上半年，各保监局还对 230 家机构及个人实施了 259 家次的其他监管措施。其中监管谈话 191 次，下达监管意见书 87 份，通报批评 8 家次，取消任职资格 1 人次。

保监会对 2006 年上半年 190 家次行政处罚案例进行了分析，认为“不严格执行条款费率问题突出”，其主要表现为：通过非正常批单退费等手段变相降费；不严格执行报备的条款费率，擅自变更承保条件，扩大保险责任，降低承保费率；滥用费率调节系数或违规协议承保，变相下调承保费率等。

保监会还认为，“团险业务管理亟待加强”。一是长险短做，违规退保，短期退保套现，退保金不回原单位，现金支付退保金；二是通过违规批单退费、违规支付手续费等方式，给予投保单位或经办人不正当利益；三是业务管理混乱，如超龄承保，擅自扩大保险责任，合同要素不全，业务档案不实。

此外，“擅自设立、撤销分支机构现象持续发展”，也是目前面临的一个主要问题亟待解决。保监会说，2005 年以来，部分保险机构和中介机构擅自设立、撤销或迁移分支机构的现象不断上升。今年上半年，各保监局又查处 45 家次，还对 13 家机构进行了监管谈话。

资料来源：保险监管部门上半年实施行政处罚 190 家次[EB/OL]. (2006-07-28)[2007-07-10]. http://news.xinhuanet.com/newscenter/2006-07/28/content_4889733.htm

第五节 金融监管的国内协调与国际协议

一、金融监管的国内协调

我国的整体金融监管系统包括金融监管的组织监管系统、金融机构自律监管系统、行业自律监管系统、市场监督系统、行政法制监督系统等五个方面的监管系统，形成了对于金融机构的自我约束与外部约束、行政手段监管与法律手段监管相结合的基本框架。

（一）金融监管的组织监管系统

目前，我国已形成了由中国人民银行、中国银行业监督管理委员会、中国证券监督管理委员会、中国保险监督管理委员会分别对不同领域的金融活动进行监管的金融监管组织系统，并以立法的形式授予这些机构法定的监管权限，对金融机构依法进行监管，通常把这些机构依法进行的监管叫做采用法律手段进行监管。这些机构的职责就是对金融机构及其活动进行监管；其监管具有法制性、规范性、连续性、强制性等特点，因而是五个监管系统中最主要、最重要的监管系统。

中国银行业监督管理委员会（简称银监会）主要负责对银行业的监管。银监会根据国务院授权，统一监督管理银行、金融资产管理公司、信托投资公司及其他存款类金融机构，维护银行业的合法、稳健运行。

1992 年 10 月，国务院证券委员会（简称国务院证券委）和中国证券监督管理委员会（简称中国证监会）宣告成立，标志着中国证券市场统一监管体制开始形成。国务院证券委是国家对证券市场进行统一宏观管理的主管机构。中国证监会是国务院证券委的监管执行机构，依照法律法规对证券市场进行监管。

中国保险监督管理委员会是全国商业保险的主管部门，为国务院直属正部级事业单位，根据国务院授权履行行政管理职能，依照法律、法规统一监督管理全国保险市场。保监会按行政区域设置派出机构，对派出机构实行垂直领导。目前，保监会设有31个派出机构。

（二）金融监管国内协调

随着分业经营的藩篱不断被突破，特别是金融企业集团接二连三地出现，传统的监管安排难免陷入捉襟见肘的境地，监管效率无从谈起。为此，当前最急迫的任务就是做好各监管部门之间的协调工作。

根据2003年中央金融工作会议的精神，维持分业监管体制，组建了银监会，同时强化联席会议制度；条件成熟后再全面实行独立于中央银行的金融一体化监管。采取这一渐进式改革的模式可以保持现有制度的连续性，降低体制转换成本，也可为实行统一监管所需基础建设争取时间。

金融“联席会议”制度的成员为中央银行、各监管机构派出的代表，成员将定期召开会议，以协调中央银行、各金融监管机构在以下方面所做的努力：

（1）及早发现国内金融体系的脆弱性，掌握系统风险的成因，并通过有效的监管降低风险；

（2）建立更有效的程序，保障监管规则的执行与发展，有效地识别、弥补不同金融部门监管标准之间的差距；

（3）确保负责维护金融稳定的各监管部门之间能进行持续的信息交流。“联席会议”制度在达到建立了一套系统的程序来监测和促进金融体系提高效率和稳定性的目标时，就可认定其完成了历史使命。

由于在现行监管制度框架下，协调工作的难度非常大，特别是如果风险因素可以在整个金融业自由流动，而不同监管部门在目标、监管要求和手段等方面又各不相同的话，就更难及时达成有效的协调。从总体上把握的金融监管制度创新的基本思路，就是金融监管体制一体化。

金融监管体制一体化发端于北欧国家，最初是把银行、证券及保险监管职能合并在一家机构中。北欧国家在整合的监管机构下运转了较长时间。实践证明，它们不仅提高了效率，又实现了规模效益。随后，建立一家超级的、统一的监管机构，形成“牵头监管者”则是北欧国家监管体制“一体化”思路的延伸。发达国家在这方面是闻风而动。英国成立了“金融服务管理局”，统一对各类金融机构进行监管，还规定英格兰银行此后只在总体上对金融体系的安全性和稳定性负责。日本、美国也正在积极筹备建立这样一家超级监管机构，统一对“全能化”的金融机构实施监管。超级监管机构的优势主要在于：

（1）管制机构的减少使得一些稀缺的资源可以被共享，这有可能降低制度成本，带来一定程度的规模经济，同时也有可能带来范围经济，即因同时管制不同职能领域而收到制度成本降低之利；

（2）可以更好地与金融集团企业相抗衡，更有效地、全方位地监控业务多样化了的金融机构；

（3）单一监管机构原则上可以避免政出多门所导致的政策不一致、相互重叠或出现管制缺口，容易确定和分清管制的责任，避免相互推诿的发生；

（4）可以缓解管制人才匮乏的问题，使有限的人才资源得到集中和有效的利用。

长期以来我国银行监管一直被当作是优先目标，且由中央银行行使，中央银行为强化银行监管付出了巨大代价。目前实行分业监管的金融制度，主要是为了减少信用扩张风险，防止资金过多流向证券和房地产部门而助长投机、导致经济秩序紊乱。随着我国证券市场的逐渐成熟和商业银行的运作规范化，以及金融业内各行业间将相互开放、相互进入的金融发展格局，可以借鉴国际经验，逐步创建统一的金融监管机构。

统一的金融监管机构并不削弱中央银行的权力。监管机构的整合过程是与银行监管和货币政策两项职能分离过程相伴随的，这在一定意义上加强了中央银行的权威性。问题在于，将银行监管职能从中央银行剥离出去要做好危机管理的安排。英国模式对我们有参考价值，它采取了较为正式的方法，即建立在财政部、中央银行和统一监管机构三方的谅解备忘录基础上。

二、金融监管国际协议

(一) 巴塞尔银行监管委员会

1975 年由十国集团国家的中央银行行长建立了“巴塞尔银行监管委员会”。1987 年 12 月国际清算银行召开中央银行行长会议通过“巴塞尔提议”。在“提议”的基础上，于 1988 年 7 月由巴塞尔银行监管委员会通过的《巴塞尔协议》就是国际银行监管方面的代表性文件。其目的在于：①通过制定银行的资本与其资产间的比例，订出计算方法和标准，以加强国际银行体系的健康发展；②制定统一的标准，以消除在国际金融市场上各国银行之间的不平等竞争。

这个协议的影响广泛而深远，面世以来，不仅跨国银行的资本金监管须视协议规定的标准进行，各国货币当局也要求银行要遵循这一准则，甚至以立法形式明确下来，如我国《商业银行法》中规定商业银行的资本充足率不得低于 8%。

2004 年 6 月 26 日，巴塞尔银行监管委员会同意为银行业提议一项新的资产充足率规定的框架，以修正 1988 年的《巴塞尔协议》在信用风险方面的缺陷，该提议被普遍称为《新巴塞尔资本协议》。该协议由三大支柱构成：一是最低资本要求；二是监管部门对资本充足率的监督检查；三是市场约束。

与 1988 年《巴塞尔协议》相比，《新巴塞尔协议》除了包含信用风险和市场风险的内容外，还将操作风险囊括进来，这相当于在某种程度上提高了对银行最低资本的要求。

(二) 国际证监会组织合作协议《多边备忘录》

国际证监会组织(IOSCO)是证券监管领域最重要的国际组织，成立于 1983 年，现有近 200 个成员机构(其中 113 个正式会员可申请加入《多边备忘录》)，总部设在西班牙的马德里。作为专业性国际组织，IOSCO 近年来致力于制定和推广证券监管领域的国际标准和多边合作协议，其中制定和实施《多边备忘录》是其战略任务之一。

为加强国际证券监管合作、打击跨境违法违规行为，IOSCO 于 2002 年 5 月审议通过了《多边备忘录》，所有加入的成员机构(可在相关执法部门的协助下)有权获得证券、衍生产品交易相关的资金、资产记录以及实际控制人等信息；有权向境外监管机构提供上述资料；有权在自愿基础上获得或强制得到个人陈述；可就境外监管机构涉及内幕交易、市场操纵、虚假陈述和其他证券欺诈或操纵行为的请求提供协助，即使该案件不涉及违反其法律法规；应遵守相关的信息保存以及保密等规定。中国证监会 2007 年 4 月 11 日成功加入国际证监会组织《多边备忘录》，日后可与其他签署方分享证券市场监察及执法所需相关资料。

(三) 国际保险监督官协会

国际保险监督官协会(International Association of Insurance Supervisors,IAIS)是世界上保险业界最重要的组织,它和巴塞尔银行监管委员会、国际证券监督官协会并列为全球三大金融监管的核心组织,在国际金融界具有重要的地位。这个协会成立于 1994 年,现有 129 个国家和地区成为它的成员,其主要职责是制定具有国际权威的监管规则,促进国际交流。

中国保监会于 2000 年 10 月正式加入国际保险监督官协会,成为协会成员,享有表决权。

本章小结

1. 金融监管的基本模式包括统一监管、分业监管、牵头监管等模式。世界主要国家的金融监管模式各不相同,美、英、日等国监管模式的成功之处值得借鉴。

2. 银行业监管的目标主要是实现安全性、平等性、一致性和稳定性。

3. 银行业监管需遵循依法监督原则、适度竞争原则、不干涉金融业内部管理原则以及综合管理原则、社会经济效益原则和机构一元化原则。

4. 银行业监管的方法包括事先检查筛选法、定期报告分析法、现场检查法、自我监督管理法、内部审计与外部检查结合法等。

5. 金融监管的主要内容包括对新设金融机构的审批、审定金融机构的业务范围及业务管理、对金融机构经常实施市场检查和对有问题金融机构的最后挽救。

6. 证券业监管的目标保护投资者特别是中小投资者的合法权益;推动市场的不断发展;促进市场的诚信建设和市场自律功能的完善;培育市场主体的责任意识。

7. 保险业监管的目标保证保险人有足够的偿付能力;规范保险市场、维护保险业的公平竞争;防止保险欺诈;弥补自行管理的不足。

8. 目前,我国已形成了由中国人民银行、中国银行业监督管理委员会、中国证券监督管理委员会、中国保险监督管理委员会构成的金融监管组织系统,并以立法的形式授予这些机构法定的监管权限,对金融机构依法进行监管。

思考与练习

一、名词解释

依法监督　适度竞争　资本充足性　报表分析　存款保险　最后援助　统一监管　分业监管　牵头监管　组织监管　自律监管　行业自律

二、简答题

1. 简述金融监管产生的理论基础。
2. 简述银行业监管的方法和主要内容。
3. 金融监管有哪些主要的模式？各有什么特点？
4. 简述我国的金融监管模式。

第十章　货币供求与均衡

本章要点：

本章主要论述货币供求及其相关概念，分析影响货币供求的主要因素，介绍货币供求的主要理论以及实现货币均衡的条件和基本途径。

学习目标：

- 掌握货币需求的含义、货币需求量的种类，了解货币需求与供给的影响因素
- 理解货币需求理论的基本内容
- 掌握货币供给与货币供给量的含义，了解我国货币供给量的层次划分以及影响货币供给量的因素，理解货币供给决定的一般模型和基本理论
- 掌握货币均衡含义，了解货币失衡的表现，理解货币均衡的条件及其实现的基本途径。

基本概念：

货币需求与货币需求量　货币供给及货币供给量　基础货币与货币乘数

原始存款与派生存款　货币均衡与货币失衡

第一节　货币需求

一、货币需求和货币需求量的概念

所谓货币需求是指在一定时期内，社会成员（包括个人、企业和政府）在一定时期有能力并愿以货币形式持有财富的动机或行为。货币需求实际上是社会成员对物质财富形态的一种选择，愿意且有能力以社会财富的一般代表——货币形式持有，就构成了对货币的需求。人们对货币的需求，虽有一定的主观欲望，但主要是由各种客观经济变量和社会经济保障制度等所决定的对货币的持有动机或要求，是人们在其所拥有的全部资产中根据客观需要认为应该以货币形式持有的数量或份额。

所谓货币需求量则是指在一定时期内，社会成员（包括个人、企业和政府）在一定时期需要的货币数量的总和。从不同角度进行考察，货币需求量可分为以下几种类型：

（一）从货币的购买能力考察，货币需求量可分为名义货币需求量和实际货币需求量

所谓名义货币需求量，是指社会各经济部门适应物价增减幅度在名义上增减的货币需求，亦即用货币单位来表示的现实流通中的货币数量。如根据中国人民银行公布的 2007 年一季度的

金融数据显示，2007 年 3 月末广义货币供应量（M2）余额为 36.41 万亿元，同比增长 17.3%；狭义货币供应量（M1）余额为 12.79 万亿元，同比增长 19.8%；流通中现金（M0）为 2.74 万亿元，同比增长 16.7%。名义货币需求量通常以 M_d 表示。所谓实际货币需求量是指剔除通货膨胀因素（物价变动）之后的实际货币购买力，即社会经济部门用货币所能够买卖的物品及劳务来表示的货币数量。它等于名义货币需求量除以物价水平（P），用公式表示为：

$$\text{实际货币需求量}=\frac{M_d}{P}。$$

（二）从国家调控角度考察，货币需求量可分为宏观货币需求量和微观货币需求量

所谓宏观货币需求量，是指以一个国家的社会总体为出发点，分析国民经济运行总体对货币的需求，亦即分析一个国家在一定时期内经济发展与商品流通所需要的货币量。所谓微观货币需求量，则是指各微观经济主体的持币动机和持币行为，研究一个社会经济单位在既定的收入水平、利率水平和其他经济条件下所需要持有的货币量。

（三）从货币需求是否正常合理角度考察，货币需求量可分为最适货币需求量和现实货币需求量

最适货币需求量是根据客观事实和经济基础发展趋势测算出来、使经济能正常运行的货币需求量。它在理论上被认为是有利于物价稳定、经济发展和社会进步的合理的量。现实货币需求量则是指由现实的经济主体的经济行为所形成的货币需求量，它与名义货币需求量是一致的。现实货币需求量受经济主体现有的收入、支出、预期等因素制约，是一个客观存在的需求量。当它与最适货币需求量趋于一致时就是合理的，否则就认为是不合理的。例如，根据统计局公布的数据，2007 年一季度我国实现 GDP 50 287 亿元，同比增长 11.1%，增速比上年同期加快 0.7 个百分点。同期货币供应量 M0、M1 和 M2 分别增长 16.7%、19.8%和 17.3%，均超过经济增长速度，同期居民消费价格上涨 2.7%，其中 3 月份当月上涨 3.3%，存在着一定的通胀压力，则认为货币流动性存在过剩，中国经济的运行速度在加快，存在着偏快转向过热的风险。

二、货币需求的影响因素

货币需求的影响因素可从宏观和微观两个角度来分析。

（一）从宏观层面分析

1. 社会商品与劳务的可供量

在现代市场经济条件下，社会商品与劳务的可供量越大，则流通中所需要的货币量也就越多；反之则越少。

2. 社会商品供求结构变动

在市场商品供求结构中，供给一方面取决于产出的效率和水平，另一方面又受制于人们对它的需求，只有真正满足市场需要的商品供给，才会产生真实的货币需求。

3. 一般物价水平

对一国经济而言，在社会商品与劳务可供量和货币流通速度一定时，一般物价水平就决定着流通中的货币必要量。一般而言，一般物价水平越高，流通中所需要的货币量就越多；反之则越少。

4. 收入的分配结构

现实经济生活中，货币需求实际上是各部门因对其所分配到的社会产品或收入进行支配的

需要而发生的。因此，国民收入在各部门分配的结构，必然决定货币总需求中各部门需求的比重或结构。

5. 货币流通速度

一般而言，货币流通速度越快，单位货币所实现或完成的交易量就越多，完成一定的交易量所需要的货币就越少；反之则越多。

6. 信用的发达程度

一般情况下，一国信用的发达程度与货币的需求呈负相关变动。因此，信用制度和信用工具越发达，对货币的需求量就越少；反之则越多。

7. 其他因素

人口数量、人口密集程度、产业结构、城乡关系及经济结构、社会分工、交通运输状况等，也是决定和影响一国货币需求的客观因素。

（二）从微观层面分析

1. 收入水平

在其他情况一定的条件下，收入水平的高低与货币需求呈正相关变动。收入水平越高，货币需求越多；反之则越少。

2. 收入的分配结构

在收入量既定时，收入的分配结构不同，将影响持币者的消费与储蓄行为，进而影响微观经济主体的货币性交易需求和贮藏需求。

3. 物价水平及其变动

如果商品供不应求，价格趋于上升，会促使人们产生物价进一步上涨的预期，进而要求以实物代替货币，则用于贮藏的货币需求将减少。

4. 市场利率和金融资产收益率

在正常情况下，市场利率和金融资产收益率与货币需求呈正相关变动。市场利率和金融资产收益率上升，货币需求减少；反之则增加。

5. 心理和习惯、偏好等因素

一般情况下，当人们的消费倾向上升时，用于交易活动的货币需求就会上升；而当微观经济主体习惯于运用支票账户来完成其收付活动时，则有利于提高货币周转速度，进而减少社会的货币需求量。

三、货币需求理论

货币需求理论主要论述在特定的社会经济条件下，社会成员为什么要持有货币（即持有的动机）、需求多少货币，其货币需求受哪些因素影响等，是研究和测量货币需求必须解决的基本问题。现选择有代表性的观点或理论加以简要介绍。

（一）马克思的货币需求理论

马克思的货币需求理论，是以其劳动价值论为基础的，并且存在许多前提条件。马克思重点考察金属货币流通规律，即流通对金币的需求量。

所谓金属货币流通规律，是指一定时期内流通中所需要的货币量与待实现的商品价格总额成正比，与单位货币流通速度成反比。用公式表示为：

$$M_d=\frac{PQ}{V}$$

式中：M_d 为执行流通手段职能的货币必要量，P 为待实现商品或劳务的价格，Q 为待售商品或劳务的数量，V 为单位货币流通速度。

上述货币需求公式若用于实践，则存在相当的困难。考虑到经济生活中货币流通的连续和继承性，可以将马克思的货币需求理论公式通过微分法，根据经济增长率、物价变动率和货币流通速度变化率进行测算。具体计量公式推导如下：

将

$$M_d=\frac{PQ}{V}$$

变形为：

$$M_dV=PQ$$

然后微分得：

$$\frac{dM_d}{M_d}=\frac{dP}{P}+\frac{dQ}{Q}-\frac{dV}{V}$$

该公式的经济含义是：货币需求量变动率（dM_d/M_d）等于商品价格变动率（dP/P）加上商品数量变动率（dQ/Q），减去货币流通速度变动率（dV/V）。其中，商品数量变动率可用社会总产值，或国民生产总值变动率 G' 替代；商品价格变动率可用物价指数变动率 P' 替代；如果用 V' 替代 dV/V；用 $M_d{}'$ 表示 dM_d/M_d，则上述的微分公式可表示为：

$$M_d{}'=G'+P'-V'$$

如果我国每年保持经济增长率在 8%，物价上涨率控制在 3%以内，假定由于人们收入的不断增长，积蓄日益增多，因而货币流通速度年递减 1%，则当年的货币需求增长率为：

$$M_d{}'=G'+P'-V'=8\%+3\%-(-1\%)=12\%$$

（二）古典货币数量学说

1. 现金交易数量学说

现金交易数量学说亦称费雪交易数量方程式，是指把产出销售值与用来交易的货币量联系起来的一个恒等式。用公式表示为：

$$MV=PT$$

式中：M 为同期内流通中货币的平均数量，V 为货币流通速度；P 为平均加权后的一般物价水平，T 为用货币进行交易的社会商品量。

2. 熊彼特的收入数量学说

美籍奥地利经济学家熊彼特提出了收入型货币数量说，以修正费雪的交易型货币数量说。即研究同最终产品和劳务直接有关的那些交易，用公式表示为：

$$MV_y=P_yT_y$$

其中：M 为同期流通中货币的平均数量，V_y 为货币收入流通速度，P_y 为一定时期内最终产品的物价指数，T_y 为同期内最终产品的实际交易价值。

3. 剑桥学派的现金余额学说

剑桥学派从个人资产选择的角度，分析了决定货币需求的因素。剑桥学派认为要分析货币需求，除分析货币的交易需求外，还应考虑社会上的现金余额数量，即人们的手中欲作为购买力保存的货币数量或货币需求量，用公式表示为：

$$M_d = KPY$$

其中：M_d 为总体货币需求；K 为在总收入中以货币形式持有的比率，即 $0<K<1$；P 为物价指数；Y 为国民生产总值或实质的国民收入。由于在以上方程式中，M_d 是指停留在人们手中准备用以购买商品的货币数量，故又称作现金余额。

（三）凯恩斯学派的观点

1. 凯恩斯的货币需求理论

凯恩斯在《就业、利息和货币通论》中写道，一个人的流动性偏好“系用此人在各种不同情况下以货币形式保存的其资产的价值”，流动性偏好的程度“用货币或用工资单位加以衡量”[①]。在流动性偏好理论中，凯恩斯假定人们对货币需求出于三个动机：①交易动机，②谨慎动机，③投机动机。

交易动机是指“由于个人或业务上的交易而引起的对现金的需要”[②]。对个人来讲，收入的取得是定期的，而两次收入之间的日常花费是经常的、持续的，所以个人必须经常保持一部分货币以作日常之用。对企业来讲，其收支活动在时间上不可能保持一致，企业必须保持一定数量的货币以备日常之用。政府也是如此。

谨慎动机是指“由于安全起见，把全部资产一部分以现金形式保存起来”[③]，故也称为货币需求的预防动机。它有两层含义：第一层含义是防止意外出现的支出，保障意外事故或可能出现的有利投资机会；第二层含义是“保证一部分资源的未来之现金价值”[④]。这一动机完全着眼于货币对未来债务偿付的保值作用，实际上是把货币作为一种资产来看待。凯恩斯认为，人们愿意持有的预防性货币余额的数量主要取决于人们对未来交易水平的预期。他认为这些交易与收入的变动成一定比例，因此人们出于谨慎动机的货币需求量与他们的收入成一定比例。

投机动机：“即相信自己比一般人对将来的行情具有较精确的预期。”[⑤]。人们出于投机动机而持有货币来源于货币的贮藏功能，即把货币作为一种资产来对待，根据利率的预期变动而变动货币持有量以谋求收益。因此利率是影响货币需求量的重要因素。凯恩斯把贮藏货币的资产分成两类：货币和债券。在凯恩斯所处的年代，支票存款是没有利息的，所以持有货币的预期回报率为零。而对于债券来讲，债券的预期收益来自两方面：利息收入和预期资本利得。人们持有货币还是债券取决于两者之间的预期回报率。如果利率上升，则债券价格下跌，若预期利率上升，则债券价格预期下跌，从而得到负值资本利得，即资本损失，从而愿意持有货币而不愿意持有债券贮藏财富。若预期利率下降，则债券价格预期上升，从而得到正值资本利得，即资本增值，从而人们愿意持有债券而非货币贮藏价值。由此可见，利率上升导致货币需求下降，货币需求同利率水平负向相关。

凯恩斯将人们持有货币的三个动机分为两类需求，一是认为交易动机和谨慎动机构成对消费品的需求 M_1，它取决于“边际消费倾向”，即消费增量占收入增量的比率，或者说是收入水平的

① 凯恩斯（高鸿业译），《就业、利息和货币通论》，商务印书馆，1983 年版，第 169 页。

② 同上，第 174 页。

③ 同上。

④ 同上。

⑤ 同上。

递增函数。二是认为投机动机构成对投资品的需求 M_2，它取决于“资本边际效率”，即主要由利率水平决定，或者说是市场利率的递增函数。因此，货币总需求 M_d 可用公式表示为：

$$M_d=L=M_1+M_2=L_1(Y)+L_2(I)$$

其中：L、L_1 和 L_2 为函数符号，Y 为收入，I 为利率。

2. 凯恩斯主义对凯恩斯货币需求理论的发展

(1) 平方根定律(鲍莫尔-托宾模型)。美国经济学家鲍莫尔、托宾认为，交易性货币需求不仅是收入水平的递增函数，而且还是利率的递减函数，从而修正了凯恩斯的货币需求函数。

该模型认为，交易性货币需求并不与总支出或总收入呈正比规律变化，而认为持有货币余额应有一个最适度的规模，这个最适用度规模与总交易量或总收入的平方根成正比，即货币需求对支出或收入的弹性为 0.5。经济学家将此现象称为货币管理中的“规模经济”，并称以上模型为“平方根定律”。

(2) 惠伦模型。针对凯恩斯关于预防性货币需求同样由收入所决定而与利率无关的观点，美国经济学家惠伦提出预防性的货币需求同样受利率变动的影响，即它不仅是收入或支出的递增函数，同样也是利率的递减函数，从而修正了凯恩斯预防性货币需求函数。

(3) 托宾的“资产选择理论”。凯恩斯认为，在投机性货币需求中，人们深信自己对未来利率变化趋势的预测，因而在自信基础上，或者持有货币，或者持有证券。二者能择其一而不能同时兼有。针对凯恩斯理论与现实不符的局限性，美国经济学家托宾分析了在不确定情况下经济主体同时持有货币和证券的原因以及对两者在量上进行选择的理论依据，从而发展了凯恩斯投机性货币需求理论，较凯恩斯的理论更切合实际。

第二节 货币供给

一、货币供给与货币供给量的概念

所谓货币供给，指一定时期内一国银行系统向经济中投入、创造、扩张(或收缩)货币的行为。具体地讲，货币供给首先是一个经济过程，即银行系统向经济中注入货币的过程；其次，货币供给必然形成一定的货币量，即货币供给量，它是货币供给的结果。

货币供给量的变化对一国经济的总量规模以及运行状况有着直接的影响。

由于广义的货币除了现金、存款货币之外，还包括股票、债券等金融资产甚至于房产。而根据货币需求量的定义，显然后者不能构成用于交易、投资或储备的货币的需求，如果政府把这部分需求也作为货币需求的内容，可能会出现的现象必定是市场上发行的货币太多了。但是，由于金融资产可以转化为具有现实购买力的货币，所以，为了进一步明确经济主体对货币需求的内容，有必要把广义上的货币供给量根据流动性的强弱划分几个层次，即将流通中的货币按照其流动性的强弱进行相关排列，分成若干层次并用符号代表。划分货币供给量的层次，有利于中央银行分层次区别对待货币供给，提高宏观调控的计划性和科学性。

目前，对货币供给量层次划分的主要标准是金融资产的流动性。国际通行的分法是：

M1＝现金＋活期存款

M2＝M1＋定期存款和储蓄存款(准货币)

与国际通行的分法相类似，目前我国把货币划分为以下几个层次：

M0＝流通中的现金

M1＝ M0＋单位活期存款＋个人手持信用卡类存款

M2＝ M1＋单位定期存款＋居民储蓄存款＋其他存款（主要指信托、外汇存款）＋证券公司客户保证金

由于定期存款和金融资产不是现实购买力，所以，作为用于媒介商品流通的货币实际供应量是指 M1。事实上，直接影响我国社会总供求平衡的是 M1，它也构成了我国货币供应量的内容。中国人民银行的货币供应量公告其实是指向社会投放或回笼的 M1 数量。而 M2 则是广义的货币供应量的概念。

二、货币供给量的决定因素

概括起来，货币供给量是由中央银行、商业银行体系、财政机构、企业及社会公众共同决定的。

（一）中央银行的影响

中央银行既是一国金融活动的调节者，又是基础货币的供给主体，中央银行在货币供给中的作用主要体现在垄断货币发行权上。流通中的现金全部是中央银行发行的具有无限清偿能力的支付手段，中央银行根据货币政策和经济发展的需要确定现金的发行数量。中央银行通过调整法定存款准备金率、再贴现率和公开市场业务等手段影响商业银行的原始存款和派生存款，进而影响货币供给总量。

（二）商业银行的影响

商业银行既是基础货币的接受者，又是存款货币创造的主体。

商业银行创造的货币是派生存款，派生存款和原始存款共同构成了商业银行的活期存款总额。商业银行通过存款的创造增加货币供给量。

（三）财政机构的影响

财政机构通过改变它在中央银行和商业银行的存款来影响基础货币和货币供给。

在基础货币总量既定的前提下，财政机构若增加在中央银行的存款，则会引起基础货币的减少，并进而引起其在商业银行的存款减少，从而减少货币供给量。反之，当财政机构取出在中央银行的存款，基础货币和根据货币乘数而得出的货币供给量就会增加。

（四）企业的影响

企业对货币供给的影响是通过它对货币资金的需求来实施的。

货币供给总是以企业、社会公众等存在相应的货币需求作为前提的。比如，企业对资金的需求增加，如果追加投入是靠自身积累，则不会影响货币供给；如果是靠发行有价证券获得资金，则会影响货币供给的结构。

（五）社会公众的行为影响

社会公众也是通过货币需求的变化引起不同存款类型之间的转换。

现实中，影响社会公众货币需求决策的因素主要有：利率、社会公众对流动性资产的需求、资产最佳组合的决策、国民经济的运行状况以及中央银行的货币政策取向等因素。

三、货币供给决定的组成及一般模型

（一）中央银行创造的基础货币

基础货币由公众所持有的通货与商业银行的准备金之和构成，它是商业银行赖以扩张货币信用的基础，故也称货币基数（Monetary Base）。然而，真正支持信用扩张的是商业银行的准备金。因基础货币具有使货币供应总量成倍放大或收缩的能力，又被称为高能货币（High-powered Money）。基础货币的构成如下：

基础货币＝流通中的通货＋商业银行准备金

＝（黄金、外汇及特别提款权－外国存款）＋（政府债券－政府存款）＋对商业银行贷款和贴现＋其他资产净值及其他负债

＝国外资产净额＋对政府债权净额＋对商业银行的债权＋其他金融资产净额。

影响基础货币变动的因素主要有：①中央银行向金融机构贷款的变动、向政府贷款的变动、金银外汇储备的变动以及向其他部门净贷款的变动。②中央银行通过开展公开市场业务买卖证券和调整再贴现率以及调整存款准备金比率，都能从不同的方面控制自身的资产规模，从而直接决定基础货币的大小及其变动。

（二）商业银行创造的存款货币

商业银行创造存款货币是通过商业银行贷款、转账而形成的存款，亦称为派生存款。所谓货币乘数，也叫存款乘数，或存款扩张倍数，指商业银行的存款量与基础货币量的比率，即商业银行的活期存款总额相对于原始存款的倍数。在现实的经济运行中，它除与原始存款量呈正相关变动外，还受法定存款准备率、现金漏损率、超额准备金率等诸多因素的制约。货币乘数的公式表示如下：

$$K=\frac{1}{R_t+e+h}$$

其中：K 为货币乘数，R_t 为法定存款准备金率，e 为超额准备金率，h 为现金漏损率。

（三）货币供给的一般模型

如果用 B 表示基础货币，K 表示货币乘数，则货币供应量 M 就等于基础货币与货币乘数的乘积。用公式表示如下：

$$M=BK=\frac{B}{R_t+e+h}$$

该公式就是货币供给的一般模型。从该模型中可以看出，关于货币供给量决定问题的实质就在于基础货币和货币乘数是如何决定的。

四、货币供给理论

（一）货币供给理论产生的理论基础

信用创造学说的产生与发展为货币供给理论的产生提供了现实可能性和理论基础。

信用创造学说的先驱是 18 世纪的约翰·劳，主要代表人物有 19 世纪末的麦克鲁德和 20 世纪的熊彼特·哈恩等人。

信用创造学说是与信用媒介学说相对立的一种学说。该理论认为，银行的职能在于为社会

创造信用;银行的资产业务优先于负债业务,并且是资产业务决定负债业务;银行通过信用创造出新的资本,以此推动经济的发展。

(二) 传统货币供给理论

传统货币供给理论的典型代表是凯恩斯的货币供给理论。

凯恩斯认为,货币是国家的创造物,货币供给是由中央银行控制的外生变量,其变化会影响经济运行,但自身却不受经济因素的制约。

中央银行调节货币供应量的主要方法是公开市场业务。一方面,中央银行可以通过在公开市场上买卖证券直接增加或减少货币供应的绝对量;另一方面,中央银行可以通过在公开市场上买卖证券改变社会公众对未来的预期,特别是改变社会公众的投机性货币需求,进而影响总需求,从而可以达到间接增加或减少货币供应的相对量的目的。

(三) 现代货币供给理论

现代货币供给理论认为,货币供给是一个内生变量,货币存量的决定是各种经济主体错综复杂行为的结果。因此,货币供给不是由货币当局单独决定的,而是由包括金融体系在内的所有经济部门共同决定和影响的。

新古典综合学派认为,货币供应量不是外生的,而是一个受经济体系内诸多因素影响而自行变化的内生变量。

(四) 货币供给新论

所谓货币供给新论或新观点,是针对早先的货币供给理论而言的。其主要代表人物有詹姆斯·托宾、约翰·G.格利和爱德华·S.肖等人。

格利和肖认为,货币的基本特性是具有高度的流动性,而且在金融市场较为发达的商品经济中,各种非货币的金融资产也具有较高的流动性。

第三节 货币均衡

一、货币均衡与货币失衡的概念

货币均衡,亦即货币供求均衡,是指在一定时期货币供给与货币需求保持基本相适应的货币流通状态。理解这一概念应把握三层意思:一是货币供给与货币需求在数量上的相互适应;二是货币均衡是一个动态的概念,在短期内允许一定的货币失衡,但从长期看要保持货币均衡;三是货币是否均衡的主要标志是币值稳定。具体地说,在市场经济体制下,物价变动率是货币是否均衡的主要标志;在计划经济体制下,货币流通速度变化率是判断货币是否均衡的主要标志;在计划经济向市场经济转轨时期,可综合货币流通速度与物价指数来衡量货币是否均衡。

货币失衡则是与货币均衡相对应的概念,是指在货币流通过程中,货币供给偏离货币需求,从而使两者之间不相适应的货币流通状态。货币失衡大致可划分为三种类型:一是货币供给量小于货币需求量,主要表现为通货紧缩;二是货币供给量大于货币需求量,主要表现为通货膨胀;三是货币供求的结构性失衡,即货币供给与货币需求在总量上大体保持均衡状态,却由于货币的供给结构同与之相对应的货币需求结构不相适应,造成货币市场上货币短缺与局部货币供给过剩并存,主要表现为商品市场上部分商品和生产要素供过于求,另一部分商品和生产要素则求过于供。

经济体系需要多少货币，取决于有多少商品和劳务需要货币流通去实现，这是货币需求由社会总供给决定的理论出发点。货币同时又是社会总需求实现的手段和载体，因而货币供给是形成社会总需求的根源。货币均衡与社会总供求平衡是一个问题的两个方面。也就是说，货币均衡同经济均衡具有内在统一性和一致性。但是，由于货币需求量既是一个由社会总供给决定的内生变量，又具有相对的独立性。因此，两者往往并不一致。货币均衡是经济均衡的前提条件，经济均衡是货币均衡的现象、形态。

二、货币均衡的基本条件

无论凯恩斯学派和货币学派在货币需求理论上如何不同，但最后提出了一个双方都认可的货币需求公式：

$$M_d/P=f(\frac{Y}{P},r)$$

其中：M_d 为货币需要量，P 为商品价格，f 为函数符号，Y 为国民收入，r 为利率。

这一公式表明，对货币的实际需求$\frac{M_d}{P}$是实际收入$\frac{Y}{P}$和利率 r 的函数。而货币均衡要求货币供给量等于货币需求量，即：$M_s=M_d$，那么可用 M_s 代替 M_d，得到：

$$\frac{M_s}{P}=f(\frac{Y}{P},r)$$

上式中，如果假定 M_s 和 P 是已知的，那么，货币是否均衡就取决于 Y 和 r 这两个重要条件。则货币均衡的条件有以下两个：

（一）国民收入等于国民支出，国民收入没有超额分配现象

社会总产品的价值 W 由生产过程中消耗掉的生产资料价值 c，劳动者为自己创造的价值 v 和剩余价值 m 三部分构成，即 $W=c+v+m$。其中，$v+m$ 是一定时期内的国民收入。国民收入经过企业实初次分配之后，还要经过财政和银行的再分配，最终形成积累基金和消费基金两部分。只要一定时期的积累基金和消费基金两部分不超过同期的国民收入，货币供求就会处于均衡状态。否则，如果财政进行超额分配，即出现财政赤字。如用发行货币来弥补，即银行进行超额分配，产生信用膨胀，就会破坏货币均衡，出现通货膨胀。相反，如果财政采取紧缩政策，银行也采取紧缩政策，则会出现通货紧缩现象。

（二）均衡的利率水平

所谓均衡的利率水平是指在货币供给水平既定的条件下，货币需求正好等于货币供给时的利率。均衡利率是货币供求双方均能接受的利率水平，因而它是货币均衡的重要条件之一。

在均衡利率水平的约束下，货币需求有比较显著的利率弹性，因此利率变动可以调节或改变货币的需求量。同时，货币供给的变动也可以在一定程度上影响利率水平。从理论上说，均衡利率水平的形成是由货币供求的条件决定的。在市场经济条件下，货币供不应求，利率上升；相反，货币供过于求，利率下降。同样的道理，政府通过适当调节利率水平就可以有效地调节货币供求，使之处于均衡状态。例如，当货币需求大于供给时，适当提高利率水平，可以减少货币需求；相反，当货币需求小于货币供给时，适当降低利率，可以刺激投资并增加国民收入，而国民收入的提高将增加货币需求，从而使货币供求处于均衡状态。

总之,调节利率是实现货币均衡的基本手段。但除了利率机制发挥作用以外,具有一个发达的金融市场,尤其是活跃的货币市场至关重要。货币均衡还受到以下因素影响:①中央银行的市场干预和有效调控。利率的变化受制于诸多因素,货币需求的变化是众多经济主体行为的结果,利率对货币供求均衡的调节经常发生失灵或不到位,中央银行的市场干预和宏观调控,则有助于实现货币均衡。②国家财政收支要保持基本平衡。财政赤字的出现往往迫使政府向中央银行借款,而如果中央银行为弥补财政赤字而增加货币投放,必然引起通货膨胀。因此,财政收支是否平衡对实现货币均衡很重要。③生产部门结构要基本合理。发展过快的部门对某些产品产生过旺的需求,从而造成对这些产品的价格上涨压力;反之会造成产品积压,价格下跌,影响生产的正常发展。④国际收支必须保持基本平衡。不管是出现大量顺差还是大量逆差,均容易引起汇率波动,使货币供求关系发生变化。

三、实现货币均衡的基本途径

在完全的市场经济条件下,货币均衡的实现是通过利率机制完成的。利率是实现货币均衡的基本手段。从货币供给方面看,当市场利率升高时,银行就会扩大贷款规模,社会公众减少现金提取,货币供给量就越增加;反之,利率越低,货币供给量就越少。这说明利率与货币供给量之间存在着同方向变化的关系。从货币需求方面看,利率越高,货币需求量越少;反之,利率越低,货币的需求量就会越大。利率同货币需求之间是反方向变化的关系。

在现代经济社会中,各国政府为了保证经济的稳定增长,在市场调节起基础作用的前提下,都以宏观调控的方式干预经济,以保证物价稳定和经济增长。

政府调节货币均衡的手段很多,一般可分为直接调控手段和间接调控手段,并且随着市场经济的不断完善,一般都以间接调控手段为主,直接调控手段为辅。所谓直接调控手段,就是指政府运用行政手段,以命令的方式直接控制经济变量,以达到经济均衡及货币均衡。比如,政府通过直接控制固定资产投资规模、控制银行信贷规模和投向或规定差别利率政策等以实现货币均衡。所谓间接调控手段,就是政府运用法律、经济杠杆等规范,通过信用程序供给货币的行为。也就是说,中央银行以市场经济体制为基础,运用存款准备金率、再贷款利率或再贴现率、市场公开业务等货币政策工具调控基础货币、存款准备金或短期利率,运用货币乘数效应影响货币供应量及市场利率,然后,通过利率高低及信贷取得的难易程度来决定投资、储蓄等经济变量的变动,最终实现货币均衡的目标。有关内容详见第十二章的有关论述。

此外,在现代开放经济条件下,一国的货币供求还可以通过与国际收支的调节进行协调。当货币供给量大于货币需求量时,可以通过保持一定的国际收支逆差来调节货币供求的平衡;相反,如果当货币供给量小于货币需求量时,则可以通过保持一定的国际收支顺差来调节货币供求的平衡。

四、社会总供求和货币总供求

社会总供给和社会总需求的平衡是一国经济稳步增长的首要条件。根据货币供求规律可以知道,一定时期货币的总供给直接形成了社会总需求,而货币的总供给又是由货币的总需求所决定。根据货币流通规律,不考虑物价的因素,货币的总需求总是与一定时期待实现的商品数量有直接的正相关关系。也就是说,社会上的商品数量越多,所需要的货币量也相对地越多。这就意味着,社会的总供给直接决定了货币的总需求。所以,要实现社会总供求平衡前提条件必定是货币总供求的平衡。

同样,要判定货币供求均衡,可以从两方面进行:一是商品生产和流转过程中不存在由于货币量过少而造成的资源闲置。本期可使用的资源在现有技术水平、生产能力条件下已得到充分合理地利用,再生产规模已扩至最大;二是不存在着由于货币过多造成的物价持续明显上涨,不存在着由于货币过多造成一定程度的强迫储蓄。

事实上,由于社会的总供给在一定时期总是表现为一个固定的数量,而在信用货币制度下,银行总有创造货币的技术能力,这就使市场上的货币供应量和货币的实际需要量总会发生一定的偏差,即要么货币的供给量超过实际需要量,要么货币的供给量低于实际需要量,也就是常见的通货膨胀和通货紧缩现象。

本章小结

1. 货币需求是指在一定时期内,社会成员(包括个人、企业和政府)在一定时期有能力并愿以货币形式持有的财富的动机或行为。而货币需求量则是指在一定时期内,社会成员在一定时期需要货币数量的总和。从不同角度进行考察,货币需求量可分为名义货币需求量和实际货币需求量、宏观货币需求量和微观货币需求量、最适货币需求量和现实货币需求量。

2. 货币需求受多种因素影响。从宏观层面分析,决定和影响货币需求的因素主要有:社会商品与劳务的可供量、社会商品供求结构变动、一般物价水平、收入的分配结构、货币流通速度、信用的发达程度、人口数量等客观因素;从微观层面分析,决定和影响货币需求的因素主要有:收入水平、收入的分配结构、物价水平及其变动、市场利率和金融资产收益率、心理和习惯偏好等因素。

3. 货币需求理论主要论述在特定的社会经济条件下,社会成员为什么要持有货币(即持有的动机)、需求多少货币、其货币需求受哪些因素影响等,是研究和测量货币需求必须解决的基本问题。有代表性的观点或理论主要有:马克思的货币需求理论、古典货币数量学说和凯恩斯的货币需求理论等。

4. 货币供给是指一定时期内一国银行系统向经济中投入、创造、扩张(或收缩)货币的行为。货币供给必然形成一定的货币量,即货币供给量,它是货币供给的结果。货币供给量的变化对一国经济的总量规模以及运行状况有着直接的影响。中央银行为了对货币供给分层次区别对待,提高宏观调控的计划性和科学性,将货币供给量划分为 M0、M1 和 M2 等层次。

5. 概括起来,货币供给量是由中央银行、商业银行体系、财政机构、企业及社会公众共同决定的。中央银行创造的基础货币由公众所持有的通货与商业银行的准备金之和构成,它是商业银行赖以扩张货币信用的基础,故也称货币基数(Monetary Base)。商业银行创造的存款货币是通过商业银行贷款、转账而形成的存款,亦称为派生存款。货币乘数指银行存款量与基础货币量的比率,即商业银行的活期存款总额相对于原始存款的倍数。在现实的经济运行中,它除与原始存款量呈正相关变动外,还受法定存款准备率、现金漏损率、超额准备金率等诸多因素的制约。总之,货币供给量决定问题的实质就在于基础货币和货币乘数是如何决定的。

6. 传统货币供给理论的典型代表是凯恩斯的货币供给理论。而现代货币供给理论认为，货币供给是一个内生变量，货币存量的决定是各种经济主体错综复杂行为的结果。因此，货币供给不是由货币当局一家决定的，而是由包括金融体系在内的所有经济部门共同决定和影响的。新古典综合学派认为，货币供应量不是外生的，而是一个受经济体系内诸多因素影响而自行变化的内生变量。货币供给新论则认为货币的基本特性是具有高度的流动性，而且在金融市场较为发达的商品经济中，各种非货币的金融资产也具有较高的流动性。

7. 货币均衡也即货币供求均衡，是指在一定时期货币供给与货币需求保持基本相适应的货币流通状态。货币失衡则是与货币均衡相对应的概念，是指在货币流通过程中，货币供给偏离货币需求，从而使两者之间不相适应的货币流通状态。货币失衡大致可划分为三种类型：一是货币供给量小于货币需求量，主要表现为通货紧缩；二是货币供给量大于货币需求量，主要表现为通货膨胀；三是货币供求的结构性失衡，主要表现在商品市场上部分商品和生产要素供过于求，另一部分商品和生产要素则求过于供。货币均衡的基本条件是：①国民收入等于国民支出，国民收入没有超额分配现象；②均衡的利率水平。此外，是否有一个发达的金融市场，尤其是活跃的货币市场对货币均衡至关重要。

8. 在完全的市场经济条件下，货币均衡的实现是通过利率机制完成的，利率是货币均衡实现的基本手段。但在现代开放的市场经济社会中，各国政府为了保证经济的稳定增长，在市场调节起基础作用的前提下，需要政府采用以间接调控手段为主、直接调控手段为辅的方式进行宏观调控，以保证物价稳定和经济增长。

思考与练习

一、名词解释

货币需求与货币需求量　货币供给及货币供给量　基础货币与货币乘数　原始存款与派生存款

货币均衡与货币失衡

二、简答题

1. 影响货币需求的主要因素有哪些？
2. 马克思的货币需求理论的基本内容是什么？
3. 凯恩斯的货币需求理论的基本内容是什么？
4. 货币供给量层次划分的意义和依据是什么？我国是怎样划分货币层次的？
5. 基础货币和货币乘数由哪些因素决定？两者又是如何影响货币供给量的？
6. 传统货币供给理论和现代货币供给理论的主要观点是什么？
7. 货币均衡的条件是什么？货币失衡表现在哪些方面？在现代开放的市场经济条件下，你认为应该如何调节货币失衡问题？

第十一章　通货膨胀和通货紧缩

本章要点：

本章的主要内容是对宏观经济的两种失衡状态——通货膨胀和通货紧缩进行阐述，包括：通货膨胀的定义、种类、产生的原因，最终找出治理措施；通过分析通货紧缩现象，剖析通货紧缩的成因，得出治理对策。

学习目标：

- 掌握通货膨胀的定义与度量
- 理解通货膨胀的成因，剖析其社会和经济后果，并针对不同的实际情况提出治理通货膨胀的政策措施
- 理解通货紧缩的成因与后果，学习治理通货紧缩的政策措施

基本概念：

通货膨胀　CPI　需求拉动说　成本推进说　核心通货膨胀率　通货紧缩

第一节　通货膨胀的定义与度量

一、通货膨胀的定义

通货膨胀是指在纸币流通条件下，流通中的现实货币量超过了对货币的需要量，并由此所引起的纸币贬值和物价总水平持续上涨。简单地说，通货膨胀即是因货币数量过多所引起的货币贬值。

为了更好地理解通货膨胀的定义，还需作进一步说明：

（一）通货膨胀是纸币流通条件下的货币现象

在金属货币流通条件下，由于金属货币有储藏手段的职能，可自动调节流通中的货币量。纸币则不同，它本身并没有价值，一般来说不具备贮藏手段职能，不能自动调节流通中的货币量。如发行过多，则会引起贬值。

（二）通货膨胀引起纸币贬值，一般会引起物价上涨

我们不能说物价上涨就是通货膨胀，但通货膨胀一般会引起物价上涨。所以物价上涨是通货膨胀的结果。但物价上涨还有可能由于其他因素的影响所致，如市场的供求关系发生变化等都可能引起物价上涨。另外，在物价受到管制的条件下所出现的隐蔽性通货膨胀，一般表现为工资收入水平不下降，物价也未上涨，但市场上商品供应紧张，居民的生活水平普遍下降。这时物价并未上涨，但通货膨胀已经存在。这又说明通货膨胀也并非一定会表现为物价

上涨。所以从这两方面的分析可以看出，通货膨胀与物价上涨之间不能画等号，同时也告诉我们有时候通货膨胀率不能用物价上涨率来衡量，这主要表现在市场机制不健全、国家行政干预过多的时期。

（三）通货膨胀是物价总水平的持续上升

是否出现通货膨胀不能理解为某几种商品或某一类商品的价格上涨，而是要看物价总水平的变化情况；另外，通货膨胀引起的物价上涨是持续性的上涨，不能以短期内市场物价变动来衡量。

（四）通货膨胀的发生与货币供应量的超经济增长相联系

因为商品价值的实现必须借助于货币，只要流通中货币总量的适应关系不变，那么价格会表现为此升彼降。如果没有货币供给的扩大和持续供给，是难以形成货币贬值、物价全面而持续上升的通货膨胀。

二、通货膨胀的类型

（一）按表现形式分类

按表现形式分类，通货膨胀可分为以下两类：

1. 开放型通货膨胀

所谓开放型通货膨胀，是指通货膨胀状况可以灵敏地通过物价变动反映出来的通货膨胀。在市场经济条件下，或对物价的管制比较少的国家，市场商品供求对比关系的变动必然引起物价水平的波动。这时通货膨胀状况可以灵敏地通过物价变动反映出来。市场经济属于开放型经济，所以这种通货膨胀称为开放型通货膨胀。它一般用物价指数的变动来衡量。

2. 隐蔽型通货膨胀

所谓隐蔽型通货膨胀，又称为抑制型通货膨胀，是指在市场上商品的价格受到管制的情况下，通货膨胀状况不能通过市场物价的变动而灵敏地反映出来的通货膨胀。在管制物价的前提下，市场机制作用不完全，物价由国家限定在一定的水平，这时居民收入水平一般没有明显的下降，但社会需求压力过大，市场商品的供求关系一般表现为供不应求。其结果是商品的黑市价格与官方价格有较大差异，货币流通速度可能减慢，居民的实际消费水平也明显下降。这种通货膨胀一般发生在实行计划经济的国家。

（二）按轻重程度划分

按轻重程度分类，通货膨胀可分为以下三类：

1. 温和型通货膨胀

温和型通货膨胀，即缓慢而持续的通货膨胀，又称"适度的"或"爬行的"通货膨胀。一般指年物价上升率在2%～3%之间即为温和型通货膨胀，也有人认为在2%～5%之间时都属于温和型通货膨胀。

2. 快速型通货膨胀

快速型通货膨胀又称高通货膨胀。一般认为年物价上升率达到5%～10%即为快速型通货膨胀，目前也有人认为达到10%左右才是快速通货膨胀。

3. 严重型通货膨胀

严重型通货膨胀，又称奔驰的通货膨胀，或称恶性通货膨胀。一般指年物价上升率在10%

以上并飞速发展即为严重型通货膨胀。目前也有人认为年物价上升率在 20%以上为恶性通货膨胀。这种通货膨胀破坏性强,如持续的时间过长则会导致经济的崩溃。

有关上述各类通货膨胀的衡量指标有两种观点,前者比较稳妥而后者则把指标放得比较松,后者的理论依据是近十多年来世界各国通货膨胀率普遍水平都比较高,且各国的承受能力也有所提高,所以应放宽松些。而且一般认为通货膨胀的划分标准不是绝对的,应随着经济条件的变化而变化。

(三) 按成因分类

按成因分类,通货膨胀可分为需求拉上型、成本推进型、结构失调型、财政赤字型、信用膨胀型、比例失调型、输入型、政策型、资产调整型、预期型等类型。

所谓政策型通货膨胀,即指一国政府有意识地实施比如透支、信用扩张等政策或者在经济政策方面失误而造成的货币供应量超过需求量而引起的通货膨胀。

所谓资产调整型通货膨胀,即指政府为了一定的战略目标和产业政策的需要,在社会生产的各部门之间进行资产的调整和转移,而与原来资产结构相适应的需求结构由于惯性的作用又暂时无法改变,从而造成商品供求结构不相适应而引起的物价总水平的上涨。

所谓预期型通货膨胀,是指在市场上人们已经意识到通货膨胀的存在,因此在各种交易、合同、投资中都要将未来的通货膨胀率计算在内,从而无形中加重了市场的通货膨胀压力,引起物价的进一步上涨。这种类型的通货膨胀主要归因于一种心理作用,虽然看到了心理预期对通货膨胀的影响,但根据却不是现实经济运行的结果。因此,很难解释通货膨胀产生的真正原因。

其他类型通货膨胀在以下的内容中在进行叙述。

三、通货膨胀的度量

(一) 通货膨胀的度量指标

既然通货膨胀的程度与物价水平上涨的幅度有关,那么,如何准确地度量通货膨胀率就成为客观掌握通货膨胀并制定有效政策措施的一个重要依据。用来度量通货膨胀率的经济指标为物价指数。传统上为大多数国家所采用的物价指数主要有以下三种:

1. 消费者物价指数

消费者物价指数(Consumer Price Index, CPI)亦称生活费用支出,它反映与居民生活有关的商品和劳务价格变动的幅度。该指数一般由各国政府或私人机构根据本国若干主要食品、衣着和其他消费品的零售价格以及水、电、住房、交通、医疗、文娱等费用加权平均而成。商品和劳务的价格常常通过抽样调查方式得到,而权数为该商品或劳务在消费者支出中所占的比重。由于 CPI 用于测量一定时期商品和劳务价格变动对居民生活费用的影响程度,因此常常作为劳资协议调整工资的尺度。

CPI 的优点是资料容易收集,能迅速和直接反映公众生活费用的变化。由于它与社会公众的生活密切相关,所以该指数备受关注。它的缺点是包括的范围较窄,不能反映各种资本产品和中间产品的价格变动趋势,特别是由于 CPI 是按照固定权数来计算的,因此无法考虑商品替代、质量变化与新产品的采用对消费者生活福利的影响,从而往往会高估实际的通货膨胀率。

延伸阅读

消费品价格指数的计算方法

CPI是一个用来衡量和反映一国消费品价格水平的宏观经济指标。CPI是同一种消费产品和服务与基年价格相对应的现期价格水平。例如,如果以2005年为基年,2005年的CPI取值为100,2006年的CPI则以基年价格指数为参照进行统计。若2006年的CPI是102,那么,消费物价的增长率则为2%。一般而言,各国都不是统计所有的消费品价格,而是会选择一定数量的有代表性的消费品种类对其进行追踪,并记录它们的价格所发生的变化。这些一定数量的有代表性的消费品种类被称为"消费篮子"。为了准确反映一国物价水平变化对人们生活费用的影响,消费篮子中所选择的各大类商品所占的权重,必须能够反映社会大多数居民的消费结构。2005年国家统计局提供的我国CPI的构成如图11-1所示。

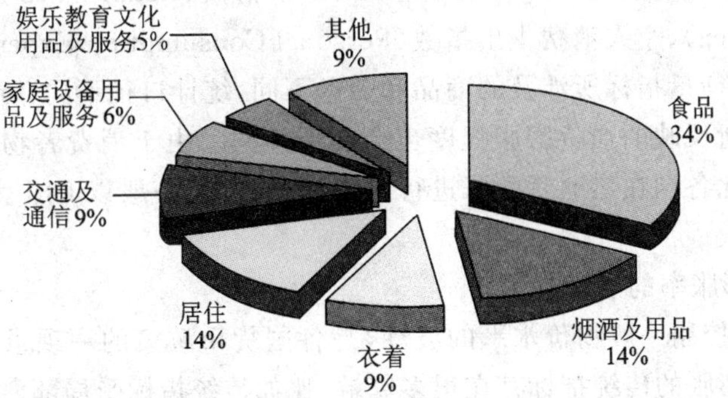

图11-1 我国CPI的构成图

我国的价格指数统计,是由国家统计局城乡社会经济调查总队来组织实施的。由各省、自治区、直辖市及抽选的市、县城乡社会经济调查队,依据国家统计局统一制定的价格统计调查制度,向基层采集原始数据汇总后上报。消费价格指数的具体编制过程按以下步骤进行:①在全国选择具有代表性的大、中、小城市和县作为国家的调查地区(国家一级的调查市县目前有226个),在此基础上再选择经营规模大、商品种类多的商场作为调查点;②选择消费量大、价格变动有代表性的商品,并选择与人民生活关系密切相关、销售量大、市场供给稳定、价格变化趋势有代表性的规格品;③派员直接到调查点登记调查,同时在全国聘请近万名辅助调查员协助登记调查;④根据近10万户城乡居民家庭消费支出构成确定消费品权数。

2. 生产者物价指数

生产者物价指数(Producer Price Index,PPI)是最古老的价格指数,是根据企业所购买的商品的价格变化状况编制,反映了包括原材料、中间商品及最终产品在内的各种商品的批发价格的变动幅度,可以衡量各种商品在不同生产阶段的价格变化情形。在计算PPI时,首先以问卷的方式向各大生产厂商收集商品的报价,然后再根据每种商品的净销售额加权算出PPI。由于该指数涵盖的商品范围广(美国的PPI包括大约3 400种商品),故在商业领域广为使用。

以PPI度量通货膨胀，其优点在于较能灵敏地反映企业生产成本的变化，并能在一定程度上预示着CPI的变动趋势，但缺点是没有将各种劳务价格包括在内。

3. 国内生产总值物价平减指数

国内生产总价值物平减指数（GDP Deflator，简称GDP平减指数）是指名义GDP与实际GDP的比率，即按当年价格计算的GDP与按固定价格计算的GDP的比率，其公式为：

$$\text{国内生产总值物价平减指数}=\frac{\text{按当年价格计算的国内生产总值}}{\text{按固定价格计算的国内生产总值}}\times 100\%$$

GDP平减指数涵盖了GDP所有组成部分（消费、投资、政府支出、净出口）而非某些特定商品的价格变化，所以它的统计范围很广，既包括商品，也包括劳务，既包括生产资料，也包括消费资料，因此能全面地反映一般物价水平的趋势，被认为是最适于测定通货膨胀的指标。只是该指数所需资料的收集有一定难度，多数国家一般一年只能公布一次，即使再像美国这样国民所得统计制度完善的国家，目前也只能做到每季一次，因而不能及时反映物价的变动趋势。

除以上三种主要用来衡量通货膨胀的指数外，还可以通过货币购买力指数（Purchasing Power Index）、实际工资指数（Real Wage Index）、零售指数（Retail Sales Index）、批发价格指数（Wholesale Price Index）、个人消费支出指数（Personal Consumption Expenditure）等指标测量通货膨胀率。由于各种衡量指标所涉及的商品和劳务不同，统计口径不同，所以即使在同一国家的同一时间，各种指数所反映的通货膨胀程度也会有所不同。由于消费者物价的变动直接关系到人民的福利水平，因此各国在对通货膨胀进行测定和分析时，一般以CPI为主要尺度，综合参考其他物价指数。

（二）核心通货膨胀率的度量方法

准确预测并有效控制一般物价水平的波动，是各国货币政策的一项重要目标。就这一需要而言，上述衡量通货膨胀的传统指标存在很多弊端，比如传统指标受局部商品价格变化的影响很大，中央银行货币政策对某些商品的辐射能力有限，使得度量指标不能真实地反映通货膨胀的程度和原因，为此世界各国目前广泛使用核心通货膨胀率的度量方法。具体操作方法包括以下几类：

1. 剔除法

剔除法又称行为法（Behavioral Approach），即剔除某些特定项目以表现长期物价走势。最常见的核心通货膨胀率为剔除了食品和能源的消费者价格指数（CPI ex food and energy）。因为食品易受气候条件影响，石油又为石油输出国组织所左右，因此食品和能源的价格波动很大，而且常常反映的是相对价格的变化。美国劳工统计局就采用这种方法编制核心通货膨胀率。

剔除法以历史的价格波动作为基础计算核心通货膨胀率，价格波动高于平均数的商品种类将被从CPI中剔除。这种方法简便易行，又容易为社会公众所理解，但其不足在于假定个别商品价格的波动性是持续不变的，因而总是从每个月的CPI中固定不变地扣除同样品种的商品，虽然这些商品的价格在各个月的涨跌变化不尽相同。

2. 统计法

统计法（Statistical Approach）将每个月CPI中相对价格变化比较特殊的项目排除，这样就避免按照主观考虑从CPI指数中剔除某些特定的项目。最常用的统计法包括修削平均法

(Trimmedmean Method)和加权中位数法(Weighted Median Method)。

(1) 修削平均法不注重个别商品的长期行为，而关注商品价格的短期变化及其与其他商品价格的关系。在用计算修削平均法计算时，根据价格变化的百分比，将价格变化最大和最小的几种商品剔除，然后在剩下的成分商品中重新加权平均。被排除的商品和保留下来的商品的权数不是预先决定的，而要看价格波动的分布，从而随着时间的不同，就有不同的商品被排除，而保留在指数中的商品的权数也在不断变化。

(2) 加权中位数法是修削平均法的特例，计算方法基本相同，只是几乎50%的商品都要被剔除，只有价格波动程度位于中心的成分商品被保留。需要注意的是，核心通货膨胀率不能取代传统的通货膨胀指标如CPI，因为核心通货膨胀率不是“生活费用指数，不能衡量消费者购买的商品和劳务的种类、数量和质量的变化，不能度量消费者总支出的变化，也不能度量消费者为了维持既定的生活水平而在成本方面发生的变化。

第二节　通货膨胀的成因

通货膨胀的成因和机理比较复杂，对此各国经济学家从不同的角度出发作出了各种分析，提出了多种解释，比较常用的有以下几种：

一、需求拉动说

早期的西方经济学家主要从需求方面分析通货膨胀的成因，认为当经济中总需求扩张超出总供给增长时所出现的过度需求是拉动价格总水平上、产生通货膨胀的主要原因。通俗的说法就是“太多的货币追逐太少的商品”，使得对商品和劳务的需求超出了在现行价格条件下可得到的供给，从而导致一般物价水平的上涨。需求拉动说的理论分析可用图11－2加以说明。

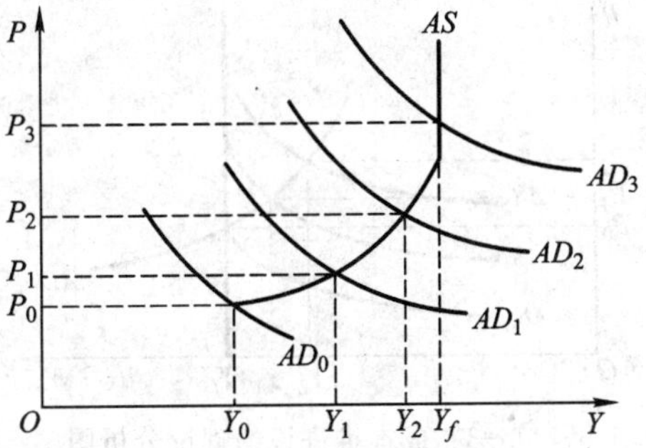

图11－2　需求拉动说的理论分析图

图11－2中AS表示总供给曲线，AD_0表示总需求曲线的初值，二者的交点决定了供求平衡条件下的物价水平P_0和收入水平Y_0。当总需求增加，曲线AD_0移动至AD_1时，会使收入水平提高至Y_1，同时拉动物价水平上升至P_1。由于经济离充分就业差距较大时，总供给曲线AS比较平坦，因此收入水平提高较快，而物价水平变动较小。当总需求继续增加，曲线AD_1移动至AD_2时，收入水平提高至Y_2，同时拉动物价水平升至P_2。此时AS曲线倾斜度增大，物价水平的提高

加快，进入凯恩斯所说的“半通货膨胀”状况。经济愈是接近充分就业时的收入水平 Y_f，AS 曲线愈是陡峭，表示收入水平难以进一步增长，因此当曲线从 AD_2 移到 AD_3 时，经济达到充分就业，AS 曲线变为垂直，收入水平不再增长，总需求的增加几乎全部通过物价的上涨（提高至 P_3）反映出来，即进入凯恩斯所谓的“真正的通货膨胀”。

根据引起总需求增加的原因，需求拉动的通货膨胀又可分为三种类型：①自发性需求拉动型，其总需求的增加是自发性的不是由于预期的成本增加；②诱发性需求拉动型，主要是由于成本增加而诱发了总需求的增加；③被动性需求拉动型，由于政府增加支出或采用扩张性货币政策增加了总需求，从而导致通货膨胀。此外，还可以从实际因素和货币因素两个方面对总需求增加的结构进行深入的分析。从实际因素来看，总需求由消费支出、投资支出和政府支出构成，因此，总需求增加包括了消费需求增加、投资需求增加和政府需求增加。由于国民收入分配向消费倾斜，使居民可支配收入增长速度快于国民收入增长速度，同时消费品供给不能满足消费需要而引起的物价水平整体上涨，称之为消费需求膨胀；由于积累率过高、投资规模扩大引起的需求膨胀，称之为投资需求膨胀；由于财政过度支出而引起需求膨胀，则称之为政府需求膨胀。

从货币因素来看，需求拉动的通货膨胀主要产生于两个方面：一方面，经济体系对货币的需求相对增大；另一方面，当货币需求量不变时，货币供给增加过快，也会导致总需求相对增大。货币供给过多造成需求膨胀与投资需求膨胀导致的物价上涨效果是相同的。

二、成本推进说

成本推进说主要从总供给或成本方面分析通货膨胀的生成机理。该理论认为，通货膨胀的根源并非由于总需求过度，而是由于总供给方面的生产成本上升所引起。因为在通常情况下，商品的价格是以生产成本为基础，加上一定利润而构成的。因此，生产成本的上升必然导致物价水平的上升。成本推进说的理论分析可用图 11－3 加以说明。

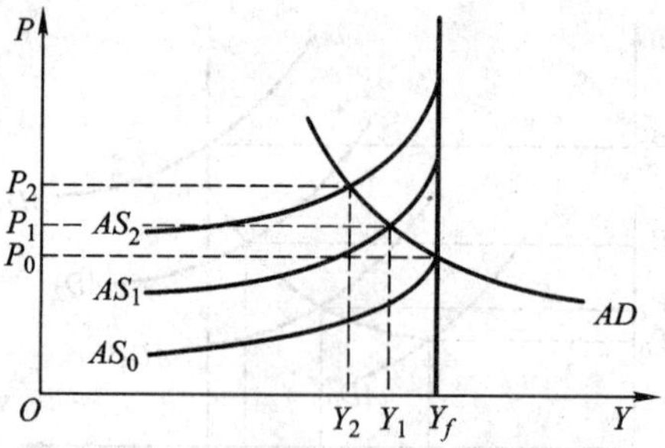

图 11－3　成本推进说的理论分析图

图 11－3 中 AD 表示总需求曲线，AS_0 表示总供给曲线的初值，并假定二者的交点为经济达到充分就业条件下的供求均衡点，由此得到初始时的价格水平 P_0 和收入水平 Y_f。当成本增加时，企业会在同等产出水平上提高价格，或在同等价格水平上提供较少的产出，因而总供给曲线会由 AS_0 向上移至 AS_1，甚至移动至 AS_2。当总需求不变时，价格水平则由 P_0 上升至 P_1 甚至移动至 P_2，而收入水平则下降到 Y_1，甚至移动至 Y_2。因此，成本推动了物价水平的上升，并导致了收入水平的下降。

成本推动的通货膨胀理论主要为凯恩斯学派的一些经济学家所倡导。他们提出这一理论是为了解释 20 世纪 50 年代以后失业增加与物价上升同时并存的新现象。但这种理论显然存在着致命的错误，即把通货膨胀的结果看成了通货膨胀的原因，因而它受到了以弗里德曼为首的货币学派的尖锐批判和严厉驳斥。

三、供求混合型通货膨胀说

不少经济学家都认为，纯粹的需求拉动和成本推进的通货膨胀在现实经济中是不常见的，长期的通货膨胀大都是在需求因素和供给因素共同作用下产生的，故也称供求混合型通货膨胀。需求拉动说撇开供给来分析通货膨胀的成因，而成本推进说则以总需求给定为前提条件来解释通货膨胀，二者都具有一定的片面性和局限性。尽管理论上可以区分需求拉动型通货膨胀与成本推进型通货膨胀，但在现实生活中，需求拉动的作用与成本推进的作用常常是混合在一起的。因此人们将这种总供给和总需求共同作用情况下的通货膨胀称之为供求混合推进型通货膨胀(Hybrid Inflation)。实际上，单纯的需求拉动或成本推动进不可能引起物价的持续上涨，只有在总需求和总供给共同作用下，才会导致持续性的通货膨胀。供求混合推进的通货膨胀可从图 11－4加以说明。

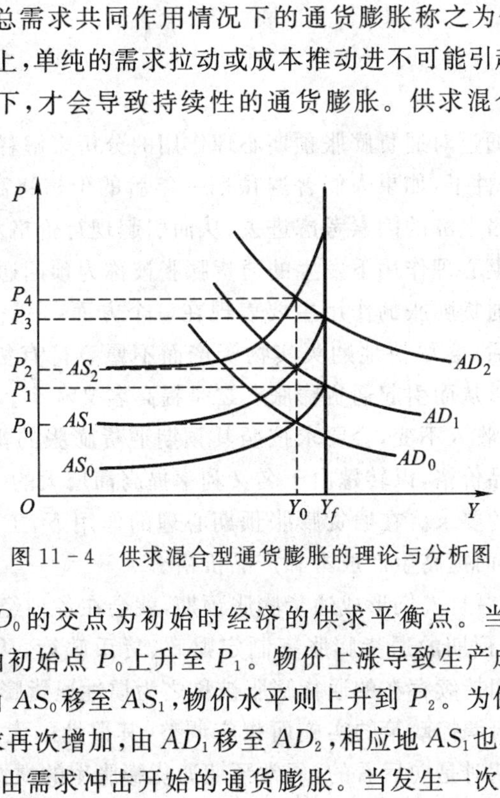

图 11－4 供求混合型通货膨胀的理论与分析图

图 11－4 中 AS_0 和 AD_0 的交点为初始时经济的供求平衡点。当总需求增加时，其曲线由 AD_0 移至 AD_1，物价水平由初始点 P_0 上升至 P_1。物价上涨导致生产成本的相应提高，必然会使总供给减少，总供给曲线由 AS_0 移至 AS_1，物价水平则上升到 P_2。为保持经济增长充分就业，政府不得不增加支出，总需求再次增加，由 AD_1 移至 AD_2，相应地 AS_1 也移至 AS_2，物价水平则先后上升至 P_3 和 P_4，从而形成由需求冲击开始的通货膨胀。当发生一次性成本推进型的物价上涨时，如果供给的减少导致政府为避免经济下降和失业增加而扩大需求，则必然发生持续性的通货膨胀。

四、结构性通货膨胀说

这类通货膨胀主要发生在发展中国家。这种观点认为：通货膨胀不是由于货币总需求增加或成本的上升引起的，而是由于国民经济部分结构不适应变化了的需求结构而引起的。因此，结构性通货膨胀是指在总需求和总供给大体处于平衡状态时，由于经济结构方面的因素变化而引起的物价持续上涨。它可以分为以下四种：

（一）需求移动型

即在总需求不变的情况下，一部分需求转移到其他生产部门，而劳动力生产要素却不能及时转移，这时，需求增加的部门的工资和产品价格上涨，而需求减少的部门的产品价格却未必相应下降，由此引起的物价水平的上升。

（二）部门差异型

即产业部门和服务部门的劳动生产率、价格弹性、收入弹性是不同的，但两部门的货币工资增长却趋向同一，加之价格和工资的向上的刚性，就引起了物价的全面上涨。

（三）二元经济结构性通货膨胀

对于发展中国家来说，传统农业部门和现代工业部门并存，在农业生产结构僵化、农产品供给弹性不足、资本短缺、需求结构变化迅速、劳动力自由流动程度低和货币化程度低等结构性因素的制约下，要促进济发展必须要通过赤字预算，多发货币来积累资金，从而会带动物价全面上涨。

五、预期说

通货膨胀预期论主要通过对通货膨胀预期心理作用的分析来解释通货膨胀的发生。该理论认为，在完全竞争的市场条件下，如果人们普遍预期一年后的价格将高于现在的价格，就会在出售和购买商品时将预期价格上涨的因素考虑进去，从而引起现行价格水平提高，直至其达到预期价格以上。这种在市场预期心理作用下发生的通货膨胀被称为预期通货膨胀。

预期心理引致或加快通货膨胀的作用主要表现在三个方面：一是加快货币流通速度。当人们产生对通货膨胀的预期后，会尽快地购买实物资产而不愿意持有货币，因此货币流通速度加快，相当于增加了货币数量，从而引起通货膨胀。二是提高名义利率。当储蓄者有了通货膨胀预期心理，为了保证实际利息收入不变，会要求按照其预期通货膨胀的幅度提高名义利率，而商家和企业经营者则会提高商品价格，以转嫁由于名义利率提高而增大的生产成本，从而导致通货膨胀。三是提高对货币工资的要求。在通货膨胀预期心理的作用下，工人或企业经营者会要求提高工资和其他福利待遇，从而提高生产成本和产品价格。

在物价持续上涨时期，一旦人们形成通货膨胀预期，就会在各种经济活动中将预期的通货膨胀考虑进去，政府也会根据预期的通货膨胀率制定财政、货币政策，从而使通货膨胀产生惯性。这种由于预期通货膨胀率而持续存在的通货膨胀被称之为惯性通货膨胀。预期通膨胀率会随着市场供求关系的变化和政府调控政策的实施而相应调整，其惯性的大小主要取决于预期形成的方式。如果人们在形成预期时是向后看的，通常预期通货膨胀率的惯性较大；如果人们在形成预期时是向前看的，则预期通货膨胀的惯性较小。

第三节 通货膨胀的治理

一般来说，通货膨胀对社会再生产过程的各个环节和国民经济的各个方面会产生极其复杂的影响，既有积极的，也有消极的，通货膨胀达到十分严重的程度，甚至可能导致整个国民经济全面崩溃。

由于通货膨胀对社会经济生活的危害极大，而仅依靠市场的调节不可能抑制通货膨胀，因此各国政府都主张对经济进行干预，采取多种措施对通货膨胀进行综合治理。

一、财政货币政策

在经济上出现总需求过度，以至于造成需求拉动的通货膨胀时，一般采取紧缩型财政货币政策。

紧缩性的财政政策的主要内容有：①削减政府预算，限制公共事业投资，其中主要是减少政府支出，以减少财政赤字；②降低政府转移支付水平，减少社会福利费用；③增税；④发行公债，以弥补政府支出与税收之间的差额，减轻市场压力；⑤开征特别消费税等。政府通过紧缩性的财政政策主要影响消费和政府支出。

紧缩性的货币政策的主要内容有：①出售政府债券，以缩减货币供应潜在的膨胀，这是最重要的而且经常被采用的一种政策工具；②提高贴现率和再贴现率；③提高法定存款准备金率；④直接提高利率、紧缩信贷等。政府通过紧缩性的货币政策主要影响投资和社会总需求。

在通货膨胀初期，政府有可能采取松紧搭配的财政金融政策，即：采取紧缩性财政政策与扩张性货币政策相搭配，或紧缩性货币政策与扩张性财政政策相搭配；而在通货膨胀相当严重时一般采取双紧政策，即紧的财政政策与紧的货币政策相搭配，这种政策的力度更大。

二、收入政策

收入政策是指政府为了降低一般物价水平上涨的幅度而采取的强制性的限制货币工资和价格的政策。其目的在于力图控制通货膨胀而不致引起相应的失业率上升。其理论基础主要是成本推进通货膨胀理论。主要手段有：①确定工资-物价指导线，以限制工资物价的上升。正因为这种工资是“指导线”，原则上不能直接干预，只能说服，因此效果并不理想。②工资管制。即强制推行的控制全社会职工货币工资增长总额和幅度的措施。③冻结工资。即政府强制性规定职工工资在若干时期内不再增加而固定在一定水平点的措施。这一般是在通货膨胀相当严重时期采取的非常措施。如 1971 年 8 月 15 日美国政府施行的新经济政策中就有：冻结工资、房租、物价 90 天。或者可以对过多地增加工资的企业按工资增长超额比课以特别税款，以抑制通货膨胀。如我国就曾开征过国营企业工资调节税。

三、外汇政策

中央银行控制和调节外汇行市及汇率，实行外汇管制，控制国际资本流动，平衡国际收支的方针及各种措施，统称外汇政策。一般主要采取以下外汇措施来防止本国受到国外通货膨胀的冲击：①实行浮动汇率；②在国际贸易和国际金融方面采取经济一体化的协调措施；③实行外汇收入指数化。

四、物价管制

物价管制即政府当物价管制局拟订一套关于物价的行为准则，由价格决定者共同遵守，以达到限制物价上涨的目的。这些准则有强制性的也有自愿性的。强制性的力度大些，但一般只在非常时期采用，长期采用会歪曲市场的调节功能，引起黑市和幕后交易盛行等不良后果。

五、增加有效供给(供应政策)

这是一种长期的反通货膨胀措施。支持这种方法的人认为,刺激需求抑制通货膨胀的观点忽视了运用刺激生产力的方法来同时解决通货膨胀和失业问题。主要采取:①减税,即降低边际税率。这种办法被认为是解决“滞胀”的最佳办法。②削减社会福利开支。③稳定币值。精简规章制度,给企业等微观经济主体松绑,减少政府对企业活动的限制,让企业在市场经济原则下更好地扩大商品供给。增加有效供给应该说是治理通货膨胀的最根本手段,但它要受到生产力发展水平和供给弹性的限制。

六、实行币制改革

如一国的物价上涨率已经达到难以抑制的状态,出现了恶性的通货膨胀,整个货币制度已经处于崩溃边缘,则政府只有实行币制改革,放弃原来的币制,实行新的币制。币制改革能否成功,除要制定一些保证新币币值稳定的措施外,还要辅之以其他措施。

第四节 通货紧缩的定义与成因

一、通货紧缩的含义

国内外学者对通货紧缩的定义都有差别,但基本上可以归纳为以下几点:

第一,通货紧缩从本质上说是一种货币现象,它在实体经济中的根源是总需求对总供给的偏离,或现实经济增长率对潜在经济增长率的偏离。当总需求持续小于总供给,或现实经济增长率持续地低于潜在经济增长率时,则会出现通货紧缩现象。

第二,通货紧缩的特征表现在物价水平的持续与普遍的下跌。物价水平严格说来应以包括资产价格如股票、债券和房地产及商品和服务在内的广义价格指数来表述,但碍于统计上的局限,一般在国内用全国零售物价上涨率、在国外用CPI来描述。如果全国零售物价上涨率在零值以下,且持续时间超过6个月,就可以界定为典型的通货紧缩。

第三,通货紧缩同时也是一种实体经济现象。它通常与经济衰退相伴相随,表现为投资机会相对减少和投资的边际收益下降,由此造成银行信用紧缩,货币供应量增长速度持续下降,信贷增长乏力,消费和投资需求减少,企业普遍开工不足,非自愿失业增加,收入增长速度持续放慢,各个市场普遍低迷。

二、通货紧缩的分类

(一) 按严重程度分类

1. 相对通货紧缩

物价增长水平在零值以上,并在适合一国经济发展和充分就业的物价区间以下。如果把物价水平年增长3%~9%看成是适应用于一国发展的物价水平,那么0~3%的物价增长水平所对应的通货状态,就是相对通货紧缩的状态。在这种状态下,物价水平虽然还有一些正增长,但它已经低于适合一国经济发展和充分就业的物价水平,因而已经使该国经济失去了正常发展所必需的动态平衡，通货处于相对不足的状态。这种情形对于经济发展会构成一定的损害，但这种损害可能是轻微的。

2. 绝对通货紧缩

物价增长水平在零值以下的绝对通货紧缩极易造成一国经济衰退乃至萧条，因而又将绝对通货紧缩细分为两个子状态，即衰退式通货紧缩和萧条式通货紧缩。

(1) 衰退式通货紧缩。物价较长时间的负增长，虽然负增长的幅度不大，但已经或足以对一国经济造成一定的影响，使之处于衰退状态，或是与经济衰退相伴随，因为可能有其他经济或非经济的因素致使经济衰退。这种绝对通货紧缩状态就称之为衰退式通货紧缩。如我国1998年度的物价增长水平为2.6%，有经济学家认为这属于“轻度的通货紧缩”，从这个物价增长水平所对应的国内经济衰退状况来看，则不妨把这个“轻度的通货紧缩”状态就理解为衰退式通货紧缩。

(2) 萧条式通货紧缩。物价较长时间的负增长，负增长的幅度较大，已经或足以给一国经济造成较大的损害，使之步入萧条，这种绝对通货紧缩的状态就称之为萧条式通货紧缩。20世纪30年代美国的大萧条所对应的通货紧缩状态应属于此类。

(二) 按产生机理分类

从大的方面看，产生通货紧缩的原因不外乎需求不足或供给过剩。与之相对应，可将通货紧缩划分为需求不足型通货紧缩和供给过剩型通货紧缩。

1. 需求不足型通货紧缩

由于总需求不足，使得正常的供给显得相对过剩，由此而引发的通货紧缩，称为需求不足型通货紧缩。宏观经济学中，总需求(D)由以下几个方面构成：

$$D=C+I+G+(X-M)$$

式中：C为消费，I为投资，G为政府购买，$X-M$为净出口。因此需求不足可以由多个原因所引起，如消费抑制、投资抑制、国外需求抑制和政府购买抑制等。考虑到政府购买是一个事后调节的变量，不像其他变量那样具有较强的“内生性”，因此把需求不足型通货紧缩又可以细分为消费抑制型通货紧缩、投资抑制型通货紧缩和国外需求不足型通货紧缩。

2. 供给过剩型通货紧缩

供给过剩，在这里不是指供给的相对过剩，而是指由于技术创新和生产效率的提高，产品绝对数量的过剩。这种状态是在一定的发展阶段中某个层次的产品过剩。如目前人类社会处于信息社会、知识经济时代，原有的一些物质产品，诸如钢铁和一些简单的日用品，由于生产能力的极大提高，供给能力大大过剩，人们在尽可能多地消费这些物质产品的同时，又悄悄地向更高的消费产品迈进，如信息产品等。这实际上预示着人类正在向更高的发展层次跨进。但这个过程同样可能造成通货紧缩的局面，只不过这种通货紧缩对于一国经济来说不见得是个坏事情。如当前美国欢迎大量的廉价的初级产品涌入美国，致使物价水平下降，而美国自己则极力发展下一个时代的科技与产品，同时又鼓励别的国家用廉价的工业产品来换取这些新产品。

第五节 通货紧缩的治理

一、通货紧缩的历史成因及现象分析

经济发展和社会进步的基础是经济增长，而通货紧缩的最大危害恰恰在于它对经济增长的消极影响。如上所述，严重的通货紧缩必然导致经济衰退，因此治理通货紧缩的意义丝毫不亚于治理通货膨胀。

如果将经济衰退或危机看做是通货紧缩最严重的表现形式，那么，20 世纪最令人难忘的通货紧缩莫过于 20 年代末到 30 年代初的世界经济大危机。在商品充斥、价格总水平持续下降、生产大幅度滑坡、贸易空前萎缩、失业人口猛增的情况下，凯恩斯主义顺应了各国"转危为安"的迫切要求，成为最重要的理论法宝。1936 年，凯恩斯出版了他一生中最重要的具有划时代意义的著作《就业、利息和货币通论》。这部著作分析了失业和经济危机产生的原因，认为失业和危机产生于社会的有效需求不足，并进而提出国家应全面干预经济生活，通过刺激有效需求来恢复经济、增加就业。凯恩斯的这种就业理论，是凯恩斯主义的核心内容，也是指导各国解决通货紧缩问题的理论和思想基础

凯恩斯的就业理论·是从分析有效需求出发的。他认为，失业和危机是有效需求不足的结果。所谓有效需求不足，就是社会对消费品和生产资料的有支付能力的需求不足，简单地说，就是购买和支付能力不足。社会总供求的均衡状态应该是，商品总供给价格等于商品总需求价格。在均衡状态下，工厂既不缩减生产、减雇工人，也不扩大生产、增雇工人。只有当总需求价格小于总供给价格时，工厂才会缩小生产、减雇工人。因此，想扩大生产、增加就业，就有必要增加有效需求，使总需求价格大于总供给价格。但一般情况下，往往是有效需求不足。有效需求不足是由三个基本的心理因素和货币量所决定的。第一，因为人们的"边际消费倾向越来越小，意味着对消费品的需求不足，这就是有效需求不足的一个方面。第二，"资本边际效率"下降，引起投资不足。所谓资本边际效率，是指增加一笔投资所预期可以得到的利润率。边际效率下降，反映了投资者对未来发展缺乏信心。认为随着投资增加，资产供给价格上涨，资本边际效率必然下降。这种心理的普遍存在就导致了全社会的投资不足，这是有效需求不足的第二个基本心理因素。第三，基本心理是"流动偏好"，即人们愿意用货币形式保持自己的收入或财富的心理动机。人们偏好货币，或者是为了日常生活的方便，或者是为了应付意外开支，或者是为满足投资需要。一旦放弃了这种偏好，就要收取一定的报酬。利息就是人们在特定时期放弃对货币的流动偏好的报酬。利率由倾向需求和倾向供给两个因素决定。货币供给既定，需求越多利率越高，而且由于必须有一定利息人们才肯贷出货币，所以利率不易降低。当流动偏好导致需求增加时，利率会上升，这样就削弱了对投资的引诱，造成投资不足。

在三个心理因素中，凯恩斯尤其强调边际效率，强调投资不足，即对生产资料的需求不足。他认为，投资不足是造成生产萎缩、就业不足，从而引起经济危机的最主要原因。为了增加有效需求，就要不断增加投资，并认为整个生产和就业的水平决定于投资总量。为了说明投资的效果，进一步论证有效需求的作用，凯恩斯提出了"投资乘数"的概念。他认为，一般人认为投资若干，只产生收入若干或就业若干，殊不知得到收入的人购买其他商品，必然又使其他商品的生产

扩大，就业与收入都随之而增加。如此累积进行，到最后，所增加的总就业量、总收入量，必然为原来投资的若干倍。就是说，在最初投资与最后所增加的总就业量、总收入量之内，必有一种乘数关系存在，这种乘数叫做投资乘数。乘数的大小视新增投资所引起的新增收入究竟以什么比例用来增加消费而定。新增消费在新增收入中所占的比例(边际消费倾向)越大，投资乘数越大，因而新增一定量的投资便能产生若干倍的就业和收入。

在这种有效需求分析的基础上，凯恩斯进一步提出了如何解决“有效需求不足”，即增加社会消费和生产资料的需求，从而消除危机、解除失业问题的政策主张。他认为，经济发展已不能自由放任，要实行政府干预经济的方针。国家财政不应坚持传统的量入为出原则，而应该扩大支出实行赤字财政政策，以不断增加财政支出来刺激消费、增加投资，从而增加有效需求。同时，凯恩斯还提出货币政策的主张，他认为货币政策应该从属于财政政策，与扩张性的财政政策相适应的货币政策也应该是扩张性的。在生产萎缩、失业增加的情况下，应该增加货币供给量，降低利率，刺激私人投资，扩大总需求。

二、通货紧缩的危害

通货紧缩对经济的破坏力与通货膨胀是一样的，甚至有过之而无不及。首先，其实通货紧缩会加速经济的衰退。由于物价的持续下跌，必然导致人们对经济前景的悲观预期而持币观望，使消费或投资进一步萎缩。其次，物价的下跌还会提高实际利率，加重债务人的负担。即使名义利率下降，资金成本仍然会比较高，致使企业不敢贷款投资，或难以偿债。银行则出现大量坏账，并难以找到盈利的项目提供贷款，经营效益不断滑坡，甚至可能因“金融恐慌”和存款人挤兑而被迫破产，使金融系统濒临崩溃。个人因担心银行倒闭更倾向于持有现金，从而导致“流动性陷阱”的产生，并因而造成经济持续衰退，失业率进一步提高，工人工资收入下降，陷入痛苦的困境。通货紧缩还会由于需求的持续下降使进口萎缩而输出到国外，引起全球性的通货紧缩，反过来又会影响本国的出口，造成国际收支逆差扩大和资本外流，使国家外汇储备减少，偿债能力削弱，甚至发生债务危机。

例如，自 1997 年 10 月以来，在亚洲金融危机的冲击和全球范围出现一定程度通货紧缩的影响下，中国也出现了连续两年多物价水平下降的趋势。尽管中国当时的通货紧缩还是轻度的，而且对前期高通胀的价格泡沫具有一定的矫正性，与其伴随的不是经济衰退而是较快的经济增长。但仍使中国工农业发展遇到很大的阻力，不少企业经营陷入困境，金融业蒙受重大损失，劳动就业出现困难，许多个人和家庭实际收入下降，成为影响中国经济持续、快速、健康发展的重要因素。

三、通货紧缩的治理

各国的实践都证明凯恩斯的赤字财政政策和通货膨胀政策不能长期实行，尤其是从 20 世纪 60 年代中期到 70 年代各国普遍出现的“滞胀”局面更能说明这一点。但是，凯恩斯主义的就业理论对缓和经济危机、增加就业所起的积极作用，特别是第二次世界大战后西方各国经济有一个快速发展的时期，失业率也大大下降，是一个不争的事实。从经济发展和宏观管理的要求来看，根据一定时期的市场总供求特点，采取灵活务实的发展和调节策略，应当说是一种明智的选择。从各国的普遍经验看，经济出现通货紧缩时，采取的主要对策有以下几种：

（一）增加国内有效需求或称“拉动内需”

国内有效需求包括两个方面，一是投资需求，二是消费需求。投资需求的增加有两条渠道：一是政府增加公共投资，主要用于基础设施建设，以此拉动投资品市场需求，增加就业；二是刺激私人部门或民间投资，主要通过降低税收、降低利率、增加信贷等措施，提高企业经营者的投资收益率，增强其投资的信心和增加投资机会。私人部门或企业是国民经济的微观基础，激活企业是激活整个市场和整个家庭消费。就后者而言，由于在通货紧缩的情况下，就业预期、工资预期等趋于下降，消费者普遍缩减支出，增加储蓄，因此，需要通过各种途径，如增加工资和社会福利、提供消费信贷、降低利率等，使消费者提高支付能力，提升消费等级。

（二）增加外部需求，促进出口

将外部需求引入国内市场，消化相对过剩的供给能力，是被许多国家的经验所证明了的一条治理通货紧缩的重要途径。在通货紧缩的情况下，一般应采取本币贬值的策略，在国际贸易中要尽可能争取一切有利于出口、限制进口的条件。

（三）改善供给结构，增加有效供给

通货紧缩表现为总供给水平大于总需求水平，导致物价总水平下降。除了总需求不足的原因外，在供给方面的原因主要就是供给结构不合理，由于产业结构和产品结构与需求结构不对称，从而造成供给相对过剩。实际上，真正导致市场供过于求、物价水平下降的，是那些重复生产、简单复制、没有消费亮点的产品。因此，治理通货紧缩，在供给方面的任务更为艰巨，它要求加快技术进步、提高产品质量、改善企业经营管理水平、适时调整产业结构和产品结构等一系列旨在提高经济内在素质的治理措施。

通货紧缩对经济的危害与通货膨胀的危害同样大。要保证经济的健康运行，不仅要抑制通货膨胀，也要治理通货紧缩。由于通货紧缩形成的原因较复杂，往往并非由某一方面的原因所引起，而是由于多方面的原因共同作用所致，并伴随着经济的衰退，因此治理的难度比通货膨胀甚至更大。必须根据不同时期的具体情况进行细致的分析，才能采取有针对性的措施加以治理。

本章小结

1. 通货膨胀是指一般物价水平的持续明显上升。它可以通过物价指数来衡量，并可以根据不同标准进行分类。在关于通货膨胀的原因上，经济学家提出了需求拉动说、成本推进说和结构性通货膨胀说、输入型通货膨胀说等不同的理论。

2. 针对不同的通货膨胀形成了不同的治理通货膨胀的对策，主要包括财政货币政策、收入政策、外汇政策等。

3. 通货紧缩是一般物价水平的普遍持续下降。通货紧缩的一般原因涉及货币、金融、经济周期、技术进步、经济全球化贸易自由化等因素。通货紧缩对现代经济有着极大的危害，治理通货紧缩应该从积极的货币政策和财政政策入手，并配合其他政策措施。

思考与练习

一、名词解释

通货膨胀　消费物价指数　GDP 平减指数　需求拉动说　成本推进说　通货紧缩

二、简答题

1. 试述西方学者对通货膨胀成因的解释。
2. 治理通货膨胀的对策主要有哪些？
3. 简述通货紧缩是如何形成的？
4. 如何治理通货紧缩？

第十二章　货币政策及其调节

本章要点：

本章首先介绍了货币政策的定义与目标，然后展开介绍了货币政策工具、中介指标及传导机制，并详细分析了货币政策的效应，最后简要介绍了财政政策与货币政策的配合。

学习目标：

- 掌握货币政策最终目标的内涵并能解释各国中央银行的货币政策目标
- 理解各类货币政策工具的运用原理并能解释各国货币政策工具的实际运用
- 掌握货币政策中介指标的内涵
- 理解影响货币政策效果的因素
- 能用财政政策与货币政策配合的理论解释现实的宏观经济措施

基本概念：

货币政策　货币供应量　扩张型货币政策　紧缩型货币政策　均衡型货币政策
充分就业　货币政策的传导机制　货币政策时滞　货币政策的效应
货币政策中介指标　菲利普斯曲线　存款准备金政策　再贴现政策　公开市场业务
流动性比率　窗口指导

本章主要介绍货币政策的目标、货币政策工具的选择、货币政策工具的传递机制及货币政策工具的效应。

第一节　货币政策的定义与目标

一、货币政策的概念、特征及类型

（一）货币政策的概念

货币政策是指中央银行为实现其特定的经济目标而采取的各种调节货币供给量与信用量的方针和措施的总称。货币政策是一国宏观经济政策的重要组成部分，是政府调控经济的重要手段。

（二）货币政策的特征

1. 货币政策属于宏观经济政策

货币政策是一国宏观经济政策的重要组成部分，它在现代经济活动中有着极强的影响力和极其广泛的作用范围。货币政策涉及的是整个国民经济运行中的货币供给量、信用量、利率、汇率及金融市场等问题。

2. 货币政策是调节社会总需求的政策

货币政策调节宏观经济是通过调整社会总需求而实现的。通过对社会总需求的调整，间接地影响到社会总供给的变动，从而促使整个社会总需求与总供给的平衡。

3. 货币政策主要是间接调节经济的政策

货币政策对经济的调节一般不适宜采取直接的行政手段，而主要是通过经济手段利用市场机制作用，通过调节货币供应量及其他金融变量影响经济活动主体的行为来达到间接调节经济变量、影响经济活动的目的。但也不排除在特定的经济及金融环境下采取一定的直接控制措施。

4. 货币政策目标具有长期性

货币政策目标是稳定币值、经济增长、充分就业和国际收支平衡，是一种长期性的政策目标。但是，货币政策的各项具体措施具有短期性、时效性的特点。所以，货币政策不能笼统地说成是一种长期性的经济政策还是一种短期性的经济政策，应该是目标的长期性与措施的短期性的动态结合，短期措施服从长期政策目标的政策系统。这是货币政策与其他经济政策的重要区别。

（三）货币政策的类型

1. 扩张性货币政策

扩张性货币政策是指通过提高货币供应量的增长率，使货币供给量大于货币需求量，通过增加货币供给量带动社会总需求、启动闲置生产要素、刺激经济增长的一种经济政策。在这种政策下，取得信贷较为容易，利率水平降低。因此，当经济中生产能力闲置，资源未充分运用，失业率较高，也就是社会总需求严重不足情况下使用这种政策较为适合。

对于西方有效需求不足、生产过剩的经济来说，扩张性货币政策通过货币供应量的增加刺激有效需求，往往可以作为反萧条的有效措施，阻滞危机出现或刺激经济回升。但是对于总需求容易过大，供给能力不足或资源约束的经济来说，盲目增加货币供应量，刺激总需求只能加剧经济的紧张程度，反而严重制约了经济的增长，造成经济运行的紊乱。

2. 紧缩性货币政策

紧缩性货币政策是指通过降低货币的增长率，紧缩货币供给量来缩减社会总需求，挤出市场多余的货币，使社会总需求与总供给平衡，从而实现稳定币值的目的。在这种政策下，利率水平上升，取得信贷较为困难。因此，当通货膨胀严重时，采用这种政策较为合适。

当总需求过大，超过了经济本身供给能力时，经济中的瓶颈出现，开始出现总量失衡、结构失调的问题，中央银行通过实行紧缩性的货币政策，减少货币投放，抑制社会总需求，使经济总量与结构的需求与供给关系趋于平衡，以解决通货膨胀问题。

3. 均衡性货币政策

均衡性货币政策是指货币供给量与货币实际需要量基本一致，以经济增长为货币供给量增长的制约标准来管理货币的一种政策。这种政策通常适用于以下情况：一是货币流通基本稳定，供需基本平衡；二是在物价基本稳定的前提下经济保证适度的发展水平。

二、货币政策目标的内容

货币政策的最终目标，是中央银行组织和调节货币流通的出发点和归宿点，必须服务于国家宏观经济政策的总体目标。因而,货币政策的最终目标与整个国家的宏观经济目标是一致的。就大多数国家来说,主要包括稳定物价、充分就业、经济增长和国际收支平衡。

(一) 稳定物价

所谓稳定物价就是指一般物价水平在短期内没有显著的或急剧的波动。这里所指的物价是一般物价水平,即物价总水平,而不是某种商品的价格。由于这种稳定幅度具有相对性,一般认为物价水平上涨率应处于不超过3%的水平上,有的人认为物价每年上涨5%也是可取的,当然各国对物价上涨的承受能力不同。但任何国家都试图把物价波动限制在最小的幅度内,以便与其他宏观经济目标相协调,实现经济的稳定、协调增长。

(二) 充分就业

所谓充分就业,通常指凡有劳动能力并自愿参加工作者,都能在较合理的条件下,随时找到适当的工作。因此,充分就业实际上是指失业率在合理程度内,而不是没有失业。充分就业代表了社会资源的充分利用。西方国家政府往往把充分就业作为政府的一项重要政策目标,把失业率作为衡量资源利用程度的间接指标。

充分就业要排除自愿失业和摩擦性失业两种情况。自愿失业是指在现有的工资水平条件下,人们愿意选择闲暇,而不愿选择工作的结果。摩擦性失业是指由于劳动力市场上的供求结构矛盾而造成的失业。它包括劳动力供给与需求的种类失衡、地区失衡、季节失衡等,也包括劳动力转换和流动过程中所出现的失业状态。以上两种情况在任何国家都很难消除。这里所说的充分就业主要是指非自愿失业。它是指劳动者愿意接受现行的工资水平和现行的就业条件仍难以找到工作。这种非自愿失业主要是由于有效需求不足造成的,是可以通过货币政策的调节而得以改善的。

衡量一国经济中充分就业与否的指标是失业率。失业率是指失业人数占劳动力总数的百分比。一国所能承受的失业率是由其经济、文化、历史、就业方式等多种因素共同所决定的,并没有一个统一的标准。一般认为,只要失业率能控制在3%或者长期维持在3%~5%,就算达到了充分就业。

(三) 经济增长

所谓经济增长是指社会经济活动中商品和劳务总产量的增加、它是由于总供给变动引起的国民收入的长期增长。

这个定义包括了三层含义:第一,经济增长集中表现在经济实力的增长上,而这种经济实力的增长就是商品和劳务总量的增加,即GDP的增加。如果考虑到人口的增加和价格的变动,也可以说是人均实际GDP的增加。所以经济增长最简单的定义就是GDP或人均实际GDP的增加。第二,技术进步是实现经济增长的必要条件,这也就是说,只有依靠技术进步,经济增长才是可能的。第三,经济增长的充分条件是制度与意识的相应调整,这也就是说,只有社会制度与意识形态适合于经济增长的需要,技术进步才能发挥作用,经济增长才是可能的。

(四) 国际收支平衡

所谓国际收支平衡,是指一国对其他国家全部货币收入和货币支出相抵基本平衡,保持略有顺差或逆差的现象。国际收支是否平衡对金融运行影响很大。如一国出现大量的、长期的国际收支顺差,则势必造成一国货币供应量大量增加,如果同时国内商品供应减少,那么就可能因此而出现通货膨胀。相反,如一国出现长期大量国际收支逆差,则会出现国内商品供应增加、国内民族经济受挫等状况。因此,国际收支的大量顺差或逆差都不利于经济的发展。在任何时期,国家都要保持有适当的国际储备流动性,使外汇储备占进口总额的比例维持在一个稳定的水平。至于究竟多大比例为好,则应视本国具体情况而定。

三、货币政策目标之间的关系

货币政策各目标之间是既统一又对立的关系。从长期看,这些目标之间是统一的、相辅相成的。但从短期看,这些目标在实现过程中存在着互相冲突和矛盾,要同时达到这些目标是困难的。

(一) 稳定物价与充分就业之间的关系

这一矛盾通常是被认为是货币政策目标间相互矛盾的最集中的体现。因为失业率与物价上涨率之间,存在着一种此消彼长的关系。就是说要保持充分就业,就必须扩大生产规模增加货币投资,这样物价就上涨,通货膨胀率就升高;如果要降低通货膨胀率,就必须紧缩银根,压缩生产规模,这样又会提高失业率。

英国经济学家菲利普斯根据英国 1861—1957 年间的失业率与工资物价的统计资料,运用实证方法将两者的替代关系用"菲利普斯曲线"表示,具体如图 12-1 所示。

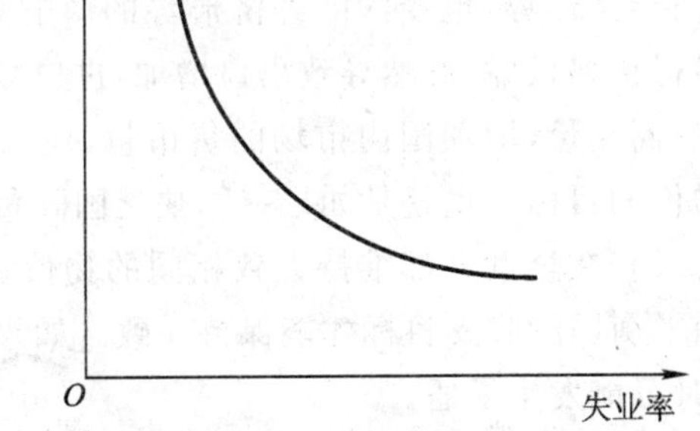

图 12-1 菲利普斯曲线

菲利普斯曲线说明,货币政策追求的目标可在物价稳定和充分就业的组合中作多种选择,或者是低失业率和高物价上涨率,或者是低物价上涨率和高失业率,或者同时兼顾物价稳定和充分就业,以适度的失业率增加换取物价下降,以适度的物价上涨换取失业率下降,使物价上涨率和失业率均保持在社会可以承受的水平。之所以这样选择,是因为:如果失业率过高,货币政策目标必然追求充分就业,那就要扩张信用和增加货币供应量,以刺激投资和消费。其结果是在生产扩大、就业增加的同时,一般物价水平由于总需求的强力拉动而趋于上涨,货币政策目标开始背离物价稳定。如果物价上涨率过高,货币政策目标必然追求物价稳定,那就要紧缩信用和减少货币供应量以抑制投资和消费,其结果是一般物价水平由于总需求减弱而回落,但失业率却由于投资和消费的萎缩、生产规模的缩小而上升。由此可见,一个国家在某个时期不能同时使物价水平和失业率都降到最低水平,因为物价水平的降低以失业率上升为代价,失业率下降也以物价水平上升为代价,二者如何搭配,要看当时该国经济中最突出和最需要解决的是失业问题还是通货膨胀问题。

(二) 稳定物价与经济增长之间的关系

从根本上说，两者的关系是统一的，稳定物价是经济增长的条件，经济增长又是稳定物价的基础。只有稳定物价才能为经济的健康发展提供良好的社会经济环境；只有经济增长，物价稳定才有雄厚的物质基础。

但从西方货币政策实践的结果来看，要使稳定物价与经济增长齐头并进并不容易。在现代经济条件下，经济的增长时常伴随着物价上涨。有人曾对世界许多国家近百年经济增长时期的物价资料进行分析，发现除经济危机和衰退外，凡是经济正常增长时期，物价水平呈上升趋势，说明稳定物价与经济增长之间确实存在着矛盾。现代各国通常是用信用扩张来刺激经济的增长，而信用扩张又会造成货币供应量增加，以致通货膨胀物价上涨。

但也有许多国家，如日本，在其经济高速发展时期的1955—1973年，物价的基本稳定以及为实现这一稳定而采取的适度供给，确实使日本经济实现了高速发展。所以，稳定物价目标虽与经济增长目标存在着矛盾，但与其他目标之间有着的矛盾相比，这一矛盾性并非不可调和。

（三）稳定物价与国际收支平衡的关系

在现代社会，一国的经济状况与其他国家的经济状况通常都有密切的联系，并在一定程度上受其他国家经济状况的影响。如果一国发生了通货膨胀，会使国外商品显得价格低廉，导致进口增加，出口减少，结果会使国际收支恶化。那么，如果国内物价稳定，是否就能保持国际收支平衡？则不能一概而论，尚需进行深入分析。

国际收支状况取决于国内经济形势，也受国际经济形势的影响。假如国外发生通货膨胀而国内物价稳定，则国内商品显得价格低廉，必然导致出口增加，进口减少，就可以增加本国贸易顺差。但会逐步减少国内市场的商品量，增加国内市场的货币量，使国内市场物价上涨。因此，这种平衡结果，必然放弃稳定物价的目标。也就是如果一国缺乏国际贸易控制手段，定会受到通货膨胀国际传播的影响。因此，只有在全世界都维持大致相同的物价稳定程度并且贸易状况不发生大的变化，稳定物价目标和平衡国际收支目标才能保持一致。如果这两个条件不具备，稳定物价和国际收支平衡之间就随时可能发生矛盾。

（四）经济增长与国际收支平衡的关系

在正常情况下，经济增长与国际收支平衡之间没有太大的矛盾。经济增长对国际收支的影响主要体现在以下两个方面：一是经济的增长带来国民收入及支付能力的增加，除带来国内商品的增加外还带来对进口商品的需要，如果该国的出口贸易不能随进口贸易的增加而相应增加，必然会引起贸易收支状况恶化，从而对国际收支带来影响。二是经济增长如果是吸引大量外资为前提的，外资的流入虽然可以在一定程度上弥补贸易逆差造成的国际收支失衡，却并不一定能确保经济增长与国际收支平衡目标同时实现。

四、我国货币政策的选择

货币政策目标之间的矛盾性，给中央银行的货币政策的实施增加了顾此失彼的困难。因此，各国中央银行在确定货币政策目标时，通常是采取相机抉择的办法，即不是按照一个固定不变的模式，而是根据当时的社会经济状况，选择重点目标或优先实现的目标，进行适应当时情况的目标组合，甚至为达到重点目标而暂时牺牲另一些目标为代价。因此，不同的国家的货币政策目标存在差异，并且在不同的发展阶段也有所变化。

第二节　货币政策工具

中央银行的货币政策目标确定后，就需要一套行之有效的调控政策来保证目标的实现。所谓货币政策工具，就是指中央银行在执行国家货币政策的过程中，用以控制和调节市场信用总量，达到收缩或扩张货币供应目的的各种策略手段。目前，可供中央银行运用的调控政策主要有三类，即：一般性调控政策、选择性货币政策、其他调控政策。

一、一般性调控政策

一般性货币政策工具也叫总量调控政策、常规性货币政策工具或传统的货币政策工具。它是中央银行调控货币供给量的最主要的常规手段，主要是调节货币供给总量。总量调控政策一般包括存款准备金政策、再贴现政策、公开市场业务三大政策，通常被人们称为三大传统法宝。由于其产生时间比较早，对金融的调控比较有效，而且一直被各国中央银行所采用。货币政策总量调控政策的特点是具有普遍性和经常性。普遍性是指它适用于金融领域内的所有对象，属于对货币供应量和信贷规模的总量调节。经常性则是指这些政策被中央银行长期地、经常地加以运用。

（一）存款准备金政策

1. 存款准备金政策的含义

存款准备金政策是指中央银行在法律赋予的权力范围内，通过规定或调整商业银行缴存中央银行的存款准备金比率，以影响商业银行的超额准备金数额，从而控制商业银行的信用创造能力，间接地控制社会货币供应量的措施。目前，实行中央银行制度的国家一般都实行存款准备金制度。

2. 存款准备金政策的内容

各国由于社会经济环境的不同，存款准备金制度也不尽相同，但一般说来包括以下内容：

（1）存款准备金比率，即法定存款准备率。凡商业银行吸收的存款，必须按照法定的比率保留一定的准备金，其余部分才能用于放款或投资。各国法定的存款准备金比率不一样，一般考虑以下几方面的因素：首先是存款的类别，存款的期限越短，其存款的流动性越强，规定的存款准备金比率就越高；相反，存款的期限越长，其存款的流动性越弱，规定的存款准备金比率就低。其次存款规模的大小，银行所处经营环境的好坏也是影响存款准备金比率高低的因素。

（2）规定可充当法定存款准备金的资产内容。作为存款准备金的资产只能是存在中央银行的存款，商业银行持有的其他资产不能充当存款准备金。

（3）规定存款准备金的计提基础。它是指中央银行怎样确定应提存款余额和以什么时候的存款余额作为计提的基础。

3. 存款准备金政策的作用过程

调整存款准备金比率是强有力的政策。法定存款准备金比率的变动，会对商业银行的信用创造能力发生显著的影响，因为它的变动能改变商业银行的超额准备金和货币乘数。一般地，当中央银行提高（降低）法定存款准备金比率时，一方面增加（减少）了商业银行应上缴中央银行的准备金量，从而减少（增加）了商业银行的超额准备金量，降低（提高）了商业银行放款及创造信用的能力。另一方面,法定存款准备金比率提高,货币乘数值就变小(增大),从而也就降低(提高)了整个商业银行体系创造信用、缩减(扩大)信用规模的能力,其结果是社会的银根偏紧(放松),货币供给量减少(增加),利率提高(降低),社会的投资及其他支出相应缩减(增加)。可见,当提高或降低法定存款准备率时,货币乘数便缩小或扩张,货币供应量也相应缩小或扩张,这就是存款准备金政策的作用过程。

4. 存款准备金政策的作用

(1) 控制信贷规模,影响货币供应量。存款准备金率限制了存款的无限派生。法定存款准备金率越高,派生存款的倍数就越小;准备金率越低,派生存款的倍数则越大。实行存款准备金政策,调整存款准备金率,对于调节控制信用规模和货币供应量影响极大。这是存款准备金政策最基本、最主要的作用。

(2) 增强商业银行存款支付和资金清偿能力。在现代银行制度下,多数国家的法定准备金实行集中准备制。客观上增强了商业银行的支付能力和清偿能力。而且中央银行集中法定准备金后,对商业银行的支付和稳定有最后保证义务。

(3) 增强中央银行信贷资金宏观调控能力。中央银行通过实施准备金政策,对增强中央银行宏观调控能力有三方面作用:一是增加了中央银行直接掌管的信贷资金总量。二是运用集中的法定准备金调控信贷总量。当需要放松银根时,可用集中的法定准备金增加对商业银行的放款,或调低准备金率;当需要收紧银根时,可收回用准备金发放的贷款或调高准备率。三是调整资金投向,按大体相同的准备率集中起来的法定准备金,使中央银行有可能根据国家产业政策,实行信贷倾斜,间接影响资金投向。

5. 存款准备金政策的局限性

存款准备金政策是中央银行的一项重要调控政策,但这项政策存在着明显的局限性:

(1) 存款准备金政策作用力较强,对经济震荡大。存款准备金率调整很小的幅度都会引起货币供应量的巨大波动。正因为存款准备金政策有如此剧烈的作用力,许多银行感到难以适应迅速调整的这种变化。

(2) 存款准备金政策缺乏弹性。由于存款准备金率的轻微变动,对经济影响就很大,因此,它不适宜对经济进行短期性调节。

(3) 存款准备金政策对各类银行或各地区银行的影响也不一致。由于银行的规模大小有差别,地区经济发展程度不同,银行类别各异。因此,存款准备"一刀切"式的变动对各家银行的影响就不一致。有的银行往往陷入严重周转不灵的困境。

(二) 再贴现政策

1. 再贴现政策的含义

所谓再贴现政策是中央银行通过制定或调整再贴现率来干预和影响市场利率及货币市场的供给与需求,从而调节市场货币供应量的一种手段。

2. 再贴现政策的内容

(1) 规定再贴现票据的种类,即规定何种票据具有向中央银行再贴现的资格。对再贴现票据有所规定,便于中央银行借助于再贴现去影响和调节商业银行的资金运用方向。

(2) 规定再贴现率的高低。各国的再贴现率一般由中央银行的决策机构统一确定和调整。有的国家对不同期限、不同种类的票据规定了不同的再贴现率,以提高再贴现政策的有效性。

3. 再贴现政策的作用过程

再贴现政策是中央银行最早拥有的调控政策，许多国家都把再贴现作为中央银行控制信用的一项主要调控政策。

（1）当中央银行提高再贴现率并高于市场利率时，势必提高商业银行向中央银行贴现或借款的资金成本，迫使商业银行减少向中央银行的贴现，并收缩信贷，增加超额准备金，最终导致市场货币供应量的缩减，同时也使市场利率相应上升，以此来减少社会对货币的需求。与此相反，如果中央银行降低再贴现率，则会增加市场货币供应量和社会对货币的需求。

（2）通过规定向中央银行申请再贴现的票据种类来调整商业银行及全社会的资金投向。尤其在那些金融市场十分发达的国家，票据种类十分繁多，如不对再贴现的票据种类进行规定，就不能保证再贴现政策的有效性和防止投机行为。但由于各国经济发展水平不同，传统习惯和金融环境各异，因此，对再贴现条件的规定是不尽相同的。

4. 再贴现政策的局限性

再贴现政策虽然对信用的调控具有重要作用，但也存在某些局限性：

（1）中央银行再贴现政策控制货币供应量时，始终处于被动地位。商业银行是否愿意到中央银行申请再贴现、贴现多少，并不是由中央银行决定的，而是由商业银行自行决定。如果商业银行可以通过其他途径筹措资金，而不依赖于再贴现，则中央银行难以有效地控制货币供给量。同时，在特殊经济条件下，如在经济繁荣或经济萧条时期，再贴现率无论是多么高或多么低，都难以限制或吸引商业银行向中央银行借款，这使中央银行难以有效地控制货币供给。

（2）从对利率的影响看，调整再贴现率通常不能改变利率的结构，只能影响利率水平。而且影响利率水平也必须具备两个条件，一是中央银行能随时准备按其规定的再贴现率自由地提供贷款，而不采用限额方式来调整对商业银行的放款量。二是商业银行愿意从中央银行借款。为了尽可能地增加利润，当市场利率高于再贴现率，而利差足以弥补承担的风险和放款管理费用时，商业银行就向中央银行借款并用于贷放；反之则收回贷款，偿还其向中央银行的借款。只有在这样的条件下，中央银行的再贴现率才能支配市场利率，而实际情况并非完全如此。

（3）再贴现政策缺乏弹性。一方面，市场利率的随时调整必会引起市场利率的经常性变动，使商业银行无所适从。另一方面，再贴现率如不随时调整，又不利于中央银行实现宏观调控目标，也是两难抉择。因此，许多国家一方面对这项政策进行某些改革，另一方面，则是与其他调控政策相配合，在互相配合过程中扬长避短。

（三）公开市场业务

1. 公开市场业务的含义

所谓公开市场业务是指中央银行在金融市场上公开买卖有价证券（主要是国债和国库券），借以控制和影响货币供应量的一项政策措施。

2. 公开市场业务的作用过程

中央银行在公开市场上买卖证券，可以分为两种情况。其一是中央银行与商业银行之间的买卖。假定中央银行在公开市场上买进证券，那么商业银行将增加超额准备金。这样，商业银行信用规模因此可以多倍扩张，同时促使利率下降。反之，商业银行向中央银行买进债券，便减少超额准备金，引起信用规模的多倍收缩，促使利率上升。其二是中央银行与私人和其他部门之间的买卖。假定私人及其他部门买进证券，动用的是在商业银行的存款，其结果将与商业银行购买债券类似，都会引起信用规模的多倍收缩；如果动用手持或库存现金，则直接减少社会基础货币量。私人与其他部门卖出证券，其影响则与上述影响相反。

3. 中央银行从事公开市场业务的目的

(1) 控制货币供应量和信贷规模。这是开展公开市场业务的基本目的。通过公开市场活动创造一个良好的金融环境，使货币供应量不至于太多而造成通货膨胀，也不至于太少而造成通货紧缩，要保持货币供应量的适度。

(2) 协助再贴现政策的应用。为了使再贴现政策能很好地发挥作用，许多国家都注重利用公开市场业务影响市场利率，以便为再贴现政策的运用创造一个较好的环境。

(3) 减轻由于政府财政收支造成的影响。政府的财政收支，通常都具有季节性，容易造成社会资金出现临时性的不足或过剩。中央银行在税收的旺季买进证券，以扩充市场的资金量；而在政府支出的旺季则卖出证券，以吸收社会资金，保证金融市场的稳定。

(4) 抵消因黄金流入和流出对金融市场的影响。一般说来，在黄金大量流出国内时，为了缓解一时资金供求矛盾，中央银行应买进证券，增加货币供应量，以弥补市场资金匮乏；相反，在黄金大量流入国内时，中央银行应卖出证券，以缩减货币供给。

(5) 协助政府公债的发行与管理。一般说来，在政府发行新债时，中央银行应大量购入政府的旧债券，向市场供给资金，压低市场利率，以弥补社会购买新债所需资金，配合国债的发行。此外，在投机盛行，国债价格突然上涨时，中央银行就在公开市场上大量抛售证券，以压低国债价格；而当国债价格下跌时，中央银行则应在公开市场上大量购入国债，以维持国债价格的稳定。

4. 公开市场业务的优点

公开市场业务作为调节信用的最有效的办法，在西方发达国家得到广泛的运用。这主要是由公开市场业务的以下优点决定的：

(1) 公开市场业务的作用范围大，影响深远。因为中央银行在金融市场上买卖证券，不仅影响商业银行的货币储备量和公众的货币持有量，起到调节市场供应量的作用，而且还直接影响有价证券的供求和价格，进而对整个社会的投资和生产发展都产生深刻的影响。

(2) 中央银行掌握调控货币供应的主动权。中央银行可以根据货币政策的需要，在公开市场上主动出击，而不像再贴现政策那样处于被动地位。

(3) 公开市场业务灵活方便，富有弹性。利用公开市场业务买卖有价证券的数量可多可少，既可以进行大规模的市场干预，也可以进行微调。金融市场情况一旦发生变化，中央银行可以迅速改变操作方向，具有很大的灵活性。

(4) 可以进行经常性、连续性操作。

5. 中央银行开展公开市场业务的条件

(1) 中央银行须有强大的、足以干预和调控整个金融市场的资金实力。这是开展公开市场业务的必备前提。

(2) 中央银行对公开市场业务应具有弹性操纵权力，即在买卖证券的数量、种类等方面没有严格的限制。

(3) 国内具有较完善的金融市场。

(4) 证券的数量和种类要适当。长、中、短期各类证券齐备，使买卖各方能有选择余地。

(5) 信用制度要相当发达，且商业银行重视和遵守存款准备金制度，这样公开市场业务政策才有发挥作用的基础。

二、选择性货币政策

选择性货币政策工具就是通过对资金用途、资金利率等有目的的选择，调节货币的供给结构。主要包括消费信用控制、证券市场信用控制、不动产信用控制、优惠利率以及进出口保证金制度等。

（一）消费信用控制

消费信用控制是指中央银行对不动产以外的耐用消费品的销售融资的控制。即规定最低付现额和最长偿还期。最低付现额是指以消费信用方式购买各种耐用消费品时第一次付款的最低金额。最长偿还期是指以消费信用方式购买各种耐用消费品的借款的最长期限。

当通货膨胀来临时，中央银行实行紧缩政策，消费信用中的最低付现额就会提高，贷款的偿还期就会缩短，贷款利率也随之提高，这样就会较快地抑制消费需求，以减缓通胀的压力。如果在经济发展衰退时期，中央银行就实行宽松的政策，消费信用中的最低付现额就会降低，贷款的偿还期就会延长，贷款利率也随之下降，这样就会扩大消费需求，刺激经济回升。实践证明，对消费信用的调控能较有效地控制消费信用的消长，从而对经济能起到有利的调节作用。

（二）证券市场信用控制

证券市场信用控制是指中央银行为防止证券买卖的过度投机对凭信用购买证券时规定必须以现款支付的比率。现款支付的金额占证券交易额的比率称证券保证金比率。因此，这种控制实际上是对证券保证金比率的变动。规定最低法定保证金也就是间接控制了对证券买卖贷款的最高数额。例如：法定保证金比率为60%，则意味着购买证券的客户要缴纳购进证券价格60%的现款，只能贷款40%，如果，保证金比率100%，就意味着购买证券必须支付全额现金。

中央银行对证券市场信用的调节，主要是关心资金流入证券市场的问题，而不是直接干预证券价格。为防止过度的证券信用，规定保证金比率有利于在证券价格上涨，减少过度信用所造成的股市风险，而在证券价格下跌时，避免保证金不足的客户被迫抛售证券，从而稳定证券价格，防止证券市场的大起大落，维持证券市场的稳定发展。

（三）不动产信用控制

不动产信用控制是中央银行就一般商业银行对客户购买房地产贷款的限制措施。房地产及其他不动产的交易带有很大的投机性，并不完全是实际社会需求的反映。中央银行就商业银行对不动产贷款的额度和分期付款的期限等规定限制性措施，借以稳定货币和经济，减弱投机的副作用。这种措施最初始于美国，后被许多国家采用。

三、其他调控政策

（一）直接信用控制

直接信用控制是指中央银行利用行政手段对商业银行及其他金融机构的业务活动进行控制。第二次世界大战以来，有许多的国家的中央银行获得了通过法律明确授予的权力，即在一些情况下，中央银行有权对商业银行及其他金融机构的信贷业务进行直接控制。其中比较重要的有信用分配、直接干预、流动性比率、利率最高限额等。

1. 信用分配

信用分配是中央银行根据金融市场的状况和客观经济的需要对金融机构进行贷款分配，规定在各部门或地区资金分配的数量或比例。这种信用分配方式在资金需求旺盛、有资金缺口、单纯依靠市场机制作用不可能达到控制效果时最适合采用。

2. 直接干预

直接干预是指中央银行直接对商业银行或其他金融机构在一定时期内的信贷业务施以行政干预。

中央银行的直接干预方式有：直接限制放款的额度、直接干预商业银行对活期存款的吸收、实行惩罚性利率、明确规定各金融机构的业务范围等。

3. 流动性比率

流动性比率是指中央银行为了限制商业银行的信用能力，规定在商业银行的全部资金中流动性资产所占的比重。一般说来，资产的流动性高，则收益率就低。商业银行为了保持中央银行规定的流动性比率，一方面必须缩减长期性放款所占的比重，而扩大短期性放款的比重；另一方面，还必须有一部分随时应付提现的资产。商业银行在这些直接控制措施之下，就不能任意把一些流动性资产用于长期性的商业贷款，从而中央银行也就达到了限制信用扩张的目的。

4. 利率最高限额

利率最高限额是规定商业银行对存款所能支付的最高利率，其目的是为了防止商业银行与其他金融机构之间为争夺存款进行竞争而抬高利率，从而保证金融机构的正常经营。

（二）间接信用控制

间接信用控制是中央银行采取行政手段间接影响商业银行的信用创造能力的措施，主要有道义劝告、窗口指导等。

1. 道义劝告

道义劝告是指中央银行利用其特殊地位和威望，对商业银行及其他金融机构的业务活动提供指导、发表看法和提出某种劝告以影响商业银行贷款数量和贷款方向，从而达到控制和调节信用之目的。道义劝告不具有强制性，而是将货币政策的意向向金融机构提出某种具体指导，使其领会意图，自愿合作。这种方法虽没有法律约束力，但事实上金融机构都会采取合作态度。运用道义劝告的方式可以提高中央银行的威信和地位。经验证明，中央银行经常不断地与金融机构建立和保持这种对话关系，扩大道义劝告的影响，有助于货币政策的有效实施。

2. 窗口指导

“窗口指导”是指中央银行对主要金融机构的指令，要求其把贷款增加额限制在适当的范围之内。“窗口指导”在不同时期有不同的内容，有时称“贷款增加额限制”，有时又称“资金运用平衡衡量指导”，其直接限制效果快速、有效，其目的是调节银行信用的总量。在金融紧缩期或市场机制不能完全起作用的情况下，窗口指导作为一种调控政策有着重要的作用。

第三节 货币政策中介指标和传导机制

一、货币政策中介指标

（一）货币政策中介指标的含义

货币政策中介指标是指中央银行为实现其货币政策的最终目标而设置的可供观察和调整的指标。如果说货币政策最终目标是一个长期的、非数量化的目标，它只能为中央银行制定货币政策提供指导思想，那么，货币政策中介指标就是短期的、数量化的、能用于日常操纵的指标，是作为实现货币政策最终目标的中介或桥梁。各国中央银行选择的中介指标不尽相同，主要有基础货币、存款准备金、市场利率和货币供应量。

中介指标有以下三个基本特征：第一，它是一种金融变量。相对于货币政策工具来说，它是因变量，反映政策工具对目标的影响方面和作用程序。相对于货币政策目标而言，它又是一种自变量，它的变动能引起货币政策目标作相应的变动。第二，它是一种中间传导性变量。它既不为中央银行直接操纵，但又反映中央银行货币政策旨意；它既不是实体经济的直接反映，但又能影响社会及金融体系的经济信用行为。第三，它是一种数量指标。它不是一种单纯抽象的概念，而是能反映社会货币经济现象的数字。社会及金融体系通过对它的分析，能了解到货币政策的意向和强度，中央银行通过对它的分析，能了解到货币政策的实施状况以及强度是否合适、方向是否正确、时间是否恰当等多方面情况。

（二）货币政策中介指标的内容

根据货币政策中介指标对货币政策工具反应的先后和作用于最终目标的过程，中介指标一般可分为两类：一类是近期指标，即货币政策直接作用的对象，中央银行对它的控制力较强，但离货币政策最终目标较远。包括存款准备金量和基础货币供应量；一类是远期指标，主要是货币供应量和市场利率，中央银行对它的控制力较弱，但离货币政策最终目标较近。因此，只有将两类传导变量有机地结合起来，才能充分发挥货币政策的效力，达到最终目标。

1. 存款准备金

银行体系的存款准备金，是中央银行创造的负债的一部分。它由商业银行的库存现金和在中央银行的准备金存款（包括法定准备金和超额准备金）两部分组成。存款准备金作为货币政策传导变量，具有很高的可测性。就收集资料而言，商业银行的存款准备金总额直接反映在其在中央银行的账户上，同时，中央银行也比较容易计算商业银行库存现金这一部分准备金。就可控性而言，存款准备金也是容易满足要求的：第一，存款准备金是中央银行负债的组成部分，只要中央银行控制住了创造负债的总规模，也就能控制住存款准备金这一部分负债的规模。第二，从商业银行资金来源看，整个银行体系能吸收多少存款，是受中央银行的政策及制度规定所制约的。在一定条件下，银行体系的存款规模总是与中央银行的负债有一定的直接关系，因此中央银行能控制存款额；自有资金方面，银行体系内有多少自有资金，是事先要向中央银行申报的；中央银行向商业银行的贷款规模，更是受到直接的控制。第三，即使中央银行对商业银行的部分准备金缺乏直接控制能力，但通过法定存款准备金比率的调整，也能将这部分准备金控制住。因此，存款准备金指标的可控性是相当高的。就存款准备金与货币政策目标的相关性而言，也是可以成立的。在一定条件下，银行体系的存款准备金增加，意味着信贷规模缩减，货币供应量减少。这时，如果经济是处于过度繁荣阶段，出现了通货膨胀，则有利于缩减社会总需求，稳定市场物价，促进经济发展；如果经济处于衰退时，就会导致价格下降，经济继续衰退。相反，银行体系的存款准备金减少，则意味着信贷规模的扩大，货币供应量增加，这时对经济的影响与上述过程正好相反。

2. 基础货币

基础货币也称高能货币，是指处于流通中为公众所持有的铸币、现金以及商业银行准备金的总和，也就是中央银行的主要负债。在现代信用货币流通的条件下，中央银行增加纸币发行，以及增加商业银行体系的放款，是增加基础货币的最重要途径。这是增加社会货币供应量最有决定意义的一部分。其他条件不变，中央银行如果不增加基础货币投放，社会货币供应总量很难有变化。相反，基础货币的微小变化，都会引起货币供应量的多倍变化。因此，以基础货币作为传导变量，有着十分重要的意义。从可测性来看，基础货币一部分流通中的现金，中央银行向流通中注入多少现金货币，很容易随时掌握这些资料；另一部分是商业银行的准备金存款，这部分资料可由中央银行直接掌握。因此，基础货币指标能满足可测性要求。就可控性而言，每年中央银行向社会注入的现金量，除其他一些制约因素外，中央银行是可以直接控制的；向商业银行的贷款，是通过再贴现、公开市场操作等贷放出去的，中央银行可以直接控制；中央银行弥补财政赤字，一般是能自行决定的。因此，基础货币作为传导变量也能满足可控性要求。就基础货币与货币政策的相关性而言，中央银行通过对基础货币的操纵，就能使商业银行及社会大众调整其资产的构成，改变社会的货币供应总量，从而影响市场利率、价格以及整个社会经济活动。一般说来，基础货币增加，社会的货币供应总量增加，社会总需求增加；相反，基础货币减少，社会的货币供应总量减少，社会总需求也随之减少。所以，基础货币是一个良好的货币政策传导变量。

3. 市场利率

市场利率是影响货币供需与银行信贷总量的一个重要指标，也是中央银行用以控制货币供应量、调节市场货币需求、实现货币政策目标的一个重要的政策性指标。就可测性而言，中央银行任何时候都可以观察到市场上的利率水平及其结构，或者直接以再贴现率管理市场利率。因此，直接收集这些利率资料是不会有困难的。就可控性而言，尽管市场利率不能由中央银行直接控制，但可以通过公开市场业务调节市场的资金供求，或通过再贴现政策影响市场利率。就其相关性而言，市场利率作为经济的一个内在因素，总是随社会经济的发展状况而变化的。当经济活动繁荣而有发生通货膨胀的可能时，作为资金供给者，鉴于通货膨胀时贷放资金的价值损失而要求提高利率，而资金需求者也因投资有利可图而愿意支付较高利率，因而利率上升。当经济衰退而出现通货紧缩时，利率则有下降的趋势。中央银行在利用各种措施控制货币供应量时，都比较注意观察市场利率的变动情况。因为，市场利率变动影响着银行持有超额准备金的意愿，影响到社会大众对金融性资产的选择，考虑其持有实际资产或持有其他各种金融性资产的机会成本，从而影响到社会资产结构的调整。当然，市场利率作为传导变量，也会由于种种原因，特别是受一些非政策的、非经济的因素影响，而把货币政策引入歧途，使货币政策一时显得无能为力，影响货币政策目标的实现。

4. 货币供应量

一般国家的中央银行都选择货币供应量作为主要远期传导变量。货币供应量是指全社会在某一时点的流通手段和支付手段总和。一般表现为银行存款、流通中现金等金融机构的负债。

中央银行选择货币供应量作为传导变量，这是现代货币数量学说反对凯恩斯主义以利率作为传导变量而提出的主张。因为货币供应量变动能直接影响经济活动，其变动能为中央银行直接控制，与货币政策联系最为直接，准确性高。

(三) 货币政策中介指标的选择标准

中介指标本身是货币政策作用力的杠杆，它改变着货币政策运用机制。要使传导变量能有效地反映货币政策效果，那么在选择传导变量时就必须符合如下三方面的标准：

1. 可测性

可测性是指中央银行所选择的金融变量必须具有明确而合理的内涵和外延，使中央银行既能迅速而准确地收集到有关传导变量的数据资料，又有明确的定义，便于观察和进行定量分析及科学预测。

2. 可控性

可控性是指中介指标能否易于被货币当局所控制。这要求中央银行通过各种货币政策工具的运用，能对所选择的作为传导变量的金融变量进行有效的控制和调节，能准确地控制其变动状况及变动趋势。所以，中央银行选择的传导变量与所能运用的货币政策工具之间，必须要有密切的、稳定的和统计数量上的联系。

3. 相关性

相关性是指中央银行选择的传导变量必须与货币政策目标有密切的相关性，中央银行只要通过对中介指标的控制和调节，就能促使货币政策目标的实现。这要求中介指标又要与货币政策目标之间要有密切的、稳定的以及统计数量上的关系。

在选择作为中介指标的金融变量时，必须进行全面的考虑。还必须注意与特定的经济金融环境相适应。

（四）我国货币政策的中介指标

我国现阶段的经济还处在市场经济发育和成长时期，在货币金融活动中存在着与市场经济成熟或发达国家的不同之处。例如，在金融资产中现金量占全部金融资产的25%左右；利率实行集中统一管理，且各经济主体对利率反映弹性微弱，证券资产所占比重不足以影响整体经济活动。凡此种种，决定我国货币政策中介指标的选择不能简单套用市场经济成熟国家的具体选择，而应切合我国目前的实际情况。

那么，比较适宜用作我国现阶段货币政策的中介指标的金融变量应是货币供应量和贷款总规模。其理由是：第一，货币供应量与货币政策的最终目标关系较紧密，货币供应量的变化能对最终目标产生重大的影响。第二，在我国目前情况下，中央银行对货币供应量的直接控制能力还比较有限，不能够对其精确地控制和调节，因此必须借助于某些行政手段，通过对银行信贷总量的控制来控制货币供应量。

二、货币政策的传导机制

（一）货币政策传导机制的含义

所谓货币政策传导机制，是指货币管理当局确定货币政策之后，从选用一定的货币政策工具进行操作开始，到实现最终目标之间，所经过的各种中间环节相互之间的有机联系及因果关系的总和。也就是说，从货币政策工具的运用到最终目标的达到将有一个过程。在这一过程中，货币政策工具的运用将首先对某些中介指标产生一定的影响，然后，通过这些中介指标来影响实际的经济活动，从而达到货币政策的最终目标。但是，货币政策这一具体的作用过程究竟是怎样发生的，也就是说，货币政策工具的运用怎样影响货币政策中介指标，而中介指标的变动又如何影响实际的经济活动，从而达到货币政策的最终目标，这就是货币政策的传导机制。

（二）货币政策传导机制的基本原理

一般地说，中央银行通过各种货币政策工具的运用，将对商业银行的准备金和基础货币等经济变量产生比较直接的影响，而这些经济变量的变动将影响到货币供应量和市场利率。因此，如果货币政策操作不当，则其结果就不能达到预定的货币政策的最终目标。例如，中央银行向商业银行发放一定数量的贷款，则商业银行的准备金将增加。由于商业银行的准备金是基础货币的重要组成部分，因此，在货币乘数一定的条件下，商业银行准备金的增加将使货币供应量成倍增加。从其具体的过程来看，当商业银行通过向中央银行借款获得准备金后，它可通过发放贷款或从事投资而引起存款货币的成倍扩张。另外，中央银行在公开市场上买进有价证券，将不仅导致货币供应量增加，而且还将导致利率下降。无论是货币供应量增加，还是利率下降，都将引起总需求的增加，尤其是引起投资规模的扩大。于是，其最终结果通常是物价上涨、就业增加和经济增长。这就说明，中央银行通过这一货币政策的执行，在一定程度上达到了充分就业和经济增长这两个最终目标，但未能达到稳定物价这一最终目标，这是由货币政策最终目标之间的矛盾所决定的。货币政策的传导机制大致可用图 12-2 来表示。

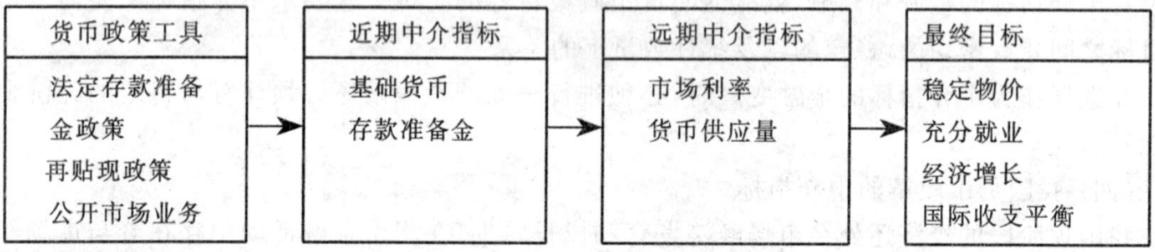

图 12-2　货币政策的传导机制

第四节　货币政策效应

所谓货币政策效应是指中央银行推行一定的货币政策之后最终实际取得的效果，即货币政策的有效性。因为货币政策效应有收效迟早和效力大小之分，即时间间隔和效用局限问题。下面从这两个方面加以分析。

一、货币政策时滞

货币政策时滞是指从经济形势的变化到货币政策的修正，从货币政策的制定到执行，从执行到收效等各个环节传导所需要的时间间隔或时间落后过程。货币政策时滞由内在时滞、中间时滞和外在时滞三个阶段构成。

（一）内在时滞

内在时滞是指作为货币政策操作主体的中央银行从制定政策到采取行动所需要的时间。当经济形势发生变化，中央银行认识到应当调整政策到着手制定政策再到实施政策，每一步都需要耗费一定的时间。内在时滞又可分为认识时滞和行动时滞。认识时滞是指从形势变化需要货币当局采取行动到它认识到这种需要的时间距离。这种时滞的存在，一方面，是由于信息的收集和情景的判断需要时间，对某个时期的经济状况的精确度量只有在其后一些时候才能得到；另一方面，即使有了明确的资料，中央银行做出判断也需要一段时间。行动时滞是指中央银行确定采取金融措施，到具体实施某种货币政策之间的时间差距。

整个内在时滞是中央银行对经济现象从感性认识到理性认识的过程，其所需的时间长短决定于中央银行收集资料、对经济与金融形式的判断能力和采取行动的效率。可见，内在时滞是中央银行主观行为的产物。

(二) 外在时滞

外在时滞是指从中央银行采取行动到这一政策对经济过程发生作用所耗费的时间，这也是作为货币政策调控对象的金融部门对中央银行实施货币政策的反应过程。当中央银行开始实施新政策后，会有“金融部门对新政策的认识—金融部门对政策部门所作的反应—企业部门对金融形势变化的认识—企业部门的决策—新政策发生作用”的过程，其中每一步都需要耗费一定的时间。外部时滞也可以分为操作时滞和市场时滞两部分。

与内在时滞相比，外在时滞比较客观，中央银行不能直接控制。一般情况下，它是由社会的经济、金融条件决定的。可见，内部时滞和外部时滞的划分是以中央银行为界限的，内部时滞可以通过中央银行的效率提高而缩短，对于外部时滞中央银行则很难控制，所以研究货币政策的外部时滞更加重要。一般所说的货币政策时滞更多地指外部时滞。

西方学者的研究表明，在市场经济发达的国家，货币政策的外部时滞一般在半年到一年半左右。在我国由于金融机制和传导机制有不同的特点，货币政策的外部时滞较短，在 2～3 个月后作用较为显著。

二、货币政策效应的影响因素

货币政策时滞是影响货币政策效应的重要因素，货币政策效应的强度也就是指货币政策作用的大小。如果货币政策可能产生的影响较快地有所表现，那么货币当局就可以根据起初的预测值来考察政策生效的情况，并对政策的取向和力度作必要的调整，从而使政策能够更好地实现预期目标。假定货币政策的大部分效应要在较长的时间比如两年后产生，而在这两年内经济形势会发生很多变化，那就很难证明货币政策的预期效应是否实现了。在考察货币政策效应时，还必须考虑其他因素。

(一) 理性预期因素

理性预期是指人们充分掌握了一切可以利用的信息后做出的预期。这种预期之所以称之为合理，因为它是人们参照历史上的有关资料，经过周密考虑之后才做出的一种预期。理性预期理论有别于凯恩斯与弗里德曼的预期理论。凯恩斯所讲的预期理论是盲目性预期，以人们心理的无理性为前提，成为经济不稳定甚至周期波动的因素。弗里德曼所讲的预期是适应性预期，是人们为了适应客观经济形势的变化而被动地调整自己的预期。人们在进行适应性预期时，掌握的信息并不充分，主要根据自己的经验或记忆来预测未来，并准备随时修正自己的预测。人们在进行合理预期时，事先掌握了充分的信息，经过周密的思考和判断，主动做出明智的处理，因而是有理性的预期。

理性预期会削弱甚至抵消货币政策效果。由于人们对未来经济情况的变化已有周密的考虑和充分的思想准备，他们在政策公布的前后，就会采取相应的措施，使政策的预期效果被合理预期的作用所抵消。例如，当中央银行实行扩张性货币政策时，人们通过各种信息预期社会总需求会增加。企业家们会意识到是扩张政策导致了社会总需求的增加，因而他们及时提高价格，而不愿及时拓展经营。结果扩张性货币政策只能使物价上涨，而没有使产出增长。同时，由于中央银行掌握的信息不可能比社会大众掌握得更充分，中央银行的决策也没有社会大众的决策快。因此，中央银行的预期不可能比社会大众的更合理。这样，不管中央银行推行何种货币政策，即使是采取超越常规的货币政策，不久之后都会落在人们的预期之内。所以，只要公众有理性预期行为，就会抵消货币政策的效果。

（二）政治因素

政治因素对货币政策效果的干扰很大，它可能使中央银行偏离正确的政策，甚至使货币政策部分失效。任何一项货币政策，给不同的阶层、集团、部门或地方带来的利益是不同的。为了使自身获得利益最多或受损失最少，这些主体往往形成一定的政治压力，迫使货币政策向有利于自己的方向调整。官僚机构为了自身的利益，可能会置社会公众利益于不顾，由此产生政治性经济周期，从而影响货币政策的效果。在西方许多国家，政治过程短期化，政府几年需换届一次。由于低失业和高生产会给执政党带来不少选票，因此，在选举前政府都力图刺激经济，倾向于采取扩张性的货币政策，使失业率下降和产出增加。但是，货币政策的贯彻应是长期的，必须具有连续性，而政府频繁更替的压力，就可能导致货币政策短期化。此外，某些特殊利益集团可能从自身利益考虑而对货币政策的决定和实行施加压力。例如，银行家们总是希望利率居高不下，以便从中获益，因而可能会迫使中央银行实行紧缩性货币政策；受利率上升影响较大的住房建筑业，可能联合起来，迫使中央银行执行过于扩张的货币政策，以阻止名义利率的上升。

（三）货币流通速度

对货币政策有效性的另一个主要限制因素是货币流通速度。在实际生活中，货币流通速度的变动幅度很难被政策制定者准确地预测和估算。而货币流通速度和货币供给量之间呈紧密的负相关关系，一旦货币流通速度的变动幅度超出了货币当局的预期范围，实际的货币供给量增长率就大于或小于货币当局控制的数额。那么其结果是，新增的货币供给量必将成为助长经济过热的因素；减少的货币供给量将会缩减有效需求。

货币政策的效果好坏还取决于其他经济政策，尤其是财政政策的配合是否协调。这两种政策的共同点在于通过影响总需求进而影响产出。但两者之间也有很明显的区别：在实现扩张的目标中财政政策的作用更直接；对于抑制过热的需求，货币政策有很多工具可以利用，实施起来比较及时、灵活。此外，还有一点区别，那就是财政政策对供给的作用较为直接有力，而货币政策则没有这样的功能。由于它们的共同点和不同点，许多国家往往通过这两种政策的配合来调节经济。不过，货币政策与财政政策的配合运用，必须根据具体情况作出决定，在效果不同或情况发生变化时，则应及时作出调整，否则仍然不能取得预期的效果。这两种政策的配合将在下一节详细介绍。

第五节 财政政策与货币政策的配合

一、财政政策与货币政策的关系

货币政策和财政政策作为政府需求管理的两大政策，其运作就是通过增加或者减少货币供给来调节总需求。就调节货币供给这个角度来说，它们的区别在于货币政策是通过银行系统，运用金融工具，由金融传导机制使之生效；而财政政策则是通过财政系统，运用财税工具，由财政传导机制使之生效。

财政政策是指通过政府支出和税收来影响宏观经济的政府行为。短期中，财政政策主要影响物品和劳务的总需求，是刺激或减缓经济发展的最直接的方式。政府经常通过不同的财政政策工具的操作来影响经济的走向。

货币政策是指政府通过控制货币供给量等中介指标来影响宏观经济的行为。货币供给量的增加会使短期利率下降，并最终刺激投资需求与消费需求，使总需求曲线发生位移。再贴现率是市场经济国家的基准利率，其升降将直接影响各类市场利率的走向。同时法定准备金率的调整以及公开市场业务操作都会影响货币供给量，进而影响利率水平。

从长期看，从经济增长角度考虑，货币政策与财政政策可有两种协调方式，即"松财政、紧货币"和"紧财政、松货币"。两种不同的协调方式会造成不同的GDP构成，从而对经济增长产生不同的效应。宽松的财政政策使GDP中消费和政府支出的比重上升，投资的比重下降。紧缩的货币政策会提高利率，从而抑制投资。两者都会导致低投资和低经济增长。与上述作用相反，紧缩的财政政策和宽松的货币政策会导致高投资和高经济增长。

二、财政政策与货币政策的配合

（一）财政政策与货币政策配合方式

1. 政策工具的协调配合

财政政策是通过其收入政策和支出政策来体现的。政府直接投资、采购、转移支付、补贴都属于支出政策工具。差别税率和税收减免则属于收入政策工具。货币政策中运用得最频繁的是间接政策工具，诸如调节利率、银行准备金率、再贴现率和公开市场操作。但是，政策效果更显著的还是货币政策中的直接政策工具——银行贷款。它能起到直接扩大社会总需求的效果。财政政策工具和货币政策工具协调配合主要表现为财政投资项目中的银行配套贷款。财政政策与货币政策协调配合还要求国债发行与央行公开市场的反向操作结合。

2. 政策时效的协调配合

财政政策和货币政策的协调配合也是两种长短不同的政策时效搭配。财政政策以政策操作力度为特征，有迅速启动投资、拉动经济增长的作用，但容易引起过度赤字、经济过热和通货膨胀，因而财政政策发挥的是经济增长引擎的作用，用以对付大的与长期的经济衰退，只能作短期调整，不能长期大量使用。货币政策则以微调为主，在启动经济增长方面明显滞后，但在抑制经济过热、控制通货膨胀方面具有长期成效。

3. 政策功能的协调配合

财政政策和货币政策在处理公平和效率的矛盾方面各有侧重。财政政策的公平分配功能要求政府运用税收和社会保障手段，限制收入分配过分集中，适当缩小个人之间、行业之间、地区之间的收入差距，防止两极分化，这是社会稳定的重要条件。而货币政策的效率优先功能则使商业银行偏重于从盈利目标考虑信贷投向，要求货币政策对信贷结构和利率的调节能大体反映市场供求变化，引导资源流向效益好的投资领域，促进生产效率的提高。财政政策和货币政策功能的协调配合体现在：第一，"适当的货币政策"应以不违背商业银行的经营原则为前提，这样可以减少扩张性财政给商业银行带来的政策性贷款风险。第二，财政政策的投资范围不应与货币政策的投资范围完全重合。其中，基础性和公益性投资项目还是应该以财政政策投资为主，而竞争性投资项目只能是货币政策的投资范围。

（二）财政政策与货币政策配合选择

财政货币政策配合通常有三种选择，即“双紧”、“双松”、“一松一紧”。“双紧”的配合模式选择，一般是在社会总需求大于总供给、物价上涨、通货膨胀的状况下发生的。“双松”的配合模式选择，一般是在社会总供给大于总需求，经济不景气，物价下跌的状况下发生的。“一松一紧”的配合模式有两种情况：一是财政政策从紧，货币政策偏松。这种模式的选择，通常是在社会经济运行比较平稳，经济结构调整已取得成效，同时又不存在通货膨胀危险的状况下发生的；二是货币政策从紧，财政政策偏松。这种模式的选择，通常是在社会经济的运行出现“滞胀”的状况下发生。因此，可以得出如下结论：当总需求的增长速度超过总供给的增长速度时，经济增长过快，发生通货膨胀，选择“双紧”配合模式；当总需求的下降速度超过总供给的下降速度时，经济不景气，发生通货紧缩，选择“双松”配合模式；当总供给的下降速度超过总需求的下降速度时，经济滞胀，选择“松财政、紧货币”的配合模式；当总供给的增长速度超过总需求的增长速度时，经济增长，但发生通货紧缩，选择“松货币、紧财政”的配合模式。

延伸阅读

中国人民银行《2006年第四季度中国货币政策执行报告》内容摘要

2006年，我国国民经济继续保持平稳较快发展，经济运行总体形势较好。消费需求增长加快，固定资产投资增速高位趋缓，对外贸易快速发展；居民收入、企业利润和财政收入均有较大幅度提高；价格走势总体平稳。2006年，实现国内生产总值（GDP）20.9万亿元，增长10.7%，居民消费价格指数（CPI）上涨1.5%。

2006年，针对我国经济中出现的投资增长过快、信贷投放过多、贸易顺差过大及环境、资源压力加大等问题，中国人民银行按照党中央、国务院的统一部署，继续实施稳健的货币政策。采取综合措施大力回收银行体系流动性，除加大公开市场操作力度外，分三次上调金融机构存款准备金率共1.5个百分点。发挥利率杠杆作用，两次上调金融机构存贷款基准利率，引导投资和货币信贷合理增长。深化人民币汇率形成机制改革，完善有管理的浮动汇率制度，加快外汇管理体制改革。加强“窗口指导”和信贷政策引导，优化信贷结构。与此同时，支持金融市场和直接融资发展，稳步推进金融企业改革。

在金融宏观调控措施的综合作用下，货币信贷过快增长势头有所缓解，信贷结构进一步优化。进入2006年下半年以来，货币信贷增速逐月放缓。截至12月末，广义货币供应量M2增长速度由年度最高点的19.2%降至16.9%，金融机构人民币贷款增速由最高点的16.3%降至15.1%，中长期贷款快速增长势头也趋于减弱，与宏观调控的总体要求基本适应，促进了全年经济平稳较快增长和价格总水平基本稳定。

从总体上看，随着宏观调控和结构性调整的各项政策措施有效落实，经济运行中的突出矛盾有所缓解，国民经济将继续保持平稳较快发展势头。但也要看到，当前投资、信贷回落的基础还不稳固，国际收支不平衡问题依然突出，整体通货膨胀压力有所加大，消费率过低、储蓄率过高的深层次结构性矛盾仍是制约经济可持续发展的突出问题。2007 年，要坚持以科学发展观统领经济社会发展全局，加快构建社会主义和谐社会，继续加强和改善宏观调控，着力调整经济结构和转变增长方式，着力加强资源节约和环境保护，着力推进改革开放和自主创新，推动经济发展切实转入科学发展的轨道。按照 2007 年 GDP 预计增长 8%左右、消费价格上涨预计不超过 3%的初步考虑，货币信贷总量预期目标为广义货币供应量 M2 增长 16%左右。

中国人民银行将按照国务院的统一部署，继续执行稳健的货币政策，进一步改进金融宏观调控，加强流动性管理，合理控制货币信贷增长。在维护总量平衡的同时，优化信贷结构，加大对重点领域和薄弱环节的支持力度。进一步完善人民币汇率形成机制，加强数量型调控与价格型调控的协调配合，全面深化金融改革，加快金融市场发展，完善货币政策传导机制，提高货币政策调控的预见性、科学性和有效性，促进国民经济又好又快发展。

资料来源：中国人民银行. 2006 年第四季度中国货币政策执行报告[EB/OL]. (2007-02-09) [2007-07-10]. http://www.pbc.gov.cn/showacc2.asp? id=969

本章小结

1. 货币政策是通过调节社会总需求以间接调节经济的宏观经济政策。它可分为扩张型货币政策、紧缩型货币政策、均衡型货币政策。

2. 货币政策包括稳定物价、充分就业、经济增长和国际收支平衡四大目标。各目标之间既统一又矛盾。中央银行在一定时期内只能力求实现其中最主要的一个或两个目标。

3. 货币政策工具可分为一般性调控政策、选择性货币政策及其他调控政策。一般性的货币政策工具有存款准备金政策、再贴现政策、公开市场业务三大政策。选择性货币政策有消费信用控制、证券市场信用控制、不动产信用控制等。其他货币政策工具中属于直接信用控制的有信用分配、直接干预、流动性比率、利率最高限额等，属于间接信用控制的有道义劝告、窗口指导等。

4. 货币政策中介指标为数量化、传导性的金融变量。货币政策中介指标的选择指标具有可控性、可测性和相关性。近期中介指标可供选择的金融变量主要有存款准备金和基础货币，远期中介指标可供选择的金融变量主要有货币供应量和市场利率。

5. 货币政策效应是中央银行推行一定的货币政策之后实际取得的经济效果。货币政策时滞由内在时滞和外在时滞两个阶段构成。影响货币政策的效用的其他因素还包括理性预期因素、政治因素、货币流通速度等。

6. 财政政策与货币政策的搭配：当总需求的增长速度超过总供给的增长速度时，经济增长过快，发生通货膨胀，选择“双紧”的政策配合模式；当总需求的下降速度超过总供给的下降速度时，经济不景气，发生通货紧缩，选择“双松”的配合模式；当总供给的下降速度超过总需求的下降速度时，经济滞胀，选择“松财政、紧货币”的配合模式；当总供给的增长速度超过总需求的增长速度时，经济增长，但发生通货紧缩，选择“松货币、紧财政”的配合模式。

思考与练习

一、名词解释

货币政策 货币供应量 扩张性货币政策 紧缩性货币政策 均衡性货币政策 充分就业 货币政策的传导机制 货币政策时滞 货币政策的效应 货币政策中介指标 菲利普斯曲线 存款准备金政策 再贴现政策 公开市场业务 流动性比率 窗口指导

二、简答题

1. 论述货币政策目标及其相互关系。
2. 为什么说中央银行货币政策最终目标之间存在着矛盾性和冲突性？
3. 如何理解货币政策中介指标的特点及选择标准？
4. 什么是法定存款准备金政策？试述其作用机制及其效果。
5. 什么是再贴现政策？试述其作用机制及其效果。
6. 什么是公开市场业务？试述其作用机制及其效果。
7. 论述货币政策的传导机制及其时滞性。
8. 结合货币政策的基本原理，对我国当前的货币政策进行评价。
9. 如何搭配财政政策与货币政策？

第十三章　国际金融活动

本章要点：

本章主要介绍国际金融相关的基础知识和基本理论。立足基本概念，包括外汇、汇率、国际收支等，介绍外汇的种类、汇率的标价方法、国际收支平衡表等内容；介绍国际金融市场的形成和发展、作用和分类；介绍国际资本流动对经济的影响；最后，介绍并分析国际货币体系的产生与发展。

学习目标：

- 掌握外汇的概念及种类、汇率的标价方法及种类
- 掌握国际收支的概念及国际收支平衡表的内容
- 了解国际金融市场的作用和分类
- 了解国际资本流动对经济的影响
- 了解国际货币体系产生与发展的三个阶段

基本概念：

外汇　汇率　国际收支　国际收支平衡表　国际金融市场外债　国际货币体系

第一节　外汇与汇率

国与国之间在进行商品、技术、服务等交易的过程中，必然涉及一国货币与其他国货币的支付、兑换等问题，这就要求我们掌握外汇及汇率知识。

一、外汇的概念

各国都有自己的货币，用于本国国内债券债务的清偿和支付。然而，一国的货币通常不能在另一国流通，当一国的居民要清偿对外债权债务时，就需要将外国货币兑换成本币，或将本币兑换成外国货币。但外汇不等同于外国货币，对外汇(Foreign Exchange)包括动态和静态两个方面的概念。

(一) 动态外汇的概念

动态外汇是指国际汇兑的简称，即人们通过银行等机构将一种货币兑换成另一种货币，并把它汇寄给国外债权人，以此来了结国际债权债务关系，这种行为和过程就是动态外汇的概念。

(二) 静态外汇的概念

静态外汇是指以外币表示的、可以用作国际清偿的支付手段和资产。根据此概念，各国对外

汇的范围有着不同的理解。《中华人民共和国外汇管理条例》第三条对外汇的主要内容进行了规定,主要包括:①外国货币,包括纸币、铸币;②外币支付凭证,包括票据、银行存款凭证、邮政储蓄凭证等;③外币有价证券,包括政府债券、公司债券、股票等;④特别提款权、欧洲货币单位;⑤其他外汇资产。实际上,可用作国际清偿的支付手段和资产并不是一成不变的,因此对外汇外延概念的理解也在不断发展中。

在现代国际经济活动中,用于国际清偿的外汇多数是非货币形态的信用工具,外币或外钞只是在很小范围内使用,因此,不能把外汇简单地理解为外国货币。

二、外汇的种类

(一)根据可否自由兑换,外汇分为自由外汇与记账外汇

1. 自由外汇

自由外汇是指无需货币发行当局批准,就可以兑换成其他国货币,或可以向第三国办理支付的外汇。这些货币的支付凭证同样有效力。如美元、日元、英镑、欧元、瑞士法郎等及以其表示的支付凭证。

2. 记账外汇

记账外汇也称协定外汇或双边外汇,是指未经货币发行当局批准不能自由兑换成其他货币或向第三国进行支付的外汇。这种外汇不能自由兑换,也不能转给第三国使用,但由于在协定双方银行账户上记载并计量结算双方贸易额,以记账方式充当国际支付手段作用,因此在性质上可作为外汇看待。它是支付协定的产物,只能用于协定国之间。

(二)根据外汇来源与用途不同,外汇分为贸易外汇和非贸易外汇

1. 贸易外汇

贸易外汇是指由国际商品贸易引起收支的外汇。出口贸易可以收入外汇,进口贸易要支出外汇。贸易外汇是一个国家外汇的主要来源和用途。

2. 非贸易外汇

非贸易外汇是指除国际商品贸易以外的其他各项外汇收支,包括劳务外汇、旅游外汇、侨汇、捐赠与援助外汇等。随着服务贸易的迅速扩大,这种外汇也越来越重要。

延伸阅读

欧元小知识

欧盟委员会确定的欧元的符号为"€",官方标准代码的字母型为"EUR",数字型为"978"。1999年1月1日,欧元开始在银行、外汇交易和公共债券等方面正式使用。1999年1月1日到2001年12月31日期间,欧元的有形货币尚不能流通,成员国货币作为欧元的替代物流通。从2002年1月1日起的6个月为过渡期,这期间欧元与欧元区12国货币共同流通。从2002年3月1日起12个国家的货币终止流通,欧元完全取代欧元区12国货币,成为欧元区单一法定货币。

欧元纸币共分7种面值,即5、10、20、50、100、200和500欧元。票面金额越大,纸币面积越大。

纸币正面图案由象征合作精神的门和窗组成,背面是含意为联系纽带的桥梁。欧盟认为自古以来,桥是人类互相沟通的最好象征,用桥作图案,既标志着欧洲内部交流,又代表着欧洲同世界的联系。各种门、窗及桥梁等图案分别代表欧洲各时期的建筑风格,按币值大小依次为古典派、浪漫派、哥特式、文艺复兴式、巴洛克和洛可可式、铁式和玻璃式、现代派建筑风格,颜色依次为灰色、红色、蓝色、橙色、绿色、黄褐色、淡紫色。同时,票面还描绘了12颗五角星,紧紧环绕欧盟旗。

欧元硬币共分8种面值,即1欧分、2欧分、5欧分、10欧分、20欧分、50欧分、1欧元和2欧元。1欧元等于100欧分。欧元硬币均用复合金属材料制作。欧洲居民从2002年1月1日起正式使用的欧元硬币为700亿枚。

资料来源:中国银行. 欧元币制[EB/OL]. [2007-07-10]. http://www.bocffm.com/euro2.htm

三、汇率的概念

汇率(Foreign Exchange Rate)又称汇价或外汇行市,就是两种货币的兑换比率,或者说是一国货币以另外一国货币表示的价格。如USD100=CNY775.40,这就是美元与人民币之间的汇率,表示100美元能够兑换775.40元人民币。

四、汇率的标价方法

汇率具有双向表示的特点。如在表示美元与人民币之间的汇率时,我们既可以用人民币表示美元的价格,也可以用美元表示人民币的价格。也就是说,本币和外币具有同样的表现对方价格的功能。因此,在汇率表示时,既可以用本币来表示外币的价格,也可以用外币来表示本币的价格。这就涉及不同的汇率标价方法。

常见的汇率标价方法有直接标价法、间接标价法和美元标价法。

(一) 直接标价法

直接标价法是指以一定单位的外国货币作为标准,折成若干数量的本国货币来表示汇率的方法,即以本国货币表示外国货币的价格。外国货币为单位货币或基础货币,本国货币为报价货币。目前除英国、美国等少数国家外,世界上大多数国家都采用直接标价法。

在直接标价法下,一定单位的外国货币折算的本国货币的数额增大,说明外国货币币值上升、本国货币币值下降,称为外币升值、本币贬值。反之,一定单位的外国货币折算的本国货币的数额减少,称为外币贬值、本币升值。例如,我国外汇市场某月月初美元汇率为USD100=CNY827.76、月末为USD100=CNY805.40,说明在当月美元贬值、人民币升值。

(二) 间接标价法

间接标价法是指以一定单位的本国货币作为标准,折成若干数量的外国货币来表示汇率的方法,即以外国货币表示本国货币的价格。本国货币为单位货币或基础货币,外国货币为报价货币。世界上只有英国、美国等少数国家采用间接标价法。直接标价法和间接标价法之间存在着倒数关系,即直接标价法的倒数就是间接标价法,反之亦然。

在间接标价法下,一定单位的本国货币折算的外国货币的数额增大,说明本币升值、外币贬值。反之,一定单位的本国货币折算的外国货币的数额减少,称为本币贬值,外币升值。例如:伦敦外汇市场某月月初美元汇率为GBP1＝USD 1.920 1，月末为GBP1＝USD 1.933 5，说明英镑升值、美元贬值。

（三）美元标价法

美元标价法是指以一定单位的美元折成若干数量的各国货币的标价方法，即以美元为单位货币或基础货币，其他货币为报价货币。例如：香港某外汇银行报价 USD1＝CHF1.311 4、USD1＝JPY120.15。第二次世界大战以后，由于纽约外汇市场外汇交易量的迅速扩大和美元国际货币地位的确定，西方各国银行在报出各种货币买卖价格时大多采用美元标价法，目的是为了简化报价程序并广泛地比较各种货币的汇率。

五、汇率的种类

（一）按制定方法不同分为基本汇率与套算汇率

1. 基本汇率

基本汇率是本币与关键货币之间的汇率。由于外国货币的种类很多，难以报出本国货币与每一种外国货币之间的汇率，因此就要选择出一种关键货币，制定其与本币的基本汇率。由于美元在国际货币体系中的特殊地位，各国一般将本国货币兑美元的汇率作为基本汇率。

2. 套算汇率

套算汇率又称交叉汇率，是指各国在基本汇率制定出来以后，再根据基本汇率套算得出的对其他国家的汇率。

（二）按银行买卖外汇的角度不同分为买入汇率与卖出汇率

银行进行外汇报价时一般都采用双向报价法，即同时报出买入汇率和卖出汇率。

1. 买入汇率

买入汇率也称买入价，即银行从同业或客户手中买入外汇时所使用的汇率。

2. 卖出汇率

卖出汇率也称卖出价，即银行向同业或客户卖出外汇时所使用的汇率。

银行所报的两个汇率中，前一个数值较小，后一个数值较大。在直接标价法下，较小的数值为银行买入外汇的汇率，较大的数值为银行卖出外汇的汇率；而在间接标价法下，较小数值为银行卖出外汇的汇率，较大数值为银行买入外汇的汇率。银行的外汇买卖业务遵循的原则是低买高卖，即低价买入外汇，同时高价卖出外汇，买入价和卖出价之间的差价就是银行的收益，一般为1‰～5‰。

中间汇率是指银行买入价和银行卖出价的算术平均数。中间汇率主要用于新闻报道和经济分析。

（三）按买卖交割期限不同分为即期汇率和远期汇率

1. 即期汇率

即期汇率又称现汇汇率，是指外汇买卖双方在成交后的当天或两个营业日以内办理交割所使用的汇率。

2. 远期汇率

远期汇率又称期汇汇率，是指外汇买卖双方成交后，约定在未来某一时间进行交割所使用的汇率。利率及外汇市场供求状况的变化，均会引致远期汇率的变动，因此期汇的买卖差价通常要大于现汇的买卖差价。

(四) 按外汇的付汇方式不同分为电汇汇率、信汇汇率和票汇汇率

1. 电汇汇率

电汇汇率是以电汇方式买卖外汇时所使用的汇率。电汇是银行以电信(电报、电传等)方式通知国外分支行或代理行付款给收款人的汇款方式。使用电汇方式卖出外汇,付款快,不占用客户的资金,能减少客户的汇率波动风险,因此电汇汇率比信汇汇率和票汇汇率高。外汇市场上公布的汇率一般是指电汇买卖汇率,是外汇市场的基准汇率,其他汇率都以电汇汇率为基础而定。

2. 信汇汇率

信汇汇率是以信汇方式买卖外汇时所使用的汇率。信汇是银行以信函方式通知国外分支行或代理行付款给收款人的汇款方式。由于这种方式所需的邮程长,银行可以在一定时期内占用客户资金,因此信汇汇率比电汇汇率要低些,其差额视邮程天数和利率情况而定。

3. 票汇汇率

票汇汇率是以票汇方式买卖外汇时所使用的汇率。票汇是银行在卖出外汇时,开立一张命令其国外分支行或代理行付款的汇票,并将其交给汇款人,由汇款人自带或寄往国外取款的方式。由于从汇票开出到付款也有一定时间间隔,这段时间内银行可以占用客户的资金,因此,票汇汇率也比电汇汇率低一些。

第二节 国际收支

在国际经济交往中会形成国际债权债务关系以及国际货币收支关系,从而产生国际收支问题。国际收支是国际经济领域的重要内容,是研究国际金融的基础和起点。

一、国际收支的概念

国际收支(Balance of Payments,BOP)是一定时期内一国居民与非居民之间全部经济交易的系统记录。它是国际金融学中的核心概念之一。对于这一概念的丰富内涵,应从以下几个方面加以把握。

(一) 国际收支是一个流量概念

流量是一定时期内发生的变量变动的数值。当人们提及国际收支时,必须指明其属于哪一个时期,这一时期称为一个报告期。报告期可以是一年,也可以是一个季度或一个月,各国通常以一年为报告期。

(二) 国际收支所反映的内容是经济交易

所谓经济交易,是指经济价值从一个经济实体向另一个经济实体的转移。从内容上看,经济交易有五种类型:①金融资产与商品和劳务之间的交换;②商品与商品及商品与劳务之间的交换;③金融资产之间的交换;④单向、无偿的商品和劳务转移;⑤单向、无偿的金融资产转移。

(三) 国际收支所记载的经济交易必须发生于一国居民与非居民之间

判断一项经济交易是否应记入国际收支的依据不是国籍和国界,而是依据交易双方是否分别为该国的居民和非居民。只有居民与非居民之间的经济交易才记入国际收支。所谓“居民”,是个经济概念(“公民”则是法律概念),是指在一个国家(或地区)的领土内具有一定经济利益中

心的经济单位，否则，该经济单位就被称为该国(或地区)的非居民。在一国(或地区)领土内具有一定的经济利益中心，是指该单位在某国(或地区)的领土内已经大规模地从事经济活动或交易达一年或一年以上。居民和非居民都包括个人、政府、企业和非营利团体四类。凡在一个国家内居住满一年及一年以上的个人，除官方外交使节、驻外军事人员外，无论什么(或地区)国籍，均属该国(或地区)居民。至于一国各级政府、企业和非盈利团体，均属所在国居民，包括外国独资、合资与合作企业。不过，居住在一国(或地区)领土上的外国使馆和联合国机构，均被当作该国的(或地区)非居民。国际货币基金组织、世界银行等国际组织机构是任何国家的(或地区)非居民。

二、国际收支平衡表的编制原理

为了全面了解掌握本国对外经济交往的全貌，就需要使用国际收支平衡表这一工具对一国国际收支进行系统的收集整理和记录。国际收支平衡表(Balance of Payments Statement)是一国对其一定时期内的国际经济交易根据交易的特性和经济分析的需要，分类设置科目和账户，并按照复式簿记的原理进行系统记录的报表。

国际收支平衡表是根据国际会计通行的复式记账原则编制的。在国际收支平衡表中每个项目都有借方和贷方两栏，借方记录对外资产的增加和对外负债的减少，贷方记录对外资产的减少和对外负债的增加。每一笔交易同时以相同的记录进行借方记录和贷放记录，"有借必有贷、借贷必相等"，因此，从原理上国际收支平衡表的借方总额总是等于借方总额，净差额为零。

根据国际收支平衡表的记账原则，对于一笔交易在国际收支平衡表中的记录，贷方记录的是本国从外国取得外汇收入的交易，记为"＋"；借方记录的是本国对外国支付外汇的交易，记为"－"。这样，在国际收支平衡表中，记入贷方的是货物、劳务的出口和资本的流入；记入借方的是货物、劳务的进口和资本的流出。

在国际收支平衡表的记录中，经济交易时间和交易价格的确定也是较容易引起争议的问题。为此，IMF 明确规定，国际收支平衡表中记录的记录日期以所有权的变更日期为准，即以债权债务的发生日期为准。例如，某种劳务虽已提供，但在编表时期内尚未获得收入，则应按劳务提供日期记录，把尚未获得的收入作为债权记录。在交易价格的确定上，一笔进出口交易，按照惯例，出口国通常以 FOB 价来记录，而进口国通常以 CIF 价来记录，这样两种不同的价格会产生一定的差额，影响国际收支平衡表的精确性。为此，IMF 建议进出口均采用 FOB 价格来记录，而将 CIF 价中包含的保险费和运费记入劳务收支。

三、国际收支平衡表的内容

根据 IMF1993 年编制的第五版《国际收支手册》，国际收支平衡表中的全部账户可分为三大项：经常账户、资本和金融账户及错误与遗漏账户。各国国际收支平衡表的详细程度和格式略有不同，但都包括这三个账户。表 13－1 是国际收支平衡表标准格式简表。

表 13-1 国际收支平衡表标准格式简表

	贷方(+)	借方(-)
一、经常账户 1. 货物 2. 服务 3. 收入 4. 经常转移		
二、资本账户与金融账户 1. 资本账户 2. 金融账户 (1) 直接投资 (2) 证券投资 (3) 其他投资 (4) 储备资产		
三、错误与遗漏账户		

(一) 经常账户

经常账户又称经常项目,它记录的是一国与他国之间实际资源的转移,是国际收支平衡表中最基本、最重要的项目。它体现一国的创汇能力,影响和制约着其他账户的变化。经常账户包括货物、服务、收入及经常转移四个二级账户。

1. 货物

货物项下系统记录了一国的商品进出口情况,又称有形贸易收支,往往对一国国际收支的经常项目乃至整个国际收支的状况起着决定性作用。货物包括一般商品、用于加工的货物、货物修理、各种运输工具在港口购买的货物以及非货币用黄金。

2. 服务

服务项下记录的内容包括运输服务,旅游服务,通信服务,建筑服务,保险服务,金融服务,计算机和信息服务,专有权利使用费和特许费,其他商业服务,个人、文化和娱乐服务以及别处未提及的政府服务,又称无形贸易收支。其中,通信服务、保险服务、金融服务、计算机和信息服务、专有权利使用费和特许费以及其他商业服务在当代国际贸易中地位越来越重要。

3. 收入

收入是记录因生产要素在国际间流动而引起的要素报酬收支,它又包括雇员报酬和投资收益两个细分账户。雇员报酬是指一国居民个人在另一国(或地区)工作而得到的现金或实物形式的工资、薪水和福利。投资收益是指一国资本在另一国投资而获取的利润、股息、利息等。投资收益还可进一步细分为直接投资收益、证券投资收益和其他投资收益(如借贷产生的利息)。必须注意的是,资本损益是不作为投资收入记录的,所有由交易引起的现已实现的资本损益都包括在金融账户中。

4. 经常转移

经常转移又称无偿转移,指资金和物品在国际间转移后,并不发生债权债务关系,对方无需归还或偿还的无对等交易,或者说指不发生归还或偿还问题的实际资源和金融产品在国际间的转移。在第五版《国际收支手册》中，将转移区分为经常转移与资本转移，将经常转移保留在经常账户中，而将资本转移归属于资本与金融账户内。经常转移包括除下面三项的所有权转移：①固定资产所有权的资产转移；②同固定资产收买或放弃相联系的或以其为条件的资产转移；③债权人不索取任何回报而取消的债务。以上三项属于资本转移，记入资本与金融账户。经常转移又可细分为私人转移和政府转移两类：前者主要包括侨民汇款、年金、赠与等；后者主要包括政府间经济援助、军事援助、战争赔款、捐款等。

（二）资本和金融账户

资本和金融账户是对资产所有权在国际间流动行为进行记载的账户，反映了国际资本流动。它包括资本账户和金融账户两大部分。

1. 资本账户

资本账户包括资本转移和非生产、非金融资产的收买和放弃。资本转移已在前面经常转移部分作了说明。非生产、非金融资产的收买或放弃是指各种无形资产如专利、版权、商标、经销权以及租赁和其他可转让合同的交易。

2. 金融账户

金融账户包括引起一个经济体对外资产和负债所有权变更的所有交易。按投资类型或功能，金融账户可以细分为直接投资、证券投资、其他投资和储备资产四类。与经常账户不同，金融账户的各个项目并不按借贷方总额来记录，而是按净额来记入相应的借方或贷方。

(1) 直接投资。其特征是投资者对非居民企业的经营管理拥有有效的控制权。直接投资可以采取直接在国外投资兴建企业的形式，也可以采取购买非居民企业一定比例股票的形式，或采取将投资利润进行再投资的形式。

(2) 证券投资。证券投资是指购买非居民政府的长期债券和非居民公司的股票、债券等。对于债务证券而言，它可以进一步细分为中长期债券、货币市场工具和其他派生金融工具。须指出的是，当证券投资中拥有非居民企业股权达到一定比例时（如 IMF 规定达到 10%以上，我国规定 25%以上），就作为直接投资。

(3) 其他投资。凡不包括在直接投资、证券投资和储备资产中的一切资本交易均记录在此。这些资本交易除政府贷款、隐含贷款和贸易融资等长短期贷款外，还包括货币、存款和短期票据等。

(4) 储备资产。储备资产包括货币当局可随时动用并用于维持国际收支平衡和稳定汇率的外部资产，包括货币性黄金、特别提款权、在基金组织的储备头寸和外汇储备等官方对外资产。须强调的是，反映在国际收支平衡表中此账户的官方储备是增减额而不是持有额，所以本账户可理解为编表年份内“官方储备变动”。

（三）错误与遗漏账户

错误与遗漏是由于统计技术和其他一些原因使国际收支平衡表上借贷双方总额无法平衡而人为设置的用以轧平借贷差额的一个项目。可能导致国际收支借方或贷方出现余额的技术原因和人为因素有：表内各个账户中各项统计数据来源于不同申报单位（例如海关、银行或企业），客观上易造成不精确；有些企业虚假报关；一国货币当局不可能完整准确地记录居民与非居民之间的一切交易活动，如对跨国公司的资金调拨、走私活动等交易活动的数字难以确切掌握，有时要依赖估算，有些数据须保密，不宜公开等。

第三节　国际金融市场

在国际经济交易发展与扩大过程中，形成了对在国际范围内进行货币兑换、票据结算、国际清算等金融服务的需求。18世纪末，伦敦发展成为最早的国际金融中心。第二次世界大战后，资金在全球范围内的流动和交换越来越频繁，国际金融市场形成并且规模迅速扩大，为世界经济发展提供了资金支持，促进了世界经济的快速发展。

一、国际金融市场的概念

金融市场是进行资金融通的场所，当这种融通资金活动超越了本国国界，就形成了国际金融市场。因此，国际金融市场指的是国际资金融通的场所，是国际资金交换关系的总和。一个国家的国内金融市场，条件具备时可以逐步发展或上升为国际金融市场，并以所在地城市名字命名。如伦敦国际金融市场、纽约国际金融市场、东京国际金融市场等。由于这些国际金融市场都是各种国际金融业务集中的场所，因此，习惯上又把它们叫做国际金融中心。

目前的国际金融市场主要是无形市场，业务活动大多借助现代化的通信工具来完成，金融交易可以不受地点和时间的限制，全天候不间断地进行。国际金融市场上对金融活动相对国内金融市场要更自由，限制较少。

国际金融市场的构成有狭义和广义两个不同范畴。狭义范畴仅指进行国际借贷活动的市场，包括国际货币市场和国际资金市场。广义范畴是指从事各种国际金融业务活动的场所，这些金融活动既有长短期资金借贷，又有外汇、黄金的买卖，因此包括了国际货币市场、国际资本市场、外汇市场和黄金市场四类市场。

二、国际金融市场的形成和发展

国际金融市场是随着国际经济贸易的发展与扩大而产生与发展的，国际贸易和投资的发展要求银行提供相应的资金融通和中介业务。同时，通信技术的快速发展及各国金融管制的放松都为国际金融市场的产生与发展创造了外在条件。

国际金融市场的发展大致经历了三个阶段。第一阶段，国际金融中心的形成。18世纪中后期，英国经济发展迅速，凭借其坚实的经济基础、稳定的政局和国际贸易结算中心地位，成为世界上最早的国际金融中心。第二阶段，国际金融中心的调整。两次世界大战削弱了英国的经济实力，伦敦的国际金融业务受到影响，美国确立了世界经济霸主的地位，纽约国际金融中心的地位加强。这一阶段形成了当时著名的纽约、苏黎世和伦敦三大国际金融市场鼎足而立的局面。第三阶段，欧洲货币市场的形成与发展。20世纪50年代，冷战升级、美元危机爆发、美国金融管制加强及欧洲经济的复苏，促成了美元资金向欧洲市场的聚集。伦敦首先形成了境外美元市场，其后欧洲货币市场又迅速扩散到巴黎、法兰克福、布鲁塞尔、阿姆斯特丹等地。新型的国际金融市场已成为国际金融市场的主流。

延伸阅读

欧洲货币市场的形成与发展

欧洲货币市场是经营境外货币存储和贷放的市场，也称离岸金融市场。欧洲货币市场的前身是产生于20世纪50年代的欧洲美元市场。1950年朝鲜战争中美国冻结了中国在美国的资产，导致前苏联和东欧国家把其在美国的美元存款转移到伦敦的银行，形成了欧洲美元市场。

此后一系列的环境变化进一步促进了欧洲货币市场的迅速发展。1957年英国发生英镑危机，伦敦的银行被禁止用英镑去为非英镑区国家的贸易提供融资；它们提高利率，从非美国人和美国人手中吸收美元存款。20世纪60年代，美国联邦储备委员会出台Q条例规定美国的存款利率的上限，为了逃避这些限制，美国境内的美元存款纷纷转移到欧洲银行和在欧洲的美国银行。欧洲货币市场得到又一次大发展。同时，美国因越南战争的军费开支和对外贸易赤字，国际收支出现大幅逆差，使美元大规模流向海外。20世纪70年代，石油输出国组织在石油提价中得到了巨额石油美元，并将其存放在欧洲银行获取利润，为欧洲美元市场提供了雄厚资金。上述因素促进了欧洲货币市场规模的大幅扩大。

欧洲货币市场产生于欧洲，但不仅限于欧洲。后来其地域范围逐渐扩展至亚洲、北美洲、拉丁美洲等地。目前，欧洲货币市场既包括欧洲各主要金融中心，同时还包括东京、新加坡、中国香港、巴林等新的全球或区域性金融中心。欧洲货币市场在亚洲的延伸，就是亚洲美元市场。

资料来源：摘编自：沈国兵. 国际金融. 上海：上海财经大学出版社，2004

三、国际金融市场的作用

国际金融市场是国际经济发展到一定阶段而产生的，反过来又对国际经济的发展具有重要的作用。第一，推动国际贸易、投资和经济的发展。国际金融市场能在国际范围内融通资金，拓宽融资渠道，满足国际经济贸易和投资发展的需要，从而促进世界经济的发展。第二，有利于调节各国的国际收支。逆差国可到国际金融市场上举债或筹资，从而能更灵活地规划经济发展，也能在更大程度上缓和国际收支失衡的压力。第三，加速金融业的国际化。国际金融市场资金规模大、运行效率高、功能较完善，为资金融通了便利的条件，加速了金融业的国际化进程。

然而国际金融市场在带来积极作用的同时也带来很多消极影响。国际金融市场加剧了资金的国际流动，增加了金融风险在全球传播和扩散的可能性，加大了经济发展中的不稳定性，增加了金融监管的难度。

四、国际金融市场的新特点

20世纪70年代以来，世界经济形势发生了巨大变化，全球性的金融管制放松、技术革新、金融创新推动了新兴市场国家经济的崛起，国际金融市场发展也呈现出了新特点。

（一）国际金融市场规模增长迅速

新兴市场国家自20世纪七八十年代以来，着力提升本国金融市场在国际上的地位和影响力，新兴的地区金融中心和国际金融中心相继崛起(如亚洲地区的马来西亚、韩国，拉美的墨西哥等都是这一阶段的典型代表)，促进了国际金融市场规模的迅速增长。目前，世界金融市场上一年的交易量已达到400多亿美元，是国际贸易量的几十甚至几百倍。国际债券市场、国际股票市场、欧洲货币市场都得到了空前的发展，欧洲美元存款从1957年的10亿美元扩大到20世纪90年代的5万亿美元以上。

（二）国际金融市场全球化进程加快

20世纪70年代以来，各国纷纷采取放松金融管制的措施，如取消或放宽金融机构经营业务领域的限制、取消外汇控制、开放国内资金市场等，促进了国际金融市场的加速扩展。同时，现代电子技术在金融领域的广泛运用，把世界各地的金融市场紧密联系在一起，从而形成了全方位、全天候的国际金融市场。

（三）国际金融创新快速发展

金融创新包括金融技术创新、机构创新、业务创新和金融工具创新等，其中金融工具创新是金融创新主体。20世纪70年代以来，金融创新快速发展，主要体现在金融衍生产品层出不穷，如货币互换和利率互换、远期利率协议、金融期货、金融期权、票据发行便利等。目前，在国际外汇市场，衍生金融工具交易量的增长速度已远远超过现货交易。据国际清算银行统计，截至2001年第一季度，世界各交易所交易的衍生金融工具名义金额为17.8万亿美元，比1987年增长了23倍。

（四）国际金融市场呈证券化趋势

证券化是指金融业务中证券业务的比重不断增大，融资方式从传统的银行贷款转向资本市场的证券融资。国际金融市场证券化趋势的主要原因是20世纪80年代以来，国际银团贷款风险提高、贷款成本相对上升、有价证券市场的流动性提高和筹资成本降低，使政府机构、公司借款人等各类筹资者，都逐渐由传统的国际银行贷款转向发行长短期债券或商业票据，从而形成了国际金融市场融资方式的证券化趋势。

第四节 国际资本流动体系与外债

1997年亚洲金融危机后，国际资本流动再次成为被高度关注的热点问题，资本的国际流动为世界经济发展提供了资金支持，促进了经济全球化的发展，但同时也带来了许多不稳定因素和消极影响。

一、国际资本流动的概念

国际资本流动是指资本在不同国家或地区之间作单向、双向或多向流动。国际资本流动按其流动方向，可分为国际资本流入和国际资本流出。

国际资本流入表示资本从境外流入境内，表现为本国对外国负债的增加和本国在外国资产的减少，或者说外国在本国资产的增加和外国对本国负债的减少。国际资本流出表示资本从境内流往境外，表现为本国对外国负债的减少和本国在外国资产的增加，或者说外国在本国的资产减少和外国对本国负债的增加。对一个国家或地区来讲，总存在资本流出和流入，只不过是比例不同而已。一般来说发达国家是主要资本流出国，发展中国家是主要资本流入国。但目前发达国家之间的流动量也很大。

二、国际资本流动的类型

按照期限国际资本流动可以划分为长期资本流动和短期资本流动两大类。

（一）长期资本流动

长期资本流动是指使用期限在一年以上或者未规定期限（如股票投资）的资本流动。其特点是多与生产要素的国际转移相结合，具有相对稳定性。按照资本流动的方式，可以分为国际直接投资、国际间接投资和国际贷款三种。

国际直接投资是指一国居民或实体与在另一国的企业建议长期关系，具有长期利益，并对之进行控制的投资。主要包括开办新企业、收购国外企业的股权达到一定比例（我国规定为25%）、利润再投资等形式。国际间接投资是指在国际证券市场上购买股票等证券所进行的投资。国际贷款指国际金融机构、政府或国际银行提供的贷款，包括政府贷款、国际金融机构贷款、国际银行贷款、出口信贷等。

（二）短期资本流动

短期资本流动是指使用期限在一年或一年以内的资本流动。特点是多借助票据、债券、银行活期存款凭证等信用工具，不涉及生产要素的转移，资本流量大、流动频繁，可以迅速、直接地影响一国的货币供应量。按照不同的动机，短期资本流动可以分为贸易性资本流动、金融性资本流动、保值性资本流动、投机性资本流动等。

三、国际资本流动对经济的影响

（一）长期国际资本流动的影响

1. 对世界经济的一般影响

(1) 提高世界经济总产值与总利润。由于资本具有趋利性，资本在国际间进行转移的主要原因就是通过资本输出获取更大的利润。这意味着输出国在资本输入国创造的产值，会大于资本输出国因资本流出而减少的总产值。这样，资本流动会促进世界经济总产值和总利润的增加。

(2) 加速经济全球化进程。生产国际化、市场国际化和资本国际化，是经济全球化的主要标志。这三个国际化之间互相依存，互相促进，共同促进全球经济的发展。资本国际化为各国的经济发展和弥补赤字提供了便利的渠道，为发展中国家加入经济全球化作出了贡献，使世界经济在更广的空间、更高的水平上获得发展。

2. 对资本输入国的影响

长期资本流动对资本输入国的影响有积极与消极两个方面。

(1) 积极影响。长期资本流动对资本输入国的积极影响表现在：①缓解了发展中国家资金短缺的问题，为发展中国家发展经济提供了更多的机遇；②资本输入能够给东道国带来资金、技术和其他生产要素，创造就业机会；③能够促进资本输入国产业结构调整，改善生产技术落后的状况，提高工业化水平；④帮助资本输入国拓展国际市场，提高其出口创汇能力。

(2) 消极影响。长期资本流动对资本输入国的消极影响表现在：①如果过多借入国际贷款又使用不当，就会发生偿债困难，甚至导致债务危机；②加深对外资的依赖性，影响民族经济的发展；③外国投资建立的经济实体会掠夺当地资源，挤占当地市场。

3. 对资本输出国的影响

长期资本流动对资本输出国的影响也有积极与消极两个方面。

(1) 积极影响。长期资本流动对资本输出国的积极影响表现在：①会对输出国的商品出口起推动作用，从而增加出口贸易收入，刺激国内的经济增长。如某些国家采用出口信贷方式，使对外贷款与购买本国的成套设备或某些产品相联系，从而达到带动出口的目的。②可以为剩余资本寻求出路，生息获利；③有利于提高国际地位。资本输出可以增强输出国的经济实力，又可以加强对输入国的经济和政治影响，从而有利于提高自己的国际声誉或地位。

(2) 消极影响。长期资本流动对资本输出国的消极影响表现在：①须承担较大的投资风险。国际市场错综复杂，资本输出如出现投资方向错误，就会产生经济业务的风险。②资本输出会使本国的投资下降，经济效益转移，影响输出国经济发展。

(二) 短期国际资本流动的影响

1. 对国际金融市场的影响

短期资本流动会加剧国际金融市场动荡，如它可能会造成汇率大起大落，投机更加盛行。当一国发生持续性国际收支失衡，如果这时投机者在外汇供不应求时买进外汇，而在外汇供大于求时卖出外汇，这种行为会导致汇率更大幅度的波动，导致国际金融市场的动荡不安。

2. 对国际收支的影响

当投机者认为一国的国际收支逆差为暂时性逆差，就会按较低汇率买进该国货币，等待汇率上升后再以较高的汇率卖出，这种短期资本流入有利于调节该国的国际收支逆差、稳定该国汇率水平，是“稳定性投机”。

然而，当投机者认为一国的国际收支逆差为持续性逆差，预期汇率可能会进一步下跌，就会卖出该国货币、买进其他货币，造成资本流出，从而会进一步扩大逆差，加剧国际收支失衡。这种短期资本流动不利于国际收支调节，是“破坏稳定性投机”。

3. 对国内经济调控的影响

短期资本的频繁流动会影响国内金融经济政策的独立性，加大经济调控的难度。短期资本期限短、流动速度快、对货币政策敏感，能够破坏货币政策的实施力度，削弱经济政策的实施效果。

四、外债

外债是指在某一给定时间，一国居民与非居民承担的已拨付但尚未偿还的契约性债务，这种债务或是偿还本金，或是支付利息。

举借外债有助于缓解国内发展资金不足、促进本国经济发展，但是借债规模要适度。可以通过一系列外债监控指标来监控一国的债务负担。

(一) 偿债率

$$偿债率=\frac{当年还本付息额}{当年商品和劳务出口收汇额}\times 100\%$$

偿债率是衡量外债适度规模的核心指标，国际上通行的警戒线是控制在20%以下。

(二) 债务率

$$债务率=\frac{年末外债余额}{当年商品和劳务出口收汇额}\times 100\%$$

债务率反映了对外举债能力的大小，是衡量一国偿还能力和风险的指标，一般控制在100%以内。

（三）负债率

$$负债率=\frac{年末外债余额}{当年国民生产总值}\times 100\%$$

负债率表明一国对外负债与整个国民经济发展状况的关系，国际上通常认为负债率的安全线为20%。

（四）长短债务比例

长短债务比例是指一国短期外债占整个外债的比例，一般不超过20%～50%。

第五节 国际货币体系

国际货币制度是国际金融活动的环境，是事关各国经济利益和经济发展的重大问题。了解和掌握国际货币体系的产生和发展规律，有利于推进国际经济、金融活动的健康发展。

一、国际货币体系的含义

国际货币体系是指为了适应国际贸易和国际支付的需要，各国政府对货币在国际范围内发挥职能作用所作的政策规定和制度安排。国际货币体系主要包括以下几方面内容：

（一）汇率制度的确定

汇率制度的确定是指一国货币与其他货币之间的汇率应按何种规则确定与维持，并保持汇率稳定，有效防止各国货币间汇率的竞争性贬值。

（二）国际收支的调节

国际收支的调节是指国际货币体系应能够提供一种有效的国际收支调节机制，通过该机制的运作能够使各国公平合理地承担国际收支失衡的调节责任，并使调节所付出的代价最小。

（三）国际储备资产的确定

国际储备资产的确定是指确定用什么货币作为国际间的支付货币，一国政府应用什么货币来保有其贸易盈余和债权，以保证国际支付和满足国际清偿力增长的同时维持居民对储备货币的信心。

二、国际货币体系的产生与发展

国际货币体系是伴随着国际商品贸易的发展而产生和发展起来的，迄今有一个多世纪的历史。在国际商品交易的发展过程中，需要有一种各国普遍接受的国际货币单位，在各国货币之间建立确定的兑换关系，需要有某种方式调节国际间贸易收支和资本流动的不平衡，故而产生了国际货币体系。随着国际经济关系的不断发展，各国之间解决这些问题的方式也随之发生了变化，以往形成的规则得到不断完善和系统化，推动了国际货币体系不断发展和演变。

国际货币体系的发展经历了国际金本位制、布雷顿森林体系和牙买加体系三个阶段。

三、国际金本位制

国际金本位制是最早出现的国际货币体系。英国于1821年前后率先实行金本位制，以黄金作为本位货币。出于国内经济发展和国际贸易的需要,各国先后效仿实行金本位制。1870年前后,当主要国家的国内货币制度都采用金本位制时,即自发形成了国际金本位制度。国际金本位制形成以后,经历了金币本位制、金块本位制、金汇兑本位制三个阶段,具体介绍见第一章。在金币本位制下,黄金可以自由输出和输入,这就决定了国际金本位制的三大特点——黄金是国际储备货币、汇率固定、国际收支具有自动调节机制。1914年第一次世界大战爆发,许多国家经济受战争影响濒临崩溃,为防止黄金外流,限制了黄金的自由输出和输入,导致了国际金本位制的中断。

第一次世界大战结束后,世界各国试图恢复国际金本位制,重建统一的国际货币制度。自1925年起各国相继使用金块本位制和金汇兑本位制,在这两种货币制度下,国内没有金币流通,所流通的银行券与黄金之间的联系也越来越弱。因此这两种货币制度只是名义上的金本位制,是金本位制的削弱形式,典型的金本位制已经很难恢复。金块本位制和金汇兑本位制也没有持续多久,1929年爆发的空前严重的世界经济危机使勉强恢复的名义上的金本位制彻底崩溃。

国际金本位制的出现为当时的主要国家提供了最为稳定、有效率的国际货币体系,促进了当时世界经济的发展,为国际经济稳定起到了积极的促进作用。然而,由于黄金产量的限制和分配不均使得黄金供应量的增长在长期很难适应商品的增长速度,从而严重制约了经济增长,这也是国际金本位制的局限所在。

四、布雷顿森林体系

国际金本位制崩溃后,国际金融秩序混乱无序,国际贸易发展严重受阻。1944年7月,44个同盟国的300多位代表出席在美国新罕布什尔州布雷顿森林市召开的国际金融会议,商讨重建国际货币体系。这次会议上通过了《国际货币基金协定》和《国际复兴开发银行协定》,总称布雷顿森林协定。在这次会议上产生的国际货币体系因此被称为布雷顿森林体系。布雷顿森林体系在运行25年后,美国黄金储备大量流失,美元多次贬值,布雷顿森林体系逐步瓦解。1971年和1973年美元两次法定贬值,标志着布雷顿森林体系的彻底崩溃。

布雷顿森林体系的主要内容包括:第一,建立一个永久性的国际金融机构——国际货币基金组织;第二,规定美元作为最主要的国际储备货币,实行"美元-黄金"本位制;第三,实行可调整的钉住汇率制度,即国际货币基金组织规定各成员国货币对美元的汇率一般只能在平价上下1%的幅度内波动;第四,国际货币基金组织向国际收支赤字国提供短期资金融通,以协助其解决国际收支困难;第五,制定稀缺货币条款。

布雷顿森林体系在国际货币制度发展史上占有重要地位,为第二次世界大战后国际经济发展提供了稳定的货币环境,稳定了金融秩序,极大地促进了国际贸易和国际投资的发展。然而,布雷顿森林体系是个不稳定的制度,存在诸多方面的缺陷。其中最突出的缺陷体现为国际储备的增长和对储备货币信心之间存在矛盾。美元作为国际储备资产,要满足世界经济和国际贸易增长之需,必须有相应的增长,而这需要依靠储备货币供应国——美国的国际收支逆差来实现。与此同时美国国际收支逆差越多,对美元的价值越缺乏信心,这是布雷顿森林体系无法克服的矛盾,也称为"特里芬难题"。布雷顿森林体系这一先天性缺陷导致了其最终的瓦解和崩溃。

五、牙买加体系

布雷顿森林体系瓦解后,国际金融形势更加动荡不安,国际货币体系呈现出多样化格局,浮动汇率成为国际上的主要汇率制度，国际储备资产也呈现出多样化趋势。1976年国际货币基金组织临时委员会在牙买加首都金斯敦召开会议，就有关国际货币体系问题达成协议（“牙买加协议”），此次会议后形成的国际货币体系称为牙买加体系。

牙买加体系的主要内容包括：第一，浮动汇率合法化，即会员国可以自由选择任何汇率制度，浮动汇率制与固定汇率制可以并存；第二，黄金非货币化，黄金与货币完全脱离关系，成为一种单纯的商品，取消会员国之间以及会员国与基金组织之间必须用黄金支付的义务；第三，提高特别提款权的国际储备地位；第四，扩大对发展中国家的资金融通；第五，增加会员国的基金份额。从牙买加体系的主要内容可以看出其特点是多元化和分散化——有多元化的国际储备资产、多样化的汇率制度安排、多种形式的国际收支调节方式以及灵活多样的各国国内宏观经济政策选择。

牙买加体系与布雷顿森林体系相比具有较大的灵活性，在该体系下，市场机制的调节作用在国际储备创造和国际收支调节方面发挥了重要作用：第一，多元化的国际储备体系在一定程度上解决了国际清偿力和对储备货币信心的矛盾；第二，以浮动汇率为主的汇率制度能够对世界经济形势的变化作出灵敏反应，从而较好地发挥汇率对经济调节的杠杆作用；第三，多种国际收支调节机制选择更能适应世界经济发展不平衡的现状。牙买加体系发展至今也暴露出了很多缺陷：第一，汇率经常变动不利于对外贸易和投资的发展，加大贸易和投资风险；第二，主要储备货币国家倾向于为了国内的政策目标而操纵汇率，而不顾对其他国家的影响；第三，目前的国际收支调节机制仍不健全。

从世界经济的现状来看，牙买加体系的很多方面已不能适应当前世界经济发展的需要。20世纪90年代金融危机频繁爆发，尤其是亚洲金融危机及其严重的破坏性再次引起了对改革当前国际货币制度的高度重视。改革当前国际货币体系是近年来金融界一直讨论的热点话题。

本章小结

1. 外汇的概念包括静态和动态两个方面，根据分类依据不同，可将外汇分为不同的种类。常见的汇率标价法有直接标价法、间接标价法和美元标价法。汇率有多种不同的种类。

2. 国际收支是一定时期内一国居民与非居民之间全部经济交易的系统记录。国际收支平衡表是记录国际收支的工具，采用复式记账法编制，包括经常账户、资本和金融账户及错误与遗漏账户三大项。

3. 国际金融市场是国际资金融通的场所。它是国际经济发展到一定阶段的产物，反过来又对国际经济的发展具有重要的作用。

4. 国际资本流动可分为长期资本流动和短期资本流动，对经济的影响既有积极影响也有消极影响。

5. 国际货币体系是指为了适应国际贸易和国际支付的需要，各国政府对货币在国际范围内发挥职能作用所作的政策规定和制度安排。国际货币体系经历了国际金本位制、布雷顿森林体系、牙买加体系三个阶段。

思考与练习

一、名词解释

外汇　自由外汇　记账外汇　贸易外汇　非贸易外汇　汇率　直接标价法　间接标价法　美元标价法　国际收支　国际收支平衡表　国际金融市场　外债　国际货币体系

二、简答题

1. 简述外汇的主要形式。
2. 简述直接标价法和间接标价法之间的关系。
3. 简述国际收支平衡表的主要内容。
4. 简述国际金融市场的发展趋势。
5. 简述国际资本流动对经济的影响。
6. 简述布雷顿森林体系的内容及对其的评价。

参考文献

[1] 黄达.金融学.北京:中国人民大学出版社，2003.
[2] 唐旭.金融理论前沿课题.第二辑.北京,中国金融出版社,2003.
[3] 张亦春.金融市场学.北京:高等教育出版社,2004.
[4] 朱新蓉.金融概论.北京:中国金融出版社,2002.
[5] 周建松.现代货币银行学.杭州:浙江大学出版社,2003.
[6] 岳高社.货币金融学基础.沈阳:辽宁大学出版社,2005.
[7] 孔祥毅.金融理论教程.北京:中国金融出版社,2003.
[8] 任淮秀.投资银行学概论.北京:中国人民大学出版社,1999.
[9] 冯惠敏,李靖野,刘洪生.现代投资银行.北京:中国金融出版社,2000.
[10] 徐艳,隋绍楠.投资银行理论与实务.重庆:西南财经大学出版社,2001.
[11] 何小锋.投资银行学.北京:中国发展出版社,2002.
[12] 徐荣梅.投资银行学.广州:中山大学出版社,2004.
[13] 中国证券业协会.证券发行与承销.北京:中国财政经济出版社,2006.
[14] 钱晔.货币银行学.大连:东北财经大学出版社,2003.
[15] 王克华.货币银行学.武汉:武汉大学出版社,2001.
[16] 周战地,许树信.金融学教程.北京:中国金融出版社,2001.
[17] 姜波克.国际金融新编.3版.上海:复旦大学出版社,2001.
[18] 陈雨露.国际金融.北京:中国人民大学出版社,2000.
[19] 房燕.金融学概论.北京:机械工业出版社,2004.
[20] 鲍静海,尹成远.商业银行业务经营与管理.北京:人民邮电出版社,2005.
[21] 李小可.商业银行理论与实务.上海:上海财经大学出版社,2004.
[22] 汤毅林.现代商业银行业务管理.上海:立信会计出版社,2005.

《中小企业融资》*

赵国忻 主编

"十一五"国家级规划教材，突出实务操作、案例教学和实训环节

ISBN:978-7-04-023104-5

定价:20.00元

《国际结算实务》*

林孝成 主编

新世纪教改项目成果教材，第二版为"十一五"国家级规划教材，即将出版

ISBN:978-7-04-014083-5

定价:27.80元

《国际金融实务》

黄志强 主编

新世纪教改项目成果教材

ISBN:978-7-04-014090-3

定价:18.70元

《金融学概论》*

盖锐 主编

银领工程教材

ISBN:978-7-04-019223-0

定价:19.40元

《保险学基础》(第二版)*

刘金章 主编

"十一五"国家级规划教材

ISBN:978-7-04-021878-7

定价:16.70元

《保险业务综合实训》*

基于软件平台，涵盖人身保险大部分业务操作流程，与软件配套使用，赠送教师手册

李丹 主编

ISBN:978-7-04-022725-3

定价:20.00元

注：*表示配套辅助教学资源，请教师来电索取，联系电话010-58581854.